Dieter Buck

WANDERUNGEN FÜR CAMPER SCHWÄBISCHE ALB

DIE SCHÖNSTEN WANDERWEGE
RUND UM IDYLLISCHE CAMPING- UND STELLPLÄTZE

J. BERG

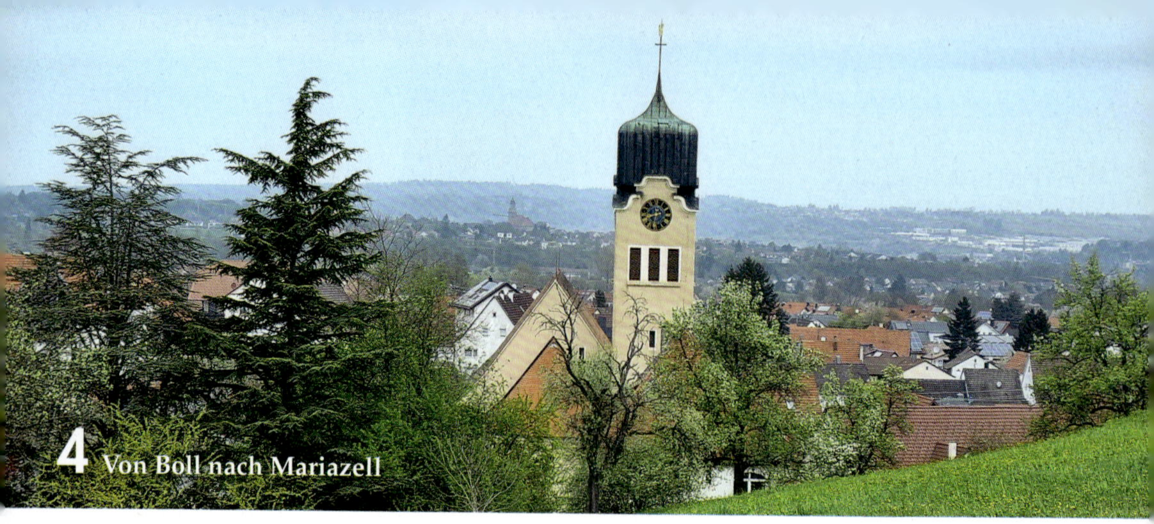

Inhalt

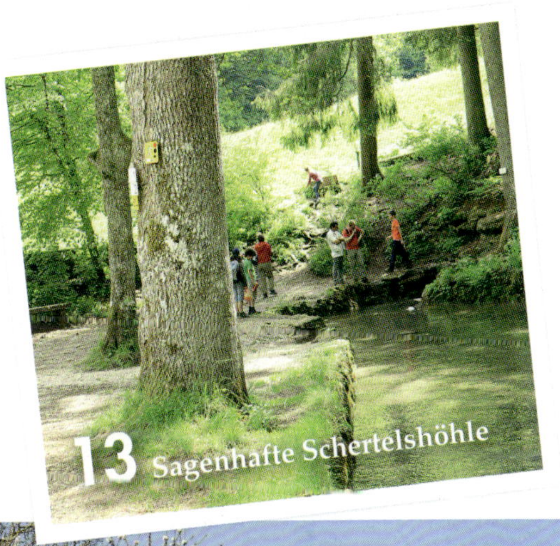
13 Sagenhafte Schertelshöhle

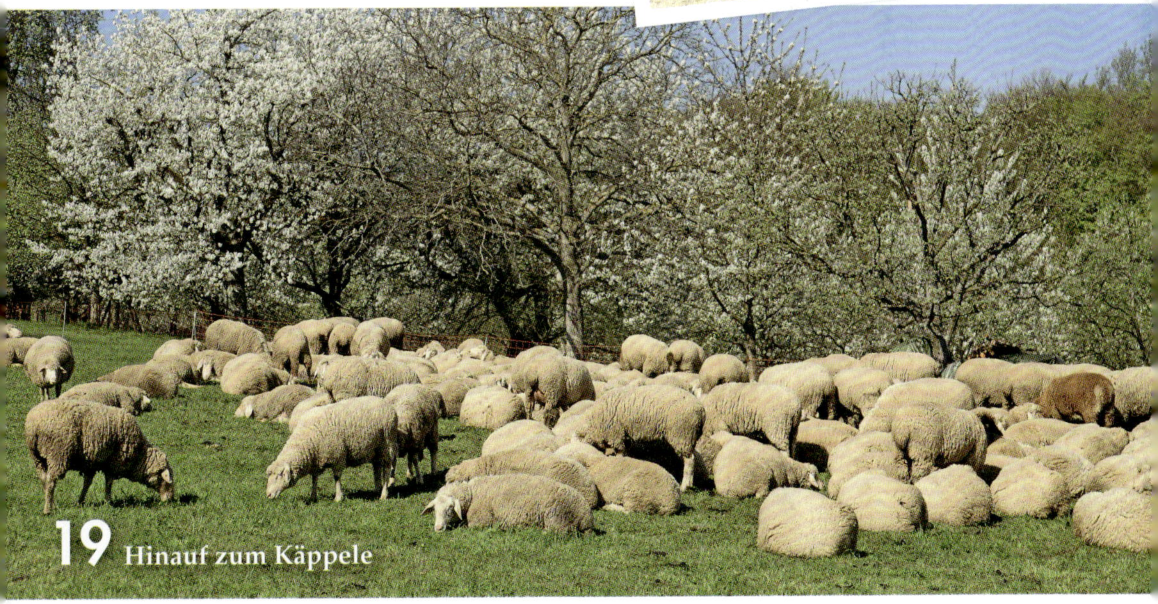
19 Hinauf zum Käppele

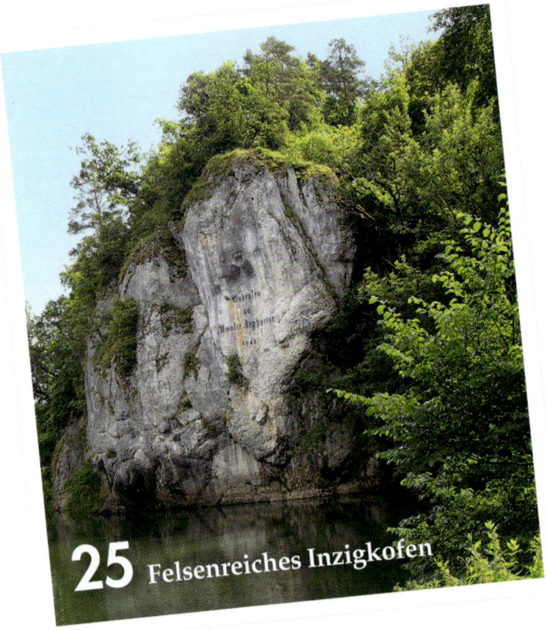
25 Felsenreiches Inzigkofen

Tourenüberblick

		Tour	km	Hm	🕒	🍴	☺	🏛	❄	☼	🌳	🌅	🚲
1	•	Vom Schömberg zum Plettenberg	10 km	370 Hm	3.10 Std.						•	•	
2	•	Blick vom Hörnle ins Vorland	6 km	160 Hm	1.50 Std.	•	•		•	•			
3	•	Um den Schlossfelsen	15 km	480 Hm	5.30 Std.	•				•	•		
4	•	Von Boll nach Mariazell	9,2 km	210 Hm	2.40 Std.	•	•	•			•		
5	•	Über den Raichberg	16 km	410 Hm	5 Std.	•		•		•	•		
6	•	Abenteuer bei Bad Niedernau	6,1 km	130 Hm	1.45 Std.	•	•		•	•			
7	•	Durch die Unterjesinger Weinberge	6 km	240 Hm	2 Std.	•	•		•	•			
8	•	Genussweg Sonnenbühl	9,6 km	170 Hm	2.40 Std.	•	•	•	•	•			
9	•	Klimaweg Sonnenalb	8,8 km	110 Hm	2.20 Std.	•	•		•	•			
10	•	Über den Beutenlay	4 km	90 Hm	2 Std.	•	•		•	•	•		
11	•	Auf die hohen Uracher Berge	7,5 km	340 Hm	3 Std.	•	•						
12	•	Grandiose Höllenlöcher	8,7 km	210 Hm	2.40 Std.	•	•	•			•		
13	•	Sagenhafte Schertelshöhle	9,5 km	150 Hm	2.40 Std.	•	•	•	•		•		
14	•	Vom Blautopf zur Küssenden Sau	7,2 km	180 Hm	2.15 Std.	•	•	•			•		
15	•	Um die Laichinger Tiefenhöhle	15,7 km	90 Hm	4 Std.	•		•	•	•			•
16	•	Von Mühlhausen im Täle auf den Berg	9,4 km	230 Hm	2.40 Std.	•	•			•	•		
17	•	Über dem Filstal	11,6 km	330 Hm	3.45 Std.	•	•	•			•		
18	•	Mit Albblick durchs Vorland	10,8 km	70 Hm	2.45 Std.	•	•	•	•	•			•
19	•	Hinauf zum Käppele	6,9 km	90 Hm	1.45 Std.	•	•	•	•	•			•
20	•	Löwenpfad mit Weitblick	11,8 km	330 Hm	3.30 Std.	•	•			•	•		
21	•	Hinauf zum Eichfelsen	12,5 km	500 Hm	4 Std.	•		•		•	•		
22	•	Durch den Fürstlichen Park	12,9 km	80 Hm	3.10 Std.		•		•		•		
23	•	Zum Zielfinger See	12,7 km	70 Hm	3.30 Std.	•	•		•	•	•		•
24	•	Hoch über dem Donautal	8 km	280 Hm	3 Std.		•		•		•		
25	•	Felsenreiches Inzigkofen	13 km	560 Hm	5 Std.	•		•		•	•		
26	•	Zu Hohenstaufen und Rechberg	16,2 km	400 Hm	4.45 Std.	•		•	•	•			
27	•	Durch das Wental	11,8 km	90 Hm	3 Std.	•	•	•	•		•		
28	•	Um das Steinheimer Becken	6,6 km	100 Hm	1.50 Std.	•	•	•	•	•			
29	•	Von Lauterburg nach Essingen	10,4 km	250 Hm	3 Std.	•	•	•	•	•	•		
30	•	Von den Seen in die Höhe	8,4 km	120 Hm	2.10 Std.		•		•	•	•		
31	•	Vom Bühlertal auf den Altenbergturm	15,3 km	270 Hm	4.10 Std.	•		•	•	•	•		
32	•	Vom Badesee zum Limestor	10,5 km	150 Hm	3 Std.	•	•	•	•	•			•
33	•	Auf Karkstein und Ipf	11,4 km	280 Hm	3.15 Std.	•	•	•	•	•			

Vorwort

Liebe Leserin, lieber Leser,

Camping bedeutet Natur, in diesem Fall die herrliche Natur auf der Schwäbischen Alb. Und bei so viel Natur um einen herum ist das Wandern natürlich verlockend – die unzähligen Wandermöglichkeiten auf der Schwäbischen Alb sind vielleicht ja auch ein Grund, warum Sie gerade hier in diesem Mittelgebirge Ihren Urlaub verbringen wollen.

Ich habe für jeden Campingplatz ein oder mehrere Wanderungen ausgesucht, die ich Ihnen ans Herz legen möchte. Ich bin sie alle gegangen, zum Teil mehrfach, und kann sie nur wärmstens empfehlen. Weitere Wandermöglichkeiten werden Ihnen sicher auf Ihrem Campingplatz empfohlen oder Sie finden sie in den Veröffentlichungen sowie auf den Internetseiten des Ortes, in dem Sie Ihre Urlaubstage verbringen. Der Tourismus-Verband Baden-Württemberg hält unter www.tourismus-bw.de ebenfalls weiterführende Informationen bereit. Ich habe zahlreiche weitere Wanderführer über die Schwäbische Alb geschrieben und sie unter www.dieterbuck.de zusammengestellt – sie sind über jede Buchhandlung und im Internet erhältlich.

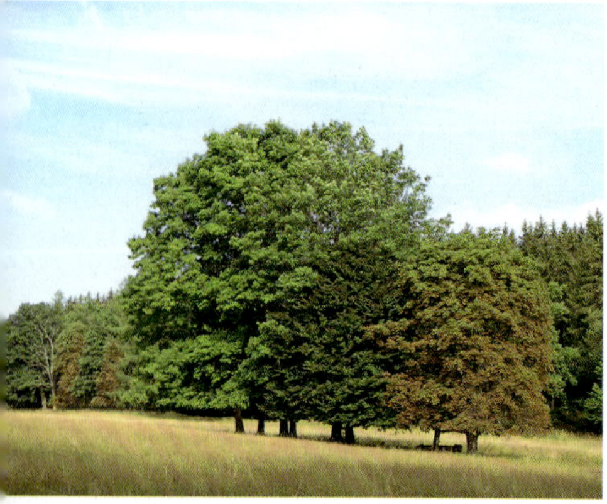

Vorbei an beeindruckenden Baumgruppen (Tour 22)

Da die Campingplätze in Baden-Württemberg oft nicht weit auseinanderliegen, rate ich Ihnen, sich auch die Wanderungen anzusehen, die auf den Campingplätzen in der Nähe Ihres Quartiers vorgeschlagen werden. Vielleicht wollen Sie ja eine etwas längere Anfahrt in Kauf nehmen und eine andere Region auf der Schwäbischen Alb erkunden? Auf der Übersichtskarte im Buch ersehen Sie, wo welche Plätze liegen und welche Wanderungen dort jeweils empfohlen werden.

Auf jeden Fall wünsche ich Ihnen frohe Urlaubs- und Wandertage, viele angenehme Begegnungen und allzeit gutes Wetter unterwegs.

Ihr Dieter Buck

Entspannt unterwegs

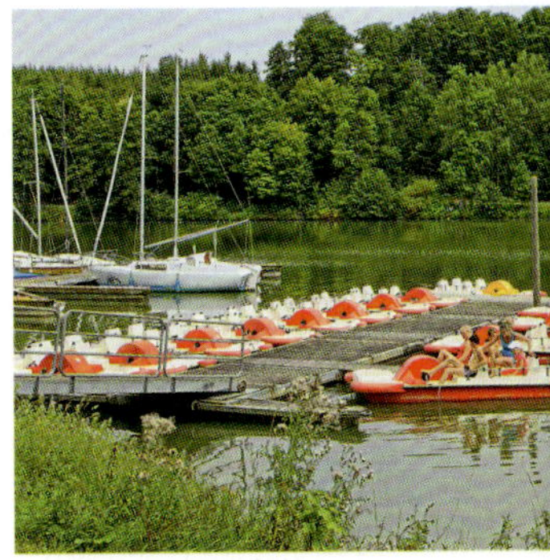

Wandern kann eigentlich jeder. Denkt man. Aber das eine oder andere sollten Sie vorher schon wissen. Und wenn Sie ein paar Dinge beachten, trägt dies zu einem gelungenen Ausflug bei, an den Sie noch lange und gerne zurückdenken werden.

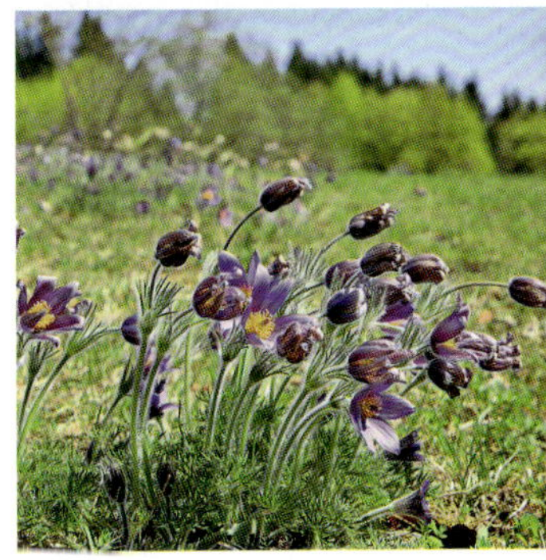

Wunderschöne Frühblüher: die Küchenschellen (Tour 10)

Ganz oben: Segelboote am Stausee (Tour 32)

Wichtig ist, dass Sie Ihre eigene Leistungsfähigkeit kritisch betrachten: Werden Sie die Strecke und die Höhenmeter bewältigen? Schlappmachen unterwegs oder total erschöpft ankommen möchte man ja nicht, das hinterlässt keine guten Erinnerungen an die Tour. Zudem sollten Sie berücksichtigen, dass Sie an heißen Sommertagen schneller an Ihre Grenzen kommen als an kühleren Tagen. Ein Handy ist nützlich, um Hilfe herbeizurufen. Allerdings kann der Empfang in bestimmten Gebieten schlecht sein. Kann man die Notrufnummer 112 nicht wählen, sollte man zuerst den Ort wechseln. Ansonsten hilft es vielleicht, das Handy auszuschalten und beim Wiedereinschalten gleich 112 einzutippen, anstatt sich in das eigene Netz einzuwählen. Wenn man Glück hat, sucht sich das Gerät das nächste verfügbare Netz.

Die richtige Ausrüstung

Eigentlich braucht man nichts Besonderes zum Wandern. Die Kleidung sollte gut waschbar und bequem sein. Darüber hinaus sollte sie je nach Wetter wind- und regendicht, oder zumindest wasserabweisend, aber auch atmungsaktiv sein. Bei Hosen ist ein Kunststoffgewebe, das schnell trocknet, wenn es nass geworden ist, besser geeignet als Jeans. Ein fester Stoff schützt, wenn man auf engen Wegen an Brombeeren oder anderen stachelbewehrten Pflanzen vorbeistreift.

Schuhe kaufen Sie optimalerweise im Fachgeschäft mit guter Beratung. Dazu gehören spezielle Wandersocken mit ausschließlich oder einem hohen Anteil an Kunstfaser. Dadurch wird die Feuchtigkeit nach außen transportiert und der Fuß bleibt trocken; dies beugt der Blasenbildung vor.

Auf mögliche kleinere Verletzungen sollten Sie ebenfalls vorbereitet sein. Hat man sich den Fuß übertreten wirkt eine elastische

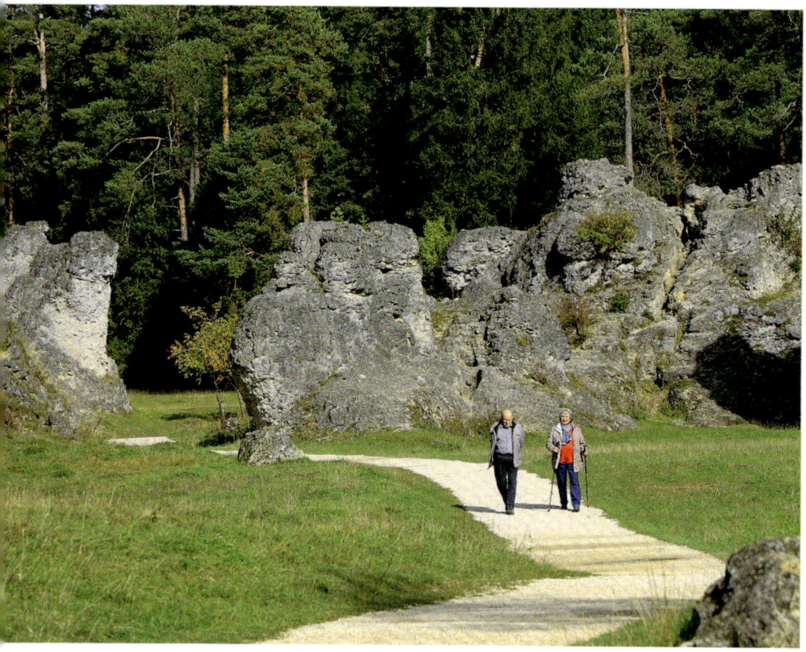

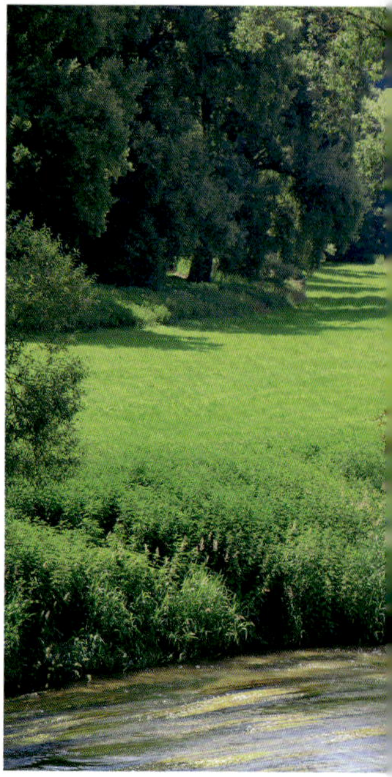

Unterwegs im Wental (Tour 27)

Binde wahre Wunder. Für eine offene Wunde benötigen Sie Pflaster oder einen Verband und ein Desinfektionsmittel. Bei Insektenstichen helfen spezielle Geräte, mit denen man einen Stachel oder das Gift in der Stichstelle entfernen kann. Auch für die Linderung des Juckreizes gibt es Geräte und Salben.

Gefahren unterwegs

Es leben bei uns zwar keine Löwen und Tiger, aber doch ein paar kleine Tierchen, vor denen Wanderer sich in Acht nehmen müssen. Gegen Hirnhautentzündung als Folge von Zeckenstichen gibt es eine Impfung. Entdecken Sie in den Tagen nach einem Stich eines solchen Blutsaugers Rötungen um die Bissstelle, haben Sie sich vielleicht mit Borreliose infiziert. Dann sollten Sie unbedingt einen Arzt aufsuchen. Vorbeugen kann man, indem man geschlossene Kleidung trägt und die Hosenbeine in die Schuhe stopft, sodass die Zecken Schwierigkeiten haben, an die Haut zu gelangen. Empfehlenswert ist es auch, sich nach einer Tour abzusuchen oder zu duschen.

Gefährlich ist außerdem der Fuchsbandwurm. Oft wird sehr spät bemerkt, dass man von ihm befallen ist, eine Hilfe ist dann kaum

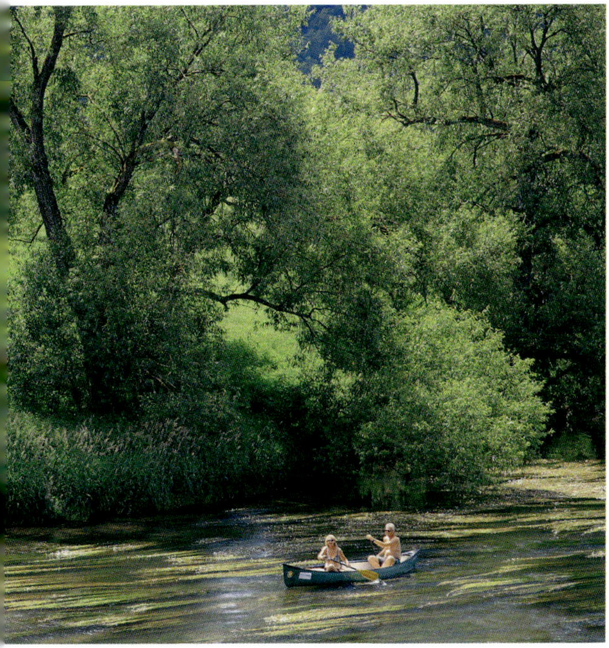

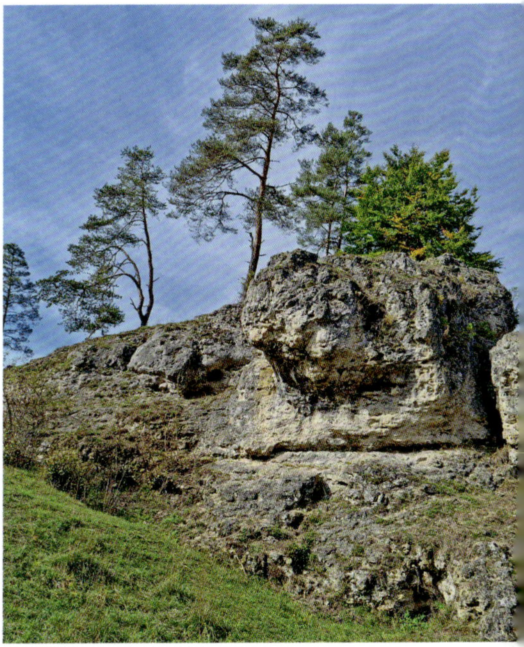

Imposante Felsen im Wental (Tour 27)

Mitte: Freizeitspaß an der Donau (Tour 25)

mehr möglich. Vorsorgen lässt sich, indem man keine Beeren oder ähnliches im Wald isst, zumindest keine aus Bodennähe. Ursache für eine Erkrankung durch den Hantavirus sind oft Rötelmäuse bzw. deren Ausscheidungen, die man zum Beispiel mit trockenem Laub aufwirbelt und einatmet.

Eine Blutvergiftung (Sepsis) kann man sich durch eine Verletzung, etwa einen Stich, Biss oder eine Schnittwunde zuziehen. Tetanus, also der Wundstarrkrampf, hat dieselben Ursachen, allerdings werden wohl die meisten Menschen dagegen geimpft sein.

Orientierung ist wichtig

Empfehlenswert sind unter anderem die Wanderkarten des Landesamtes für Geoinformation und Landentwicklung Baden-Württemberg (LGL). Sehr nützlich sind auch Apps fürs Smartphone, zum Beispiel die kostenlosen Apps »MapsMe« und »Phonemaps«, die recht zuverlässig anzeigen, wo man sich gerade befindet. Mit Komoot habe ich ebenfalls gute Erfahrungen gemacht. Wer sich die angebotenen Tracks zu den Wanderungen herunterlädt, hat ohnehin keine Probleme mit der Orientierung.

Wandern mit Kindern

Eine Wanderung mit Kindern kann ein ganz besonders beglückendes Erlebnis sein – wenn man ein paar Dinge beachtet. Jeder kennt die berühmte Frage »Wann sind wir endlich daaaaa?« Die taucht nicht nur dann auf, wenn das Kind überfordert und müde ist, sondern ebenso, wenn es sich langweilt. Ein interessanter Weg, selbst wenn er sich etwas anstrengend gestaltet, ist für Kinder immer noch besser als eine langweilige Strecke auf einer »Waldautobahn«. Viele weitere Tipps, wie Sie Wanderungen mit Kindern abwechslungsreich gestalten, finden Sie im Buch: Dieter Buck, Melanie Buck: *Familienwanderungen auf der westlichen Schwäbischen Alb. 20 erlebnisreiche Touren*, ISBN 978-3-86246-723-5. Man kann Kinder aber auch anderweitig beschäftigen, sodass sie gar nicht merken, dass sie laufen »müssen«. Hierzu ein paar Anregungen:

Spielen mit Kindern: Was kann man sehen, riechen, hören, tasten, schmecken?

Sehen Wer sieht die meisten kleinen Dinge? Tiere wie Käfer, Ameisen, Schnecken, Wassertiere in Pfützen, Wasser sowieso, dazu besondere Blätter, Beeren etc. Außerdem kann man die Tiere beobachten und ihren Weg verfolgen – Stichwort Ameisenstraße. Tiere zu quälen oder zu ärgern, ist natürlich Tabu.

Riechen Eine weitere Sinnesempfindung ist das Riechen. Hier können Sie zusammen mit den Kindern aufzählen, was man alles riecht, wie es riecht oder beschreiben, an was der Duft erinnert. Feuchte Erde, Laub nach Regen, Blumen, Nadelbäume, Gras – alles hat einen ganz eigenen Duft.

Hören Hören ist gleichfalls eine unserer wichtigsten Empfindungsarten, um unsere Umgebung wahrzunehmen. Vögel zwitschern und pfeifen, Blätter rauschen, Frösche quaken, Grillen zirpen, Mäuse und Käfer rascheln. Man hört von fern Glocken läuten, den Verkehrslärm rauschen oder andere Wanderer, die sich unterhalten.

Tasten Auch der Tastsinn ist ein wichtiges Sinnesorgan. Die Kinder können ihn einsetzen, indem sie die Augen schließen und die Oberfläche verschiedener Dinge erfühlen: Steine, Rinde, ein Blatt, Erde, Sand und vieles andere.

Schmecken Anstatt sein Vesperbrot schnell hinunterzuschlingen, kann man ganz bewusst seinen Geschmack erkunden: Wie schmecken Brot, Wurst, Käse, Obst? Vielleicht sammeln Sie vorher gemeinsam mit dem Nachwuchs bekannte Dinge, wie Beeren, Bucheckern, Nüsse. Darufhin können Sie versuchen, zu bestimmen, wie es schmeckt – das ist schwieriger als man denkt! Was ist sauer, süß, fruchtig, nussig, trocken oder etwa feucht?

Sammeln Kinder sind normalerweise begeisterte Sammler. Weise Eltern haben immer Tüten oder Behälter dabei, um die kleinen Fundstücke wie Blätter, Ästchen, Steinchen, Federn, unterschiedliche Gräser oder verschiedenfarbige Erde mit nach Hause nehmen zu können.

»Werkzeug« mitnehmen In Wanderpausen kann gebastelt werden. Viel braucht man nicht dazu: ein Taschenmesser aus dem Rucksack der Eltern, etwas Schnur, Draht, und zum Malen einen kleinen Block, Papier und Stifte.

Geschichten erfinden Ein Spiel, das man unendlich fortführen und bei der nächsten Wanderung weiterführen kann, ist das Erfinden eigener Geschichten. Zum Beispiel die Abenteuer eines kleinen Jungen oder Mädchens, so alt wie das mitwandernde Kind. Jeder darf seinen Beitrag dazu leisten.

Badepause: So macht der Wanderausflug Kindern Spaß.

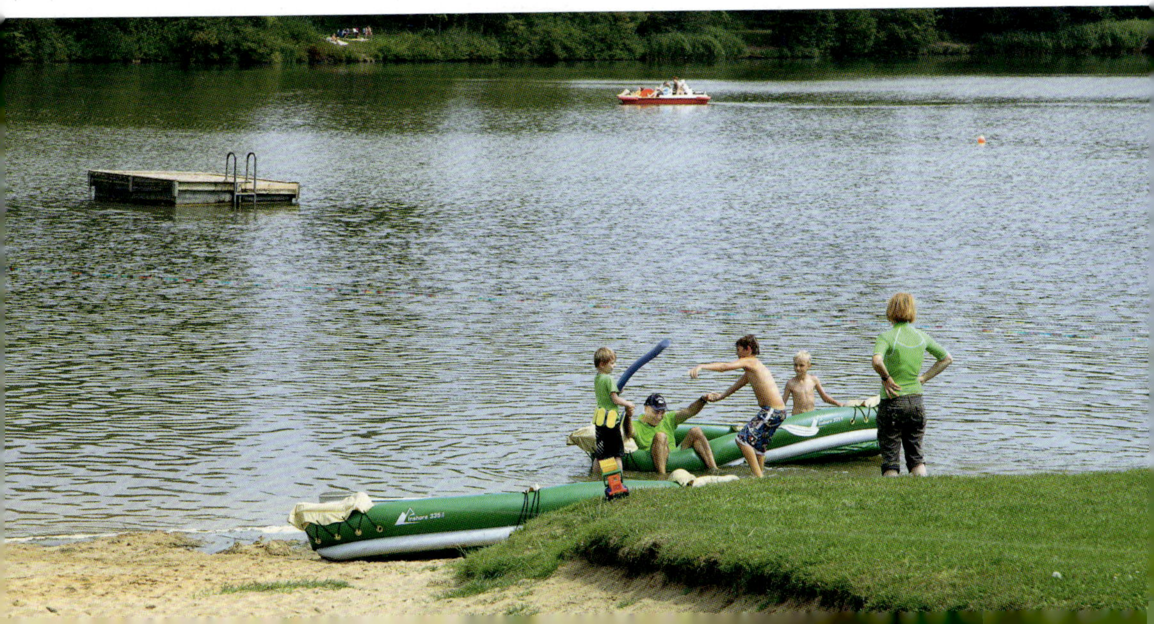

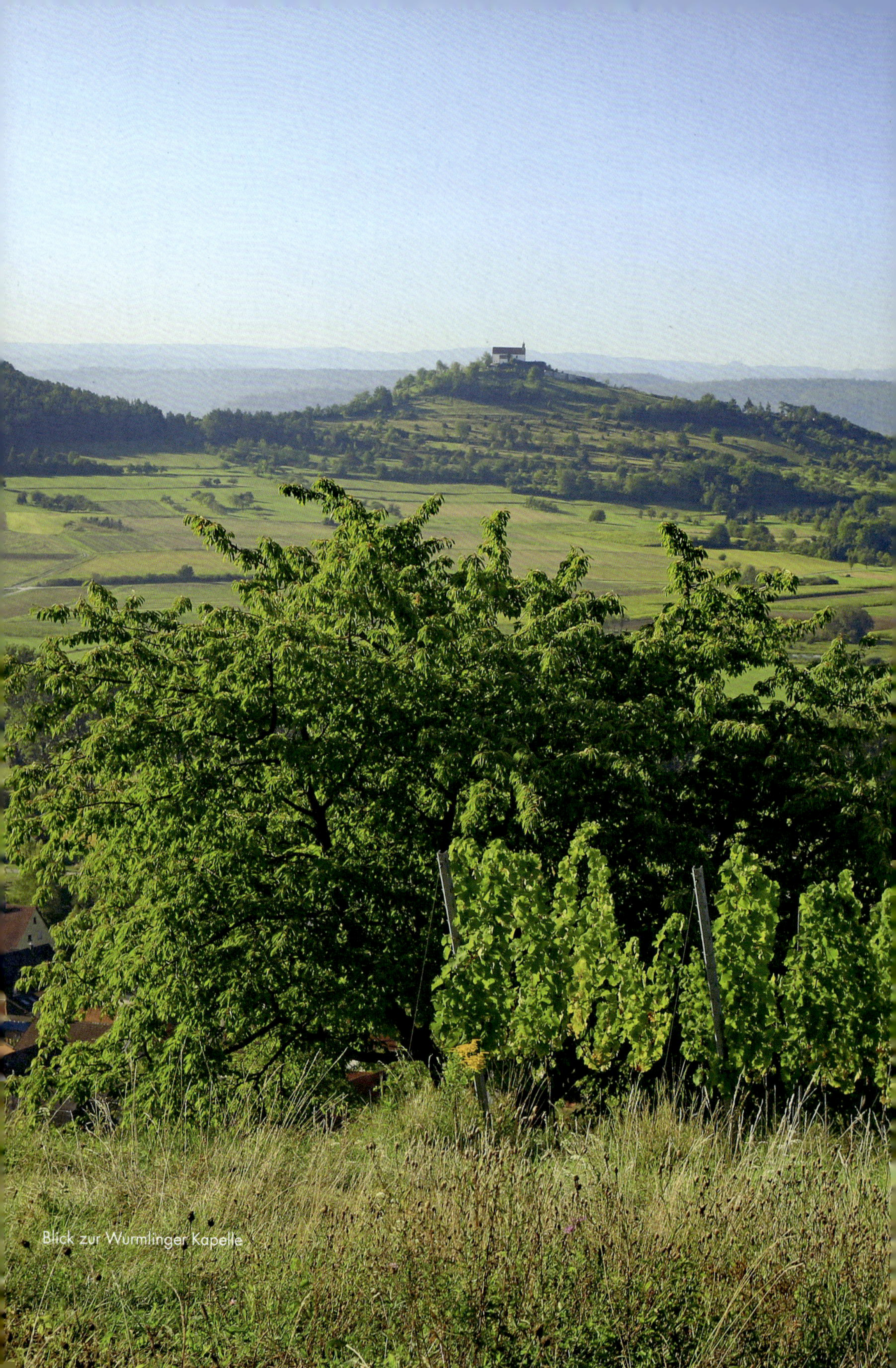

Blick zur Wurmlinger Kapelle

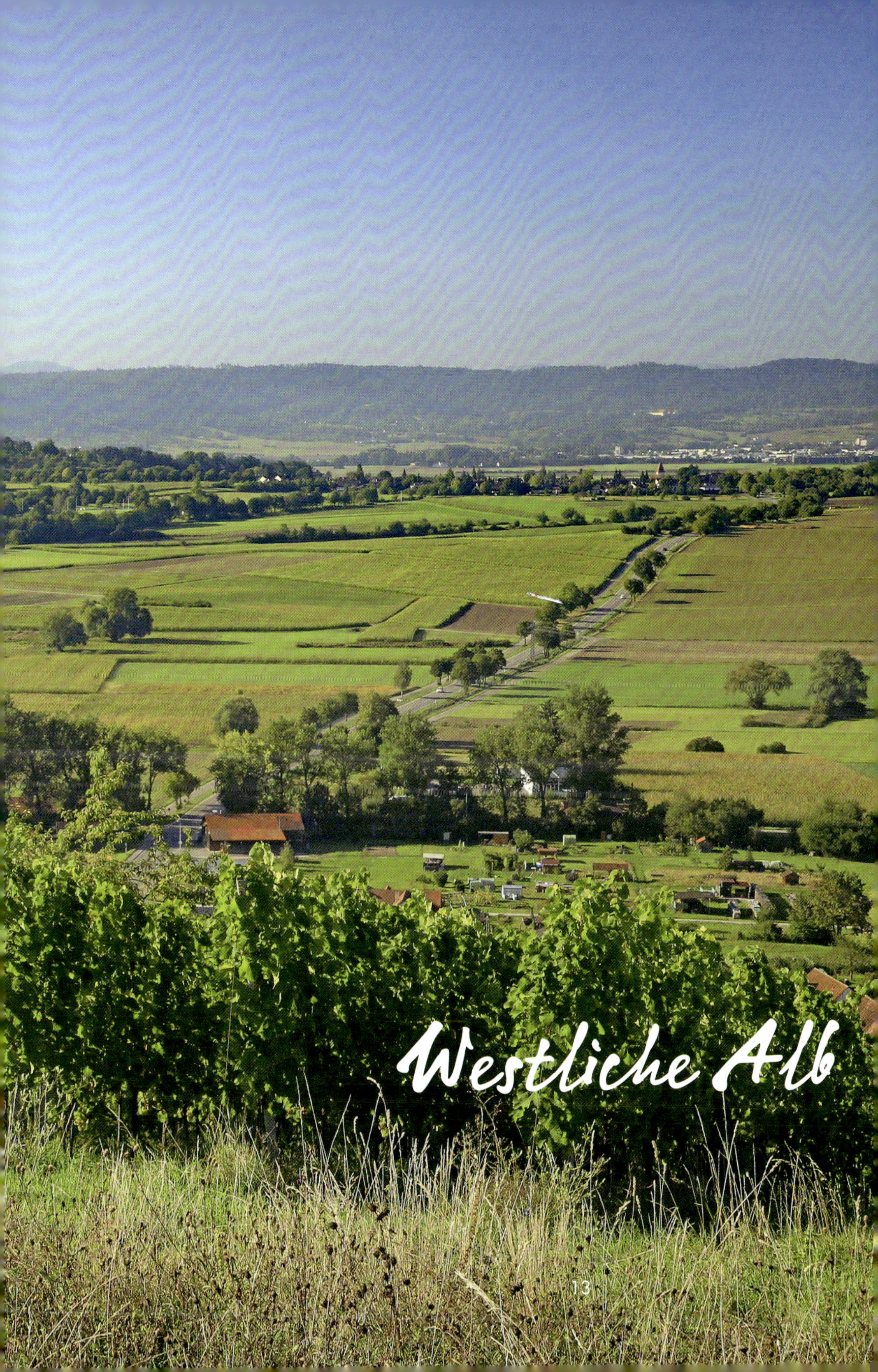

Westliche Alb

1 Vom Schömberg zum Plettenberg

Badesee und Höhenluft

mittel | 10 km | 370 Hm | 3.10 Std.

Tourencharakter
Wir wandern auf festen Wegen und Pfaden. An den Steilabbrüchen auf dem Plettenberg sollte man vorsichtig sein.

Ausgangs-/Endpunkt
Schömberg, Campingplatz

GPS
48.211189, 8.770372

Karte
Wanderkarte W250 Spaichingen, 1:25 000, Hrsg.: Schwäbischer Albverein e. V., Kartographie: Landesamt für Geoinformation und Landentwicklung Baden-Württemberg (LGL)

Anfahrt
keine

Einkehr
keine

Information
www.stadt-schoemberg.de

Der Campingplatz liegt am Schlichemstausee – und dies verführt schon dazu, den Tag dort zu verbringen. Ebenso schön ist die Tour hinauf auf den Plettenberg, wo wir eine prächtige Wacholderheide vorfinden.

Durch den Wald hinauf Wir gehen vom **Campingplatz** Ⓐ hinab zum See und folgen seinem Ufer nach links. Nach dem Eisenbahnviadukt halten wir uns am Schild **Beim Bahnviadukt** (650 m) rechts. Kurz danach orientieren wir uns am Schild Abzw. Schömberg (647 m) links und kommen in den Wald. Dort biegen wir etwas später am Schild **Holzinger Berg West** (655 m) ❶ rechts ab, nun geht es bergauf.
An einem Querweg gehen wir nach rechts, kurz danach folgen wir an der Verzweigung vor einer Rechtskurve dem nach links zeigenden Wanderzeichen. An der nächsten Verzweigung erreichen wir das Schild Holzinger Berg Ost (730 m). Hier nehmen wir den rechten, nun steil aufwärts führenden Pfad.
Wir erreichen daraufhin das Schild Ulgen (790 m), von wo aus wir auf dem breiten Forstweg nach links weitergehen. Kurz darauf wandern wir am Schild Ulgen (800 m) geradeaus weiter bergauf. Wir kommen zum Schild Am Plettenkeller West (891 m), dort wenden wir uns nach links auf den Pfad. Bald erreichen wir das Schild **Am Plettenkeller Ost** (895 m) ❷. Hier geht es relativ eben nach links weiter, nun auf einem breiten Forstweg.

Über das Schafhaus zum Steinbruch Der Weg bringt uns zum Schild Brunnen Schaftränke (905 m) ❸. Dort steigt der Pfad nach rechts wieder an und wir kommen zur Straße. Hier sehen wir das Schild Schafhaus West (965 m) und rechts davon das **Schafhaus** ❹, ein Wanderheim des Schwäbischen Albvereins. Dahinter liegen eine Wacholderheide und ein Spielplatz. Hinter dem Wanderheim und dem Spielplatz gehen wir am Schild Schafhaus Ost (975 m) nach links. Nach dem Sträßchen folgen wir vor dem Gittertor des Steinbruchs der Markierung nach links ❺.

Steiler Abstieg zum Stausee Wir passieren nun ein paar herrliche Aussichtspunkte, danach betreten wir den Wald. Bald sehen wir rechts ein Betriebsgebäude des Steinbruchs. Hier wenden wir uns nach links auf das dort abgehende **Russawegle** 6. Es hat seinen Namen von russischen Kriegsgefangenen, die im Steinbruch arbeiten mussten und diesen Weg angelegt haben. Es führt uns in steilen Serpentinen zum Parkplatz Teufelsküche 7. Dort geht es auf der Straße nach rechts weiter, wir können dem Wanderzeichen folgend aber bald nach links abkürzen. Etwas später überqueren wir die Straße und folgen weiter dem Pfad. Wir stoßen auf ein Asphaltsträßchen 8, dem wir nach links zu einem **Gehöft** nachgehen. Dort orientieren wir uns nach links, halten uns aber noch vor dem Wasserbehälter rechts in Richtung der Stromleitungen. Vor dem großen Mast zweigt ein Weg links ab, wir halten uns jedoch rechts der Leitungen und gehen geradeaus auf den Wald zu.

Bald knicken die Stromleitungen rechts ab, nun unterqueren wir sie, dann ignorieren wir den danach rechts abgehenden Weg. Kurz darauf geht es etwas bergauf. An einer Linkskurve nehmen wir den mit dem Wanderzeichen markierten Weg und biegen rechts ab 9. Nun sind wir auf dem **bekannten Weg**, auf dem wir zum Plettenberg hinaufgestiegen sind. Ihm folgen wir weiter. Am Querweg beim Schild Holzinger Berg West (665 m) orientieren wir uns nach links. Wenig später erreichen wir das Schild Stausee Schömberg (650 m), hier ginge es nach links zum naturnahen Bereich, in dem Baden verboten ist. Wir halten uns aber rechts in Richtung Stausee und gehen auf bekanntem Weg zurück zum **Campingplatz** E.

Am Stausee bei Schömberg

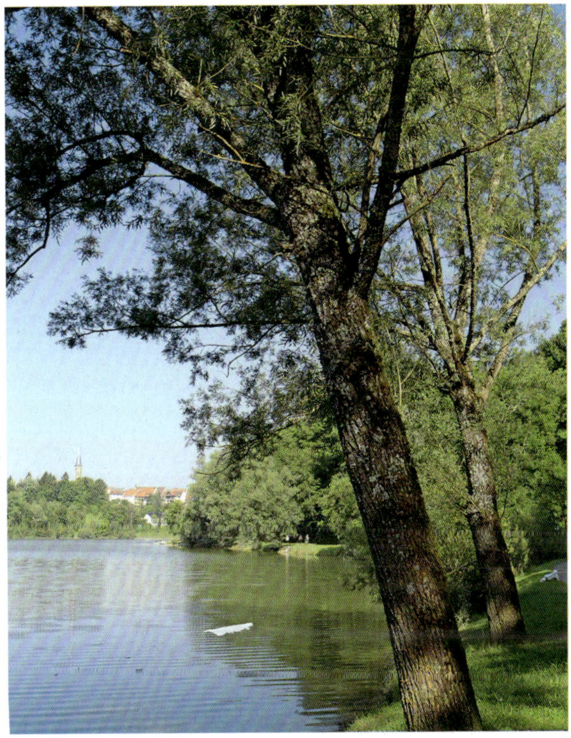

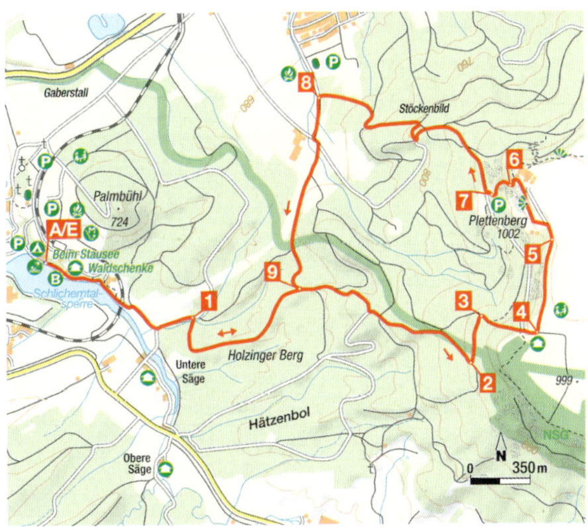

2 Blick vom Hörnle ins Vorland

Parkartige Wiesen, wilder Wald

leicht	6 km	160 Hm	1.50 Std.

Tourencharakter
Wir wandern auf festen Wegen und Naturwegen. Nach dem Hörnle geht es auf einem schmalen Pfad am Trauf entlang. An den Steilabstürzen sollte man auf seine Kinder aufpassen.

Ausgangs-/Endpunkt
Meßstetten-Tieringen, Katzensteig, Parkplatz Alte Steige

GPS
48.202895, 8.887774

Karte
Wanderkarte W250 Spaichingen, 1:25 000, Hrsg.: Schwäbischer Albverein e. V., Kartographie: Landesamt für Geoinformation und Landentwicklung Baden-Württemberg (LGL)

Anfahrt
Auto: Über Ratshausen und Hausen am Tann nach Tieringen

Einkehr
Tieringen

Information
www.stadt-messstetten.de

Oberhalb von Tieringen führt uns dieser Spaziergang durch die parkartigen Hülenbuchwiesen zum Hörnle. Von dort genießen wir den Blick hinab ins Eyachtal. Unterwegs, durch zum Teil wilden Wald, eröffnen sich uns ebenfalls immer wieder schöne Aussichten.

Über die Hülenbuchwiesen Wir halten uns am Schild **Wanderparkplatz Auf der Steig** (895 m) Ⓐ an den links abgehenden Weg in Richtung Tieringen. Er fällt erst kurz ab, dann orientieren wir uns am nächsten Wanderschild rechts und folgen einem unbefestigten Weg in Richtung »Am Hasenbrunnen Hörnle«. Nun spazieren wir oberhalb der Häuser von Tieringen bis zum Schild **Am Hasenbrunnen** (840 m), das direkt an der Straße und bei den Häusern steht. Dort halten wir uns rechts in Richtung Welschhalde.

Wir gehen auf einem Schotterweg entlang des Waldlehrpfades zum Schild Welschhalde (880 m) an einer Linkskurve. Jetzt zweigen wir rechts ab und wandern auf einem steilen, unbefestigten Weg hinauf zum Zufahrtssträßchen Richtung Hörnleparkplatz

Die **Hülenbuchwiesen** mit ihrem parkartigen Charakter liegen auf einer Höhe von beinahe 1000 Metern. Sie entstanden über die Jahrhunderte durch extensive Bewirtschaftung der Wiesen. Dies ergab sich wohl dadurch, dass sie weit entfernt von den Ansiedlungen lagen. Sie waren lange Zeit einmähdige, ungedüngte Magerwiesen, die auch als Holzwiesen genutzt wurden – sie entwickelten dadurch eine einzigartige Flora, die sie sich erhalten konnten. Das Gebiet ist seit 1984 auf 42 Hektar als Naturschutzgebiet ausgewiesen. In der weiten Wiesenlandschaft sieht man idyllische Gehölzinseln. Im Gras wächst die typische Magerrasenflora, darunter die in dieser Gegend »Kohlraisle« genannte Kleine Traubenhyazinthe.

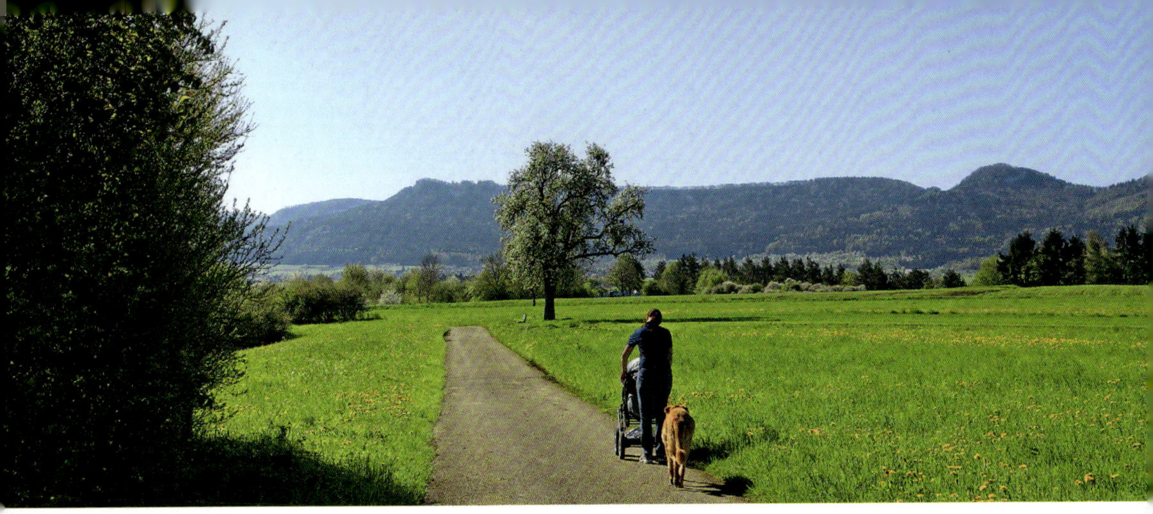

In den Hülenbuchwiesen

und zum Schild Untereck (927 m) ❶. Dort halten wir uns links und wandern auf der Straße bis zum **Hörnleparkplatz** ❷. Nun gehen wir etwas auf dem Sträßchen weiter, werden aber kurz nach dem Parkplatz zum »Hörnle« nach rechts verwiesen. Wir folgen erst einem Schotterweg, danach geht es unbefestigt auf einem Wiesenweg durch die weite Landschaft der **Hülenbuchwiesen** bis zum Schild **Gedenkstein** (950 m). Hier kann man einen Abstecher nach links machen und durch die prächtige weite Wiesenlandschaft spazieren. Anschließend kehrt man an diesen Punkt zurück.

Aussichtspunkt Hörnle Wir gehen weiter und haben nach 100 Metern den **Aussichtspunkt Hörnle** (956 m) ❸ erreicht. Hier laden Bänke zur Rast. Danach orientieren wir uns rechts in Richtung »Hakenfels« und folgen, meist abwärts, dem schmalen Pfad entlang des Traufs. Später geht es durch einen wilden Bannwald, der einen recht urwüchsigen Charakter aufweist. Am Schild Hakenfels (925 m) halten wir uns an den Wegweiser Bannwald Untereck. Beim Wanderschild **Bannwald Untereck** (910 m) weist uns das Zeichen nach rechts nach »Untereck«. Bald darauf verlassen wir den Wald und wandern hinauf zur Zufahrtsstraße und zum bereits bekannten Schild Untereck (927 m) ❶. Wir orientieren uns nach links und wandern vorbei an der europäischen Wasserscheide zurück zum **Ausgangspunkt** Ⓔ.

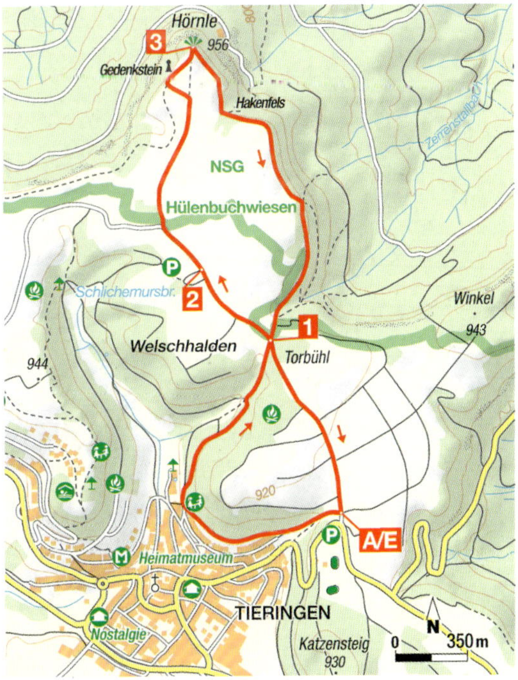

Campingplatz beim Stausee

Baden und wandern

Der familienfreundliche Campingplatz liegt direkt oberhalb des beliebten Stausees, der aus der aufgestauten Schlichem entstand. In ihm kann man baden, surfen und Boot fahren, in der Umgebung sind schöne Wanderungen und Radtouren möglich.

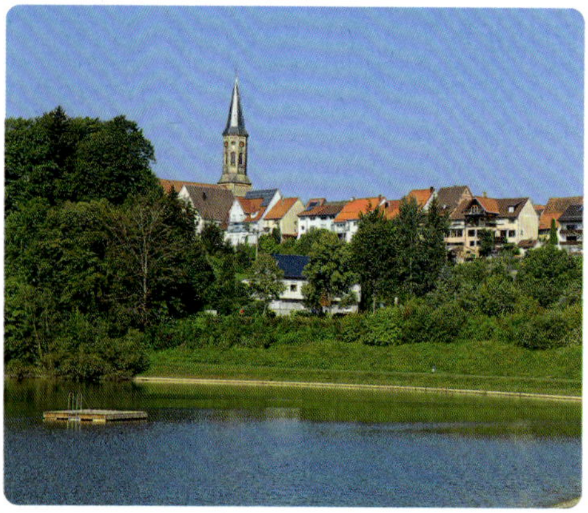

Der idyllisch gelegene familiengeführte Campingplatz liegt nahe des Städtchens Schömberg, in dem es Geschäfte, Ärzte und eine Apotheke gibt. Alle nötigen Einrichtungen bis hin zu einer kleinen Küche sind vorhanden. Bezahlt werden Tagespreise, es gibt zudem Pauschalangebote für Wochenendaufenthalte, z. B. das Familien-Wochenend-Angebot, außerdem das Familien-7-Tage-Angebot und Angebote für längere Urlaube. Auch ein extra Jugendzeltplatz wurde angelegt.

€€€ ✗

Geeignet für Wochenende, Urlaub, Familien, Singles, Senioren, Gruppen, Jugendgruppen

Adresse Campingplatz beim Stausee, Beim Stausee 2, 72355 Schömberg, Tel. 07427/911 11, www.heinerscamp.de, info@heinerscamp.de

GPS 48.211189, 8.770372

Besonderheit Barrierefreie Sanitärgebäude, Waschraum mit Waschmaschinen und Trockner, extra Raum mit Kochgelegenheiten, WLAN

Sonnencamping Albstadt

Baden, mountainbiken, wandern

Einen besseren Platz für einen Campingplatz als gegenüber eines Freizeit- und Wellnessbades gibt es wohl kaum – Wasserratten wird einiges geboten. Zudem ist die Umgebung eine Mountainbikehochburg, Wanderfreunde kommen ebenfalls auf ihre Kosten.

Die Gegend um die ganzjährig geöffnete Anlage ist ohnehin sonnenverwöhnt, außerdem wurde der Campingplatz in Südlage auf drei Terrassen errichtet. Es gibt Stellplätze für Wohnmobile und Anhänger, dazu zwei Zeltwiesen. Vom ADAC, ANBW und BVCD wurde der Platz mit 3,5 bzw. 5 Sternen zertifiziert, außerdem ist er Qualitätsgastgeber »Wanderbares Deutschland«. Seit 2016 zählt er zu den 141 Top-Platz-Stellplätzen in Europa.

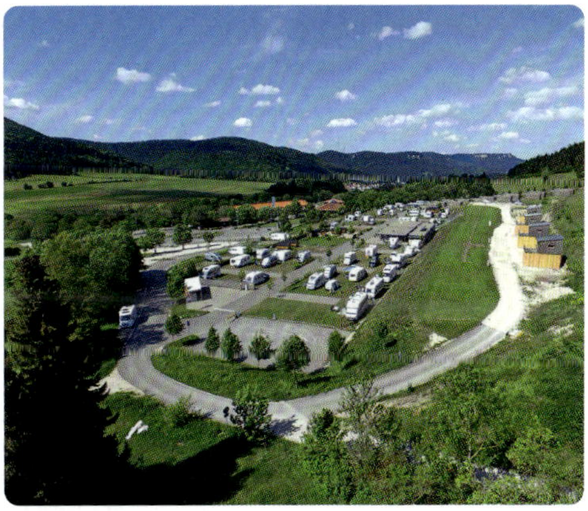

€€€

Geeignet für Wochenende, Kurzaufenthalte, Urlaub, Familien, Singles, Senioren

Adresse Sonnencamping Albstadt, Beibruck 54, 72458 Albstadt, Tel. 07431/937 03 48, 0152/56 89 55 77, www.sonnencamping.de, info@sonnencamping.de

GPS 48.215668, 8.979321

Besonderheiten Schlaffässer, Stelzenhäuser, Bungalows, Brötchenservice, Sanitärgebäude mit Familienbad und Einzelduschkabinen, Aufenthaltsraum mit TV, Grillhütte, Kinderspielplatz, Outdoorswimmingpool für Kinder, Riesentrampolin, Tischtennis, WLAN

3 Um den Schlossfelsen

Zwischen Wald und Aussicht

schwer | 15 km | 480 Hm | 5.30 Std.

Tourencharakter
Die Wanderung verläuft vorwiegend auf Pfaden, aber auch auf festen Wegen. Spielplätze findet man am Roßberg und am Waldheim.

Ausgangs-/Endpunkt
Albstadt-Ebingen, Parkplatz Waldheim
Alternative Ausgangspunkte sind die Parkplätze Setze, Süßer Grund, Stählernes Männlein, Rossberg, Fohlenweide

GPS
48.220633, 9.038749

Karten
Wanderkarte W251 Albstadt, 1:25 000, Hrsg.: Schwäbischer Albverein e. V., Kartographie: Landesamt für Geoinformation und Landentwicklung Baden-Württemberg (LGL); Wanderkarte mit Radwegen Albstadt Gammertingen Blatt 51-534, 1:25 000, NaturNavi

Anfahrt
Auto: Nach Ebingen, dort in der Bitzer Steige hinauf zum Waldheim

Einkehr
Waldheim, Fohlenweide, Süßer Grund

Information
www.traufgaenge.de

Die Wanderung führt durch Wald und Wacholderheiden, bietet aber zugleich Ausblicke in die Täler und auf die umliegenden Höhen. Die Tour lässt sich auf zwei Wanderungen aufteilen, beide führen an einem Spielplatz vorbei und sind für Kinder gut geeignet.

Zum Stählernen Männlein Direkt am Parkplatz **Waldheim** Ⓐ liegt auch der Eingang zum Kletterpark. Hier starten wir in Richtung Stählernes Männlein. Auf dem Auchtenweg geht es etwas bergauf und wir erreichen bald ein Schwarzwildgehege. Dieses lassen wir links liegen und kommen zu einer Kreuzung. Von dort gehen wir geradeaus im Hasenwäldleweg weiter, bis zu einer Kreuzung. Vor einer Wiese fällt der Weg nun ab und wir orientieren uns nach links.

Wir passieren eine **Schneise** mit Elektroleitungen, dann werden wir nach links verwiesen. Entlang des Waldrands und auf der linken Seite von schönen Weiden mit Blick auf Wacholderheiden gehen wir nun zu einem Querweg, an dem wir uns rechts halten. Wir wandern etwas rechts von den Elektroleitungen weiter, dann zeigt uns das Wanderschild nach rechts in Richtung »Sandlöcher« den neu einzuschlagenden Weg.

Wir kommen an einem Rastplatz mit Tisch und Bänken vorbei und erreichen ein Quersträßchen. Hier führt die Fortsetzung der Wanderung zum Stählernen Männlein geradeaus auf einen Wiesenweg. Wir aber sollten zunächst einen Abstecher nach links zu den »Sandlöchern« unternehmen – dies sind höhlenartig ausgewaschene Kalkfelsen. Deshalb halten wir uns gleich darauf am Grillplatz rechts und erreichen die **Sandlöcher** ❶.

Über die Höhe zum Süßen Grund Zurückgekehrt zum Schild, wenden wir uns nach links, wandern über einen Höhenrücken mit Wacholderheide und anschließend hinunter zu einer Straße. Danach gelangen wir in den Wald. Wir halten uns rechts und gehen entlang einer Wacholderheide bis zu einem festen Weg.

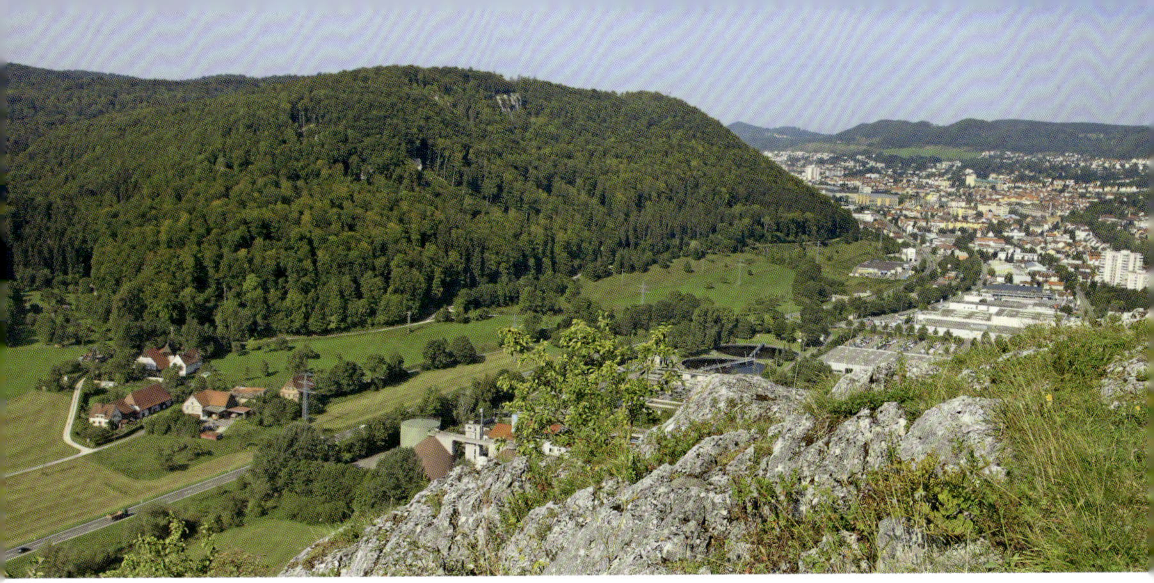

Blick auf Ebingen

Noch bevor wir ihn aber ganz erreicht haben, nehmen wir den nach links führenden Pfad. Er leitet uns erst am Waldrand entlang und später in den Wald. Kurz bevor er endet, müssen wir uns links halten.

Anschließend wandern wir über die Wiese zu einem festen Weg, wo wir uns nach rechts orientieren. Links sollten wir die als **Biotop geschützte Wiese** beachten ②. Bald geht rechts ein Weg zum Süßen Grund ab und kurz danach zweigen wir links vom festen Weg ab. Nun folgen wir einem Wiesenweg über eine Wacholderheide etwas aufwärts. Danach gehen wir hinab zum **Parkplatz Stählernes Männlein**. Dort überqueren wir die Straße, dann kommen wir auf der anderen Seite etwas nach rechts versetzt wieder in einen Wald, in dem wir prächtige Buchen bewundern können.

Am nächsten festen Weg bietet sich uns eine Abkürzungsmöglichkeit. Wer sie nutzen möchte, orientiert sich hier nach rechts und wandert über den **Parkplatz Setze** (0,5 km) und eventuell das Gasthaus Zum Süßen Grund (0,8 km), bis er wieder auf den Schlossfelsenpfad trifft. Auf ihm geht man nach rechts über die Straße. Wer jedoch ab dem Parkplatz Stählernes Männlein die kurze Tour gewandert ist, kommt hier von rechts zurück und orientiert sich daraufhin nach links.

Diejenigen, die die lange Tour begehen, biegen links ab und halten sich an der nächsten Verzweigung rechts. Bald queren wir die Zufahrtsstraße zum Parkplatz Roßberg und folgen einem Pfad bis zum Parkplatz. Wir überqueren ihn und passieren einen Grenzstein, der die ehemalige Grenze zwischen Württemberg und Hohenzollern markiert.

Zum Mühlefelsen Anschließend erreichen wir die Vereinsgaststätte Roßberg, bei der wir einen großen Spielplatz vorfinden. Nun richten wir uns nach rechts aus und kommen in den Wald, wo es in Richtung Fohlenweide weitergeht. Wir steigen nun steil hinab in ein Wiesental, überqueren eine Straße und folgen am

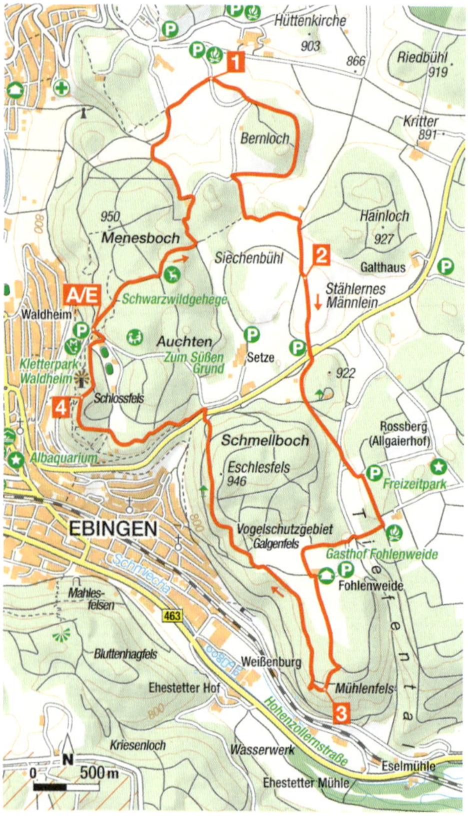

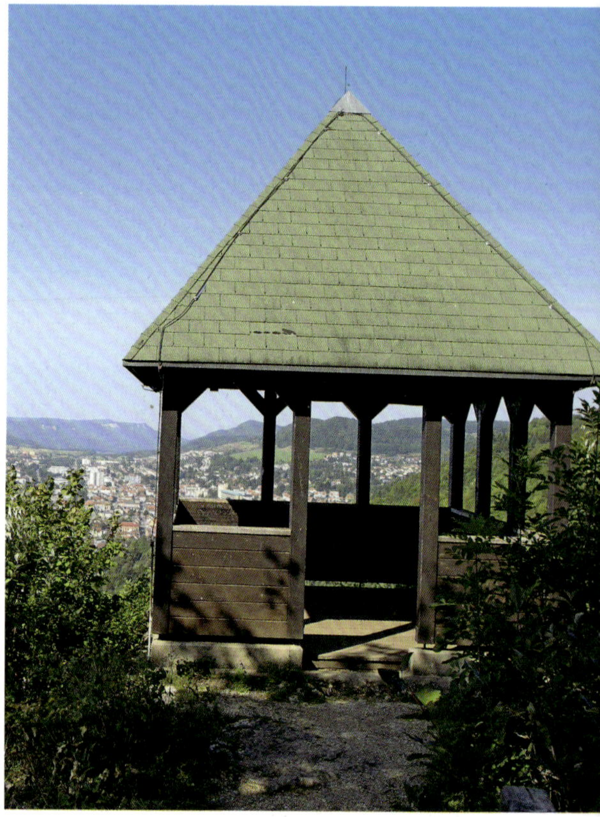

Schutzhütte mit prächtiger Aussicht

Wegweiser Tiefental Ost (840 m) dem breiten Weg geradeaus. An der Stelle, an der links das Asphaltsträßchen abzweigt, behalten wir unsere Richtung bei. Der Weg steigt kurz an, dann erreichen wir einen querenden Schotterweg. Auf ihm gehen wir nach links zum Schild Fohlenweide (860 m), links davon liegt der **Gasthof Fohlenweide**.

Nun geht es in Richtung »Mühlenfels« links herum weiter und prompt wieder nach rechts. Der Weg führt uns erst durch Wiesen, dann kommen wir in den Wald. Wir wandern in Gehrichtung weiter, bis wir nach rechts verwiesen werden. Danach biegen wir an einer Kreuzung rechts ab. Links liegt der Weiße

Fels, der aber keinen Ausblick bietet. Kurz darauf erreichen wir jedoch den aussichtsreichen **Mühlefelsen** 3.

Von hier wandern wir rechts in Richtung Galgenfels weiter. Dem breiten Forstweg, auf den wir treffen, folgen wir in Gehrichtung und verlassen nach einiger Zeit den Wald. Wir wandern durch die Lichtung nach links zu einer Kreuzung, wo wir auf das Wanderschild Hukelturensteige (870 m) treffen. Wer möchte, kann hier nach links abbiegen, um einen kurzen Abstecher hinab zum Galgenfels zu machen. Andernfalls orientieren wir uns nun nach rechts in Richtung Schlossfels. Bald geht es wieder in den Wald, in dem wir gleich nach links abbiegen und im Zickzack zur **Schleicherhütte** wandern.

Rückweg mit Aussicht Wir passieren weitere Aussichtspunkte, danach führt der Weg abwärts. Kurz nach dem Schild **Eschle Nord** biegen wir nach rechts ab. Wer nur die kurze Tour ab dem Parkplatz Stählernes Männlein unternommen hat, hält sich am nächsten Querweg rechts und wandert über den Parkplatz Setze zu der noch vom Anfang der Tour bekannten Verzweigung. Von hier aus kommt man nach links in 400 Metern zurück zum Parkplatz. Von rechts kommen diejenigen Wanderer an, die ab dem Waldheim die kurze Tour gewählt und nach dem Parkplatz Stählernes Männlein im Wald rechts abgebogen sind.

Ansonsten wandern wir hinunter zur Straße, wo wir uns nach rechts orientieren. Dann geht es auf der anderen Straßenseite nach links im Wald weiter. Wir passieren einen Gedenkstein und wandern auf einem Pfad leicht bergauf. Kurz darauf halten wir uns rechts. Wir folgen nun dem Alpenblickpfad, der uns zwei Aussichtspunkte bietet. Anschließend erreichen wir einen breiten Forstweg und folgen ihm. Nach einiger Zeit orientieren wir uns am Schild **Leizentäle** (887 m) nach links. Vorbei an einigen Aussichtspunkten mit Blick auf Ebingen kommen wir zum Schild Abzweig Schlossfels (940 m), halten uns rechts und erreichen den **Aussichtsturm auf dem Schlossfels** 4. Danach wandern wir in wenigen Minuten hinab zum Ausgangspunkt **Waldheim** E.

Man kann die Wanderung auch auf zwei kürzere Strecken aufteilen. Dann wandert man im ersten Abschnitt vom Waldheim zum Stählernen Männlein und von da wieder zurück. Der zweite Teil führt daraufhin vom Parkplatz Stählernes Männlein über den Roßberg zur Fohlenweide und zum Mühlefels. Nach der Schleicherhütte geht es parallel zur Landstraße wieder zurück.

4 Von Boll nach Mariazell

Wallfahrtskirche mit Aussicht

mittel	9,2 km	210 Hm	2.40 Std.

Tourencharakter
Die Wanderung verläuft auf festen Wegen.

Ausgangs-/Endpunkt
Hechingen-Boll, Junginger Straße, beim Spielplatz Unterdorf. Einen weiteren Parkplatz findet man unterhalb der Wallfahrtskirche.

GPS
48.329925, 8.992757

Karte
Wanderkarte W241 Rottenburg am Neckar, 1:25 000, Landesamt für Geoinformation und Landentwicklung Baden-Württemberg (LGL) in Zusammenarbeit mit dem Schwäbischen Albverein e. V.

Anfahrt
Auto: Durch Hechingen und links vorbei an Stetten nach Boll

Einkehr
Boll

Information
www.hechingen.de

Auf dieser kurzen Wanderung zur Wallfahrtskirche Mariazell genießen wir traumhafte Aussichten. Historisch interessant sind die Wallfahrtskirche und der Hof Friedrichstal, den wir am Ende der Tour erreichen.

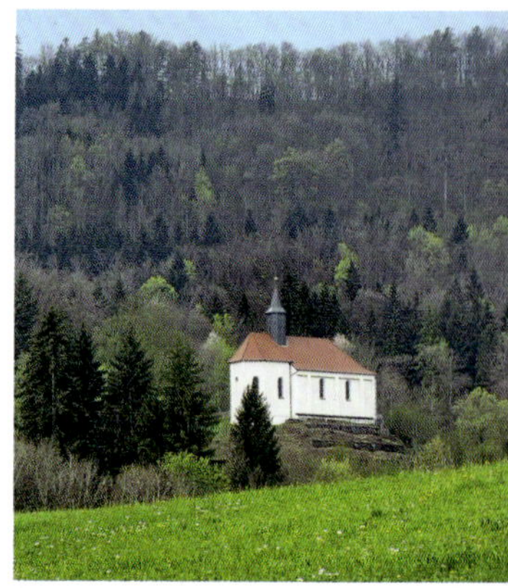

Blick zur Wallfahrtskirche Mariazell

Hinauf zum Wald Wir gehen vom **Spielplatz Unterdorf** Ⓐ mit den beiden als Naturdenkmal geschützten Bäumen und dem Flurkreuz in der Junginger Straße zu den ersten Häusern. Bevor der Tiefenweg beginnt, halten wir uns mit dem Wanderzeichen des Schwäbischen Albvereins in Richtung Parkplatz Mariazell Burg Hohenzollern links, weiter in der Junginger Straße. Wo links der Zeller Weg abbiegt, behalten wir unsere Richtung bei und befinden uns nun in der Eichgasse. Beim **Rat- und Schulhaus** ❶ orientieren wir uns am Brunnen nach links und biegen in die Straße Mitteldorf ab. Hier, an der Bushaltestelle Boll Kirche, kann man die Wanderung beginnen, wenn man mit dem Bus angereist ist. An der **Kirche** gehen wir mit dem Wanderzeichen rechts in die Dorfstraße, wenden uns aber gleich nach links in die Zollerbergstraße. Wo sich der Weg an einem Flurkreuz bei den letzten Häusern verzweigt, gehen wir auf dem rechten Weg weiter. Nach einem kleinen Anstieg kommen wir oben an den Waldrand. Schon während des Anstiegs, aber vor allem von hier aus, eröffnet sich ein prächtiger Blick über die Streuobstwiesen nach Boll.

Über Mariazell nach Friedrichstal Am Waldrand richten wir uns nach links aus ❷. Jetzt halten wir uns an das Zeichen nach »Mariazell« und folgen dem Forstweg immer weiter, bis es links

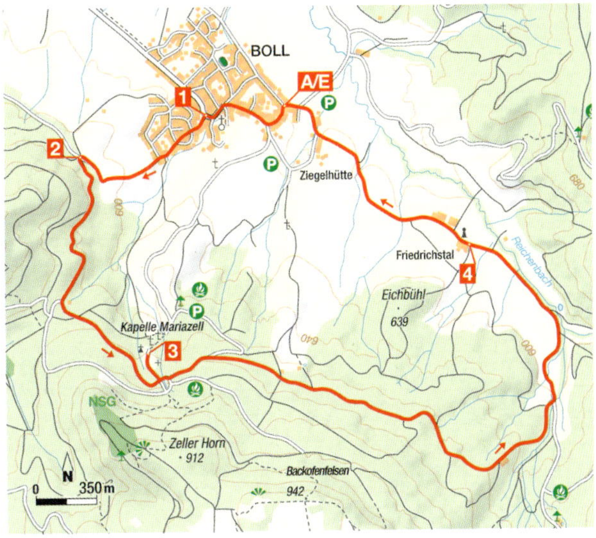

hinunter nach Mariazell und zur Wallfahrtskirche ❸ geht. Wer nur eine kurze Tour unternehmen will, geht rechts der Kirche auf den Stufen hinunter zum Parkplatz und wandert auf dem Zufahrtssträßchen zurück nach Boll. Alle anderen steigen von der Kirche wieder hinauf bis sie vor einem Gebäude auf einen querenden Forstweg treffen. Hier halten wir uns links. Kurz darauf führt an einer Verzweigung links ein Weg abwärts. Da er uns aber nur zum Parkplatz bringen würde, behalten wir unsere Richtung auf ebener Strecke bei.

Der Forstweg führt mit leichtem Auf und Ab weiter, schließlich gelangen wir nach einer lang gezogenen Linkskurve hinab zum Waldrand. Danach wandern wir durch ein schönes Tal neben dem mäandernden Reichenbach und mit teilweise schöner Aussicht auf die Burg Hohenzollern weiter zum **Hof Friedrichstal** ❹. Wir gehen auf dem Zufahrtssträßchen zurück und erreichen bald unseren **Ausgangspunkt** Ⓔ.

Die **Wallfahrtskirche Mariazell** ging vermutlich aus einer Mönchszelle des Klosters St. Gallen hervor. Diesem bescheidenen Wohnsitz eines Eremiten oder Mönchs war im Jahr 789 ein Hofgut »am Abhange« eines hohen Berges bei Hechingen als Geschenk zugesprochen worden. Aus dieser Zelle entstand im Laufe der Zeit eine »Zell« genannte Siedlung mit einer dem heiligen Gallus geweihten Pfarrkirche. Die ortsansässige Adelsfamilie waren die Herren »von Zell«. Der Name Zell wurde urkundlich zum ersten Mal 1255 in Zusammenhang mit einem Werner von Zell erwähnt. Der Name Mariazell tauchte erstmals um das Jahr 1700 auf. Die Kirche wurde 1631 zerstört, aber im gleichen Jahrhundert wiederaufgebaut. 1757 wurde sie unter der Leitung des Haigerlocher Baumeisters Christian Großbayer erweitert und umgebaut. Aus der Zeit vor diesen Baumaßnahmen stammen drei Gemälde, die in der Kirche zu sehen sind. Weitere Bilder und Skulpturen zieren das Gotteshaus. Informationen zu diesem geschichtsträchtigen Bauwerk finden sich unter www.mariazell-boll.de.

Der Obelisk, der rechts des Weges beim **Hof Friedrichstal** steht, stammt von einem Jagdschloss der hohenzollerischen Fürsten aus dem 19. Jahrhundert. Er ist mit einer Widmung aus dem Jahre 1805 von Hermann Friedrich Otto an seinen Fürsten zu Hohenzollern-Hechingen versehen.

5 Über den Raichberg

Ausblick zum Hohenzollern

schwer | 16 km | 410 Hm | 5 Std.

Tourencharakter
Wir wandern meist auf Pfaden.

Ausgangs-/Endpunkt
Albstadt-Onstmettingen, L360, Stichwirtschaft.
Alternative Ausgangspunkte sind die Parkplätze Zollersteighof, Stocken, Bödemle, Fuchsfarm und das Nägelehaus.

GPS
48.283070, 8.972840

Karte
Wanderkarte W241 Rottenburg am Neckar, 1:25 000, Landesamt für Geoinformation und Landentwicklung Baden-Württemberg (LGL) in Zusammenarbeit mit dem Schwäbischen Albverein e. V.

Anfahrt
Auto: Über Zimmern nach Tannheim, dann auf der L360 hinauf zum Stichwirtshaus

Einkehr
Stich, Zollersteighof, Nägelehaus

Information
www.traufgaenge.de

Wir wandern zum »Zollernburg-Panorama« genannten Traufgang, um den schönsten Blick auf die Burg Hohenzollern zu haben. Die Natur auf dem Raichberg mit dem Hangenden Stein und anderen Felsformationen beeindruckt mit Orchideen und weiteren Pflanzenschönheiten.

Über den Zollersteighof zum Zeller Horn Beim **Stichwirtshaus** Ⓐ gibt es beiderseits der L360 Parkmöglichkeiten. Zuerst steigen wir auf dem Zuweg zum Traufgang rechts des Gasthauses den Hang hinauf in Richtung Heiligenkopf. An einem Querweg biegen wir links ab. Nun geht es im Wald nach links sanft bergauf zum Bergrücken des Irrenbergs. Auf dieser Strecke befinden sich einige Aussichtspunkte. Der teilweise recht wurzelige Weg bringt uns zum Aussichtspunkt **Heiligenkopf** (893 m) ❶. Als nächstes Ziel wird auf den Wegweisern nun Zollersteighof angezeigt. Wir gehen weiter an einigen Aussichtspunkten mit Blick zum Hohenzollern vorbei, dann verlassen wir den Wald, wandern kurz über eine Wiese und wenden uns dabei erst nach rechts, dann nach links zum **Zollersteighof** ❷. Nun biegen wir links in den Wald ab in Richtung Zeller Horn. Erst führt uns ein breiter Weg sanft hinab, dann geht es auf einem Steig in Serpentinen hinauf zum **Zeller Horn** ❸, wo man die wohl berühmteste Postkartenansicht auf die Burg Hohenzollern hat.

Zum Hangenden Stein Jetzt folgen wir dem Wegweiser zum »Hangenden Stein«. Wir wandern auf gutem Weg erst im Wald relativ eben ein Stück zurück. Dann halten wir uns links und folgen einem aufwärts führenden Steig hinauf. Immer wieder kommen wir an Aussichtsfelsen mit Blick zum Hohenzollern und ins Albvorland vorbei. Danach wandern wir am Trauf entlang und passieren die Aussichtspunkte **Backofenfelsen** ❹ und Trauffelsen sowie einige markante Bäume. Anschließend geht es hinab, wir überqueren einen tiefen Felsspalt auf einer Brücke und erreichen schließlich die mächtige Felsformation **Hangen-**

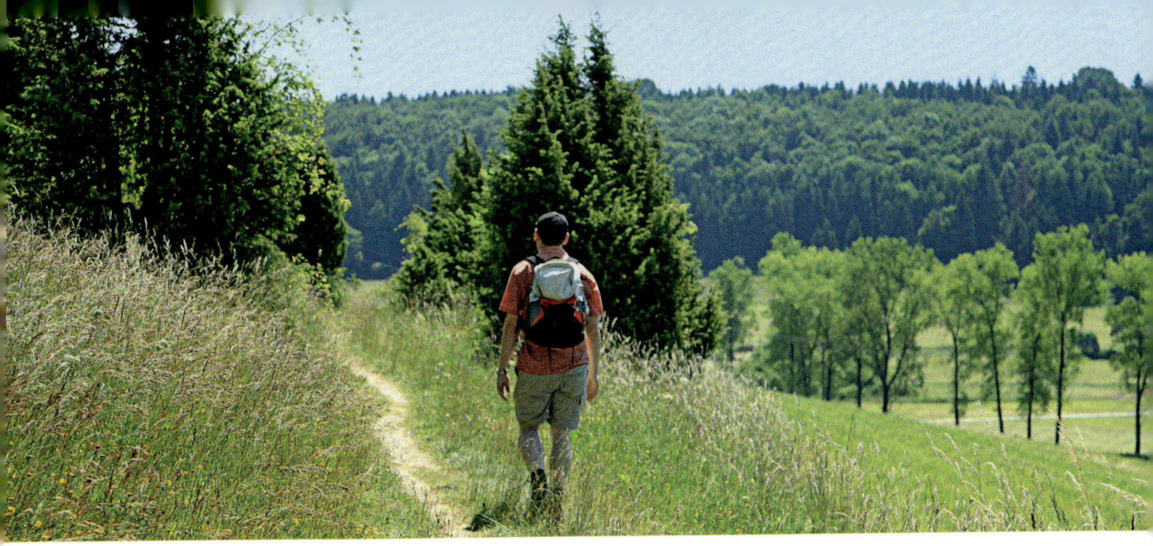

der Stein 5. Auch sie bietet uns eine herrliche Aussicht, dieses Mal zum Albtrauf auf der anderen Seite.

Heidelandschaft vor dem Stichwirtshaus

Zum Aussichtsturm und Nägelehaus Gleich danach zieht der Pfad nach rechts und wir verlassen den Wald. Danach verweisen uns die Schilder des Traufgangs nach links in Richtung Parkplatz Stocken über eine Wiese. Wir überqueren einen Feldweg, dann wandern wir etwas nach rechts versetzt und links des bewaldeten Hügels **Gockeler** weiter. Vor dem links vor uns liegenden Schafhaus stoßen wir auf einen breiten Feldweg, auf dem wir nach rechts weitergehen zum **Parkplatz Stocken**. Dabei schauen wir uns das Flurkreuz an, das oberhalb des Wegs inmitten einer Wacholderheide steht und von Bäumen und Wacholdern flankiert wird. Am Parkplatz überqueren wir das zum Nägelehaus führende Zufahrtssträßchen und wandern auf der anderen Seite auf einem Feldweg zum nächsten Parkplatz. Dort orientieren wir uns nach rechts und überqueren die Straße. Der Weg dahinter führt an einer Köhlerstätte mit einem

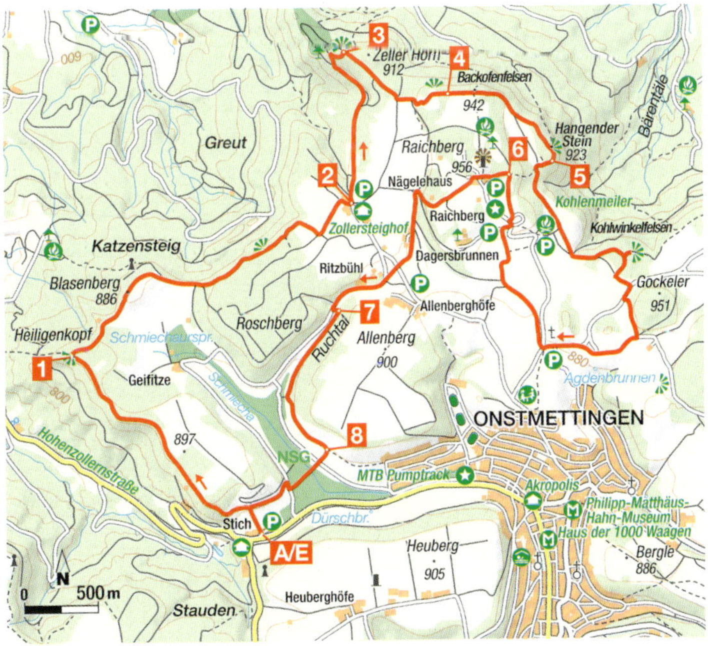

Der **Raichberg** ist eigentlich nur eine Kuppe auf der Albhochfläche. Er liegt in einer teilweise parkartig wirkenden Landschaft mit Wacholderheiden und prächtigen Weidbuchen. Auch Orchideen, der Gelbe Enzian und der herrlich duftende wilde Thymian wachsen hier auf den Wiesen.
Der 22 Meter hohe **Raichbergturm** wurde zusammen mit dem Wanderheim Nägelehaus 1928 erbaut. Er bietet einen schönen Blick über den Raichberg und das obere Schmiechtal mit Onstmettingen. Im Westen sehen wir von hier aus die Balinger Berge mit dem an seinem Fernmeldeturm erkennbaren Plettenberg. Ist die Sicht gut, kann man bis zum Schwarzwald, vom Feldberg bis zur Hornisgrinde sehen.
Im Nordwesten liegen das Zeller Horn und Hechingen, und das Hohenzollernschloss ragt gerade noch über dem Wald empor. Im Norden kann man die Wurmlinger Kapelle und östlich davon Tübingen erkennen, im Osten Dreifürstenstein und Heuberg, darüber die Salmendinger Kapelle und den Roßberg. Erwischt man einen Tag mit ganz klarer Sicht, kann man im Süden die Alpen von der Zugspitze bis zum Berner Oberland sehen. Die Aussicht wird auf Tafeln erklärt. Öffnungszeiten: Sonntags, sonst ist der Schlüssel im Wanderheim zu erhalten.

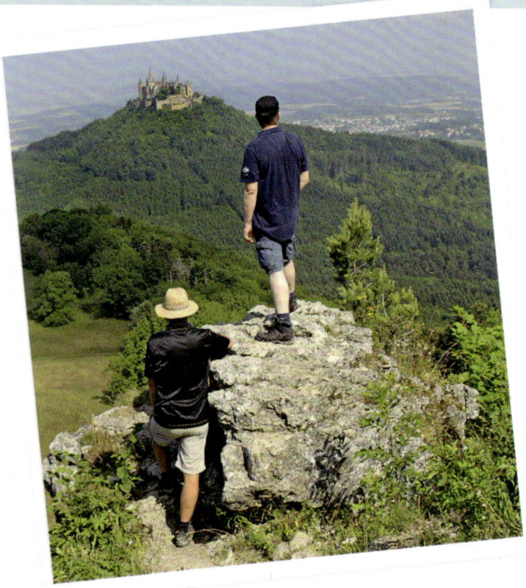

Zollernblick vom Zeller Horn

Meiler vorbei, bringt uns in den Wald und danach zum Raichberggipfel mit dem **Nägelehaus** und dem **Aussichtsturm** ❻.

Zurück zum Stich Jetzt halten wir uns an die Beschilderung zum Dagersbrunnen. Wir wandern erst über eine Wiese, daraufhin durch einen Wald und orientieren uns danach nach links. Wir passieren einige Bauernhäuser, dann die Ansiedlung **Dagersbrunnen** und stoßen anschließend auf eine Straße. Dort halten wir uns rechts, werden aber gleich nach links auf einen breiten Weg in Richtung »Stich« verwiesen. Nun wandern wir im Wald durch das **Ruchtal** ❼, wo wir einmal auf die linke Talseite wechseln müssen, aber unsere Richtung beibehalten. Dann zieht der Weg nach links und wir wandern unterhalb einer Wacholderheide weiter, bis wir im 90-Grad-Winkel nach rechts verwiesen werden ❽. Wir überqueren die junge **Schmiecha**, anschließend führt uns der Weg durch ein Feuchtgebiet wieder sanft aufwärts bis zu einem querenden Weg. Hier wandern wir etwas nach rechts versetzt auf der anderen Seite weiter bis zur bekannten Verzweigung oberhalb des **Stichwirtshauses** Ⓔ. Zu ihm geht es nun nach links hinab.

Zollernalbcamping

Im Banne des Hohenzollerns

Urlauber können hier nicht nur schnell in das sehenswerte Hechingen gelangen, sie finden auch eine traumhafte Wanderumgebung vor: Die Burg Hohenzollern, der Raichberg, viele Premiumwanderwege sowie Wander- oder Radtouren im Albvorland erwarten sie.

Der stadtnah und doch im Grünen liegende neu angelegte Platz besitzt 50 Stellplätze für Caravans sowie 20 Wohnmobilstellplätze und viel Fläche für Zelte. Im Café und Versperstüble können rund 40 Personen ihren Urlaub kulinarisch genießen. Die große Gartenterasse bietet einen wunderschönen Blick auf die Burg Hohenzollern. Außerdem kann man hier wandern, biken, minigolfen, im 100 Meter entfernten Hallen-/Freibad schwimmen sowie Kanu fahren oder Höhlen besichtigen.

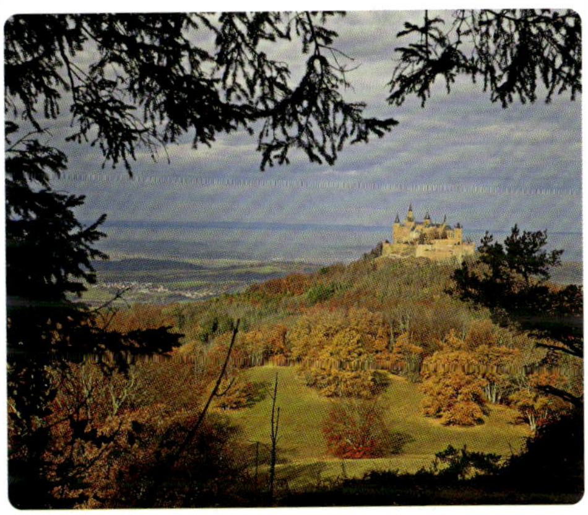

€€€ ✕

Geeignet für Wochenende, Urlaub, Familien, Singles, Senioren

Adresse Zollernalbcamping Stadt- und Aktivcamping Hechingen, Niederhechinger Straße 41, 72379 Hechingen, Tel. 07471/9897980, www.zollernalbcamping.de, info@zollernalbcamping.de

GPS 48.359473, 8.958915

Besonderheiten Wohnwagen und Wohnmobilstellplätze, Zeltwiese, Campingfass

6 Abenteuer bei Bad Niedernau

Wilder Wald und wilde Schlucht

mittel | 6,1 km | 130 Hm | 1.45 Std.

Tourencharakter
Die Wanderung findet auf Pfaden und Forstwegen statt. Der durch die Wolfsschlucht führende Teil setzt Trittsicherheit und Schwindelfreiheit voraus – bei nassem Wetter wird diese Variante nicht empfohlen. Dieser Abschnitt kann auf einem einfachen, ebenen Weg umgangen werden.

Ausgangs-/Endpunkt
Bad Niedernau, Parkplatz am Kurpark, Bachstraße

GPS
48.451248, 8.901620

Karte
Wanderkarte W241 Rottenburg am Neckar, 1:25 000, Landesamt für Geoinformation und Landentwicklung Baden-Württemberg (LGL) in Zusammenarbeit mit dem Schwäbischen Albverein e. V.

Anfahrt
Auto: Vom Campingplatz nach Rottenburg, dann auf der L370 entlang des Neckars nach Westen bis Bad Niedernau

Einkehr
Bad Niedernau

Information
www.wtg-rottenburg.de, www.fruechtetrauf.de

Die Sieben-Täler-Runde führt durch einen schönen Teil des Neckartals. Dieser Premiumwanderweg leitet uns in Bad Niedernau in einen idyllischen Kurpark, danach gelangen wir in einen urigen Wald und eine Höhle. Anschließend überrascht uns eine wilde Schlucht.

Durch den Kurpark Vom **Parkplatz beim Kurpark** (364 m) Ⓐ in Bad Niedernau aus spazieren wir zu einem kleinen Weiher und gehen rechts an ihm vorbei. Danach wandern wir links zu der Gehölzreihe entlang des Katzenbachs, anschließend halten wir uns am Wanderschild **Kurpark Ost** (362 m) rechts. Wir passieren das Schild Kurpark Süd (362 m), dann überqueren wir am Schild Nordwestlich Schützenhaus (363 m) den Bach nach links. Am **Schützenhaus** (364 m) ❶ wenden wir uns nach rechts und erreichen das Schild **beim Kneippbecken** (365 m). Hier werden

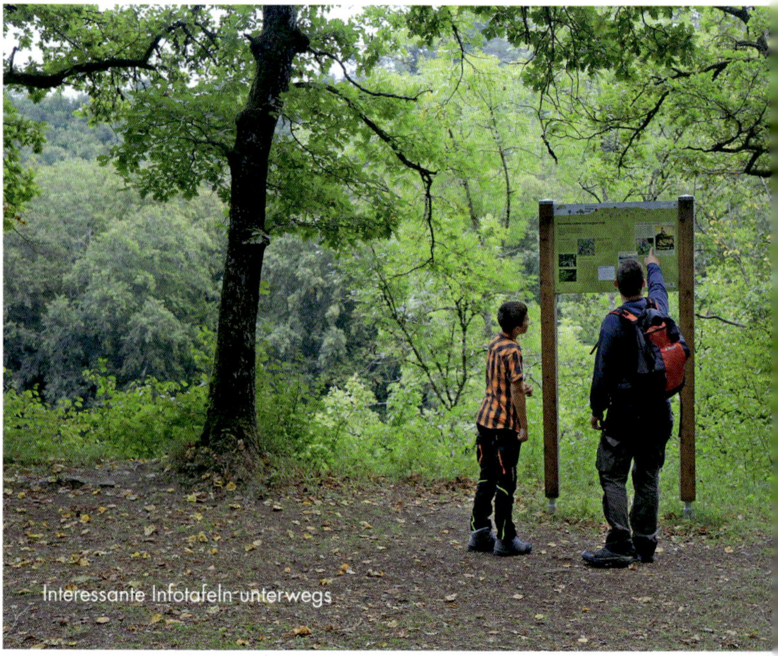

Interessante Infotafeln unterwegs

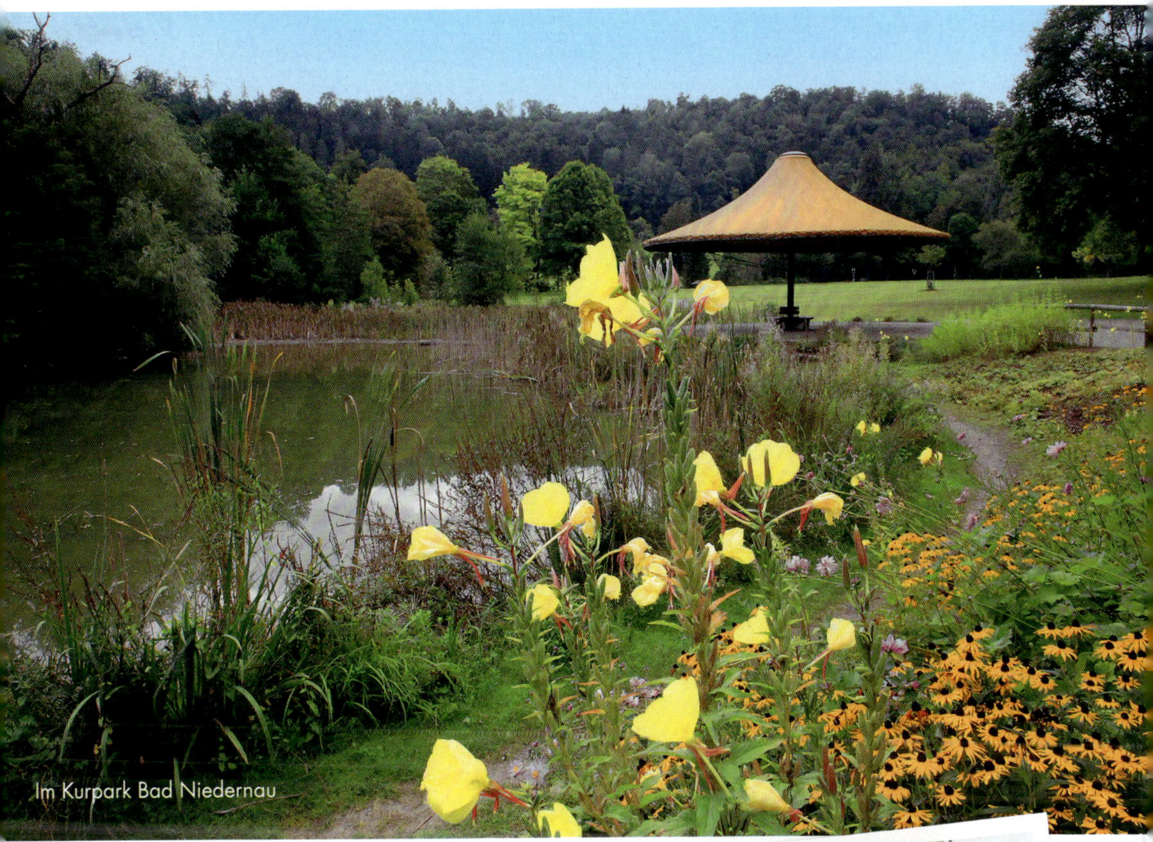

Im Kurpark Bad Niedernau

wir nach links in den Wald verwiesen. Nun steigt es etwas an, dann stoßen wir auf einen querenden Weg und auf das Schild **Südwestlich Schlösslesberg** (386 m): Dort halten wir uns rechts und erreichen die Infotafel »Extremes Leben auf kargem Fels«. An dieser Stelle bietet sich uns ein prächtiger Blick hinab ins Tal des Katzenbachs. Danach beschreibt der Weg einige Kurven, führt etwas hinauf und hinunter und bringt uns schließlich abwärts zu einem Sattel. Nun geht es erneut aufwärts durch einen bannwaldartig wirkenden Wald zum Schild **Südwestlich Sauerbrunnenäcker** (447 m), wo wir rechts abbiegen.

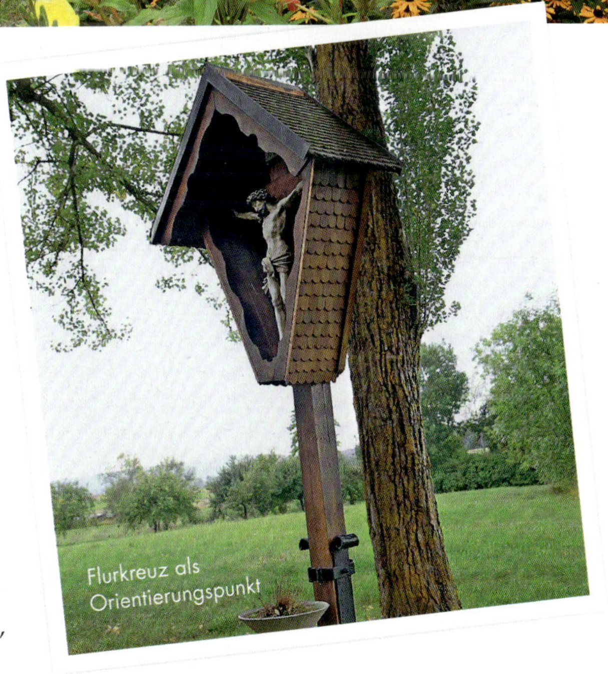

Flurkreuz als Orientierungspunkt

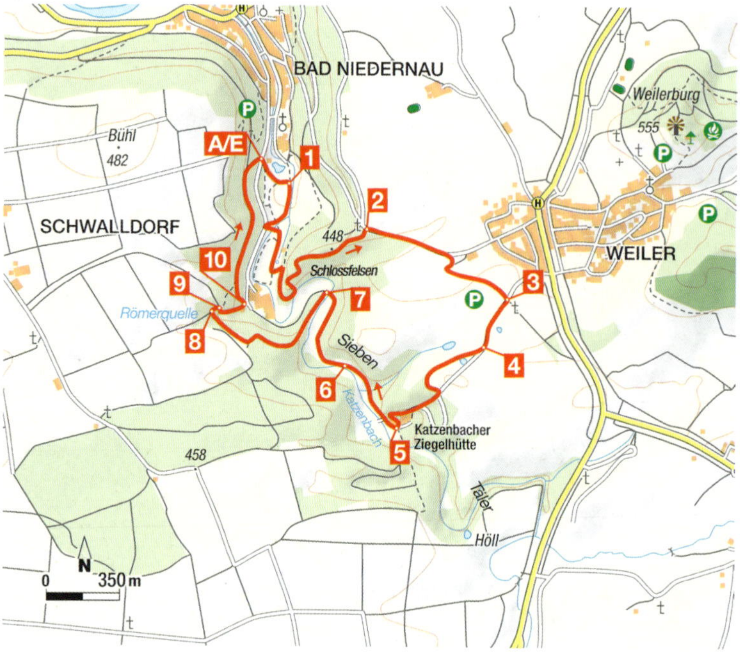

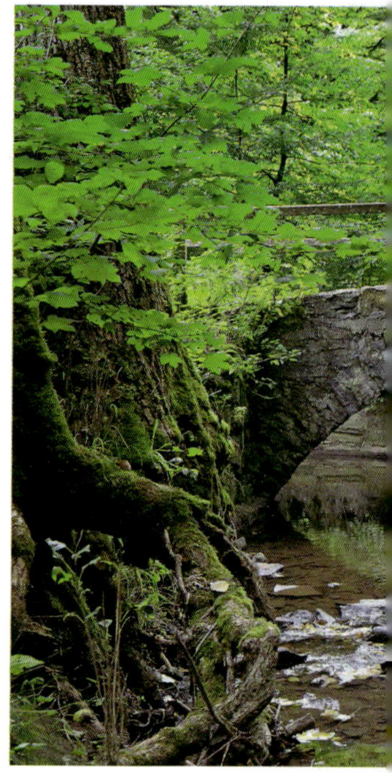

Mitte: Brücke wie aus Römerzeit

Vom Flurkreuz zum Aussichtspunkt Nach dem Wald sehen wir links ein großes **Flurkreuz** ❷, außerdem informiert uns eine Tafel über Rebhühner. Die Aussicht ist hier beeindruckend: Rechts erblicken wir Weiler, links daneben auf einem Hügel die Weilerburg. Der Weg führt nun nach rechts weiter und wir passieren die Schilder **Südwestlich Hülenbäumen** (447 m) und **Nördlich Viehstelle** (449 m). Dort halten wir uns rechts, gleich darauf wieder links und kommen zum Schild **Nördlich Viehstelle** (448 m). Dort orientieren wir uns nach rechts, danach passieren wir das Schild **Westlich Maieräcker** (448 m). Wir genießen die herrliche Aussicht zur Schwäbischen Alb mit der markanten Burg Hohenzollern und dem Plettenberg mit seinem Funkturm.

Jetzt geht es durch Wiesen und Felder zum Schild **Rastplatz Hasenkreuz** (438 m) ❸; das namengebende Kreuz finden wir unterhalb der drei Bäume hinter der Straße. Wir wenden uns nach rechts und wandern am Parkplatz vorbei, dann auf der Zufahrtsstraße bis zum Rastplatz, wo uns Tisch und Bänke freundlich zur Rast einladen.

Ein kurzes Stück folgen wir der Straße, bis es beim Schild **Südlich Rastplatz Hasenkreuz** (436 m) ❹ rechts auf einem Grasweg weitergeht. Wir kommen vorbei an den Schildern Nordöstlich Egart (435 m), Nördlich Egart (434 m), Westlich Egart (436 m), Südwest-

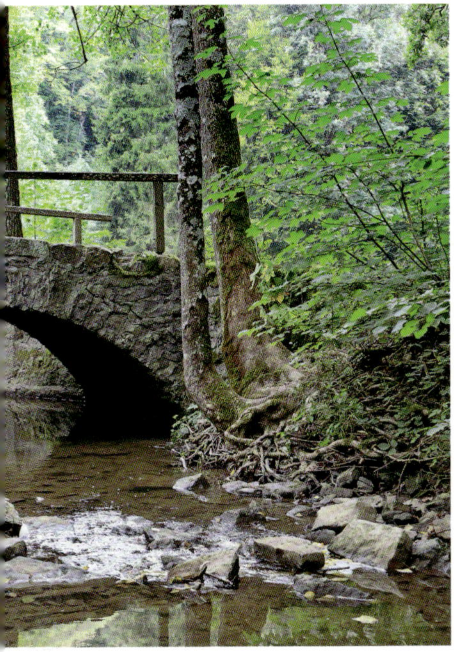

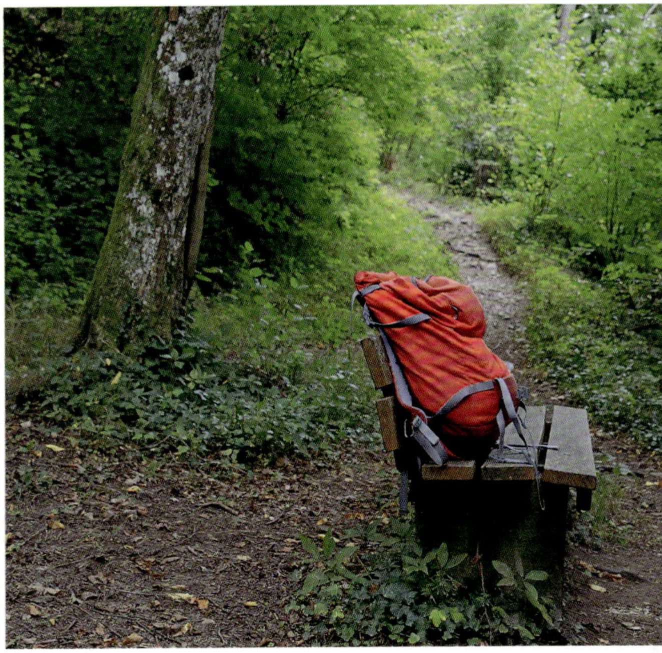

lich Egart (438 m) und Südlich Egart (436 m). Danach biegen wir scharf nach rechts auf einen Pfad ab, der uns in den Wald bringt.

Idyllischer Rastplatz

Ins Katzenbachtal Nun geht es steil hinab. Am Schild **Oberh. Katzenbacher Ziegelhütte** (405 m) halten wir uns rechts, danach zieht das Sträßchen nach links. Am Schild **Katzenbacher Ziegelhütte** (390 m) ❺, auf das wir nach einigen Gebäuden stoßen, geht es nach rechts im Katzenbachtal weiter. Nach der Ziegelhütte erreichen wir die in einer mächtigen Felswand liegende **Sieben-Täler-Höhle** ❻.

Danach passieren wir eine **Brücke,** die aussieht, als wäre sie schon zu Römerzeiten entstanden. Nach der nächsten Brücke kommen wir zum Schild

Im idyllischen **Katzenbachtal** fanden einst Ziegler und Kalkbrenner das für ihre Tätigkeiten geeignete Material. Muschelkalk, Lehm und Wasser aus dem Katzenbach, das Brennholz lieferten die umliegenden Wälder. 1685 konnten die Handwerker aus der Gemeinde Weiler Grund erwerben, um eine Ziegelhütte zu erbauen. In ihr wurden bis 1899 Ziegel gebrannt. Das Ziegelwerk wurde 1906 stillgelegt, aber noch bis 1957 war ein Kalkbrennofen in Betrieb.

Die **Sieben-Täler-Höhle** ist 207 Meter lang und eine der bedeutendsten Karsthöhlen im Mittleren Neckarraum. Sie sollte nur mit guten Stirn- oder Taschenlampen aufgesucht werden. Zudem sollte man keine Angst vor der Enge haben und einen Helm tragen.

Katzenbachtal (376 m) ❼. Hier müssen wir uns entscheiden: Auf der einfachen Variante gehen wir rund 500 Meter durch das Tal zur Römerquelle. Schöner, aber rund doppelt so lang und schwieriger ist es, wenn wir den steil ansteigenden Pfad nehmen, der danach ebenso steil wieder hinab führt.

In die Wolfsschlucht Die zweite Möglichkeit ist zwar die schönere, aber etwa doppelt so lang und anspruchsvoller: Sie führt steil hinauf und durch die Wolfschlucht anschließend wieder steil hinab. Der Weg setzt Trittsicherheit und Schwindelfreiheit voraus. Bei nassem Wetter, Eis oder Schnee ist von dieser Variante abzuraten. Sonst lohnt sich die Begehung aber. Wir steigen dazu hinauf bis zu einer Bank, an der es nach rechts weiter geht zum Schild Gereut West (431 m). Dort wenden wir uns nach rechts und kommen nach einer Brücke zum Schild **Oberer Ausgang Wolfsschlucht** (420 m) ❽. Von dort aus können wir einen Abstecher von 100 Metern zum Biotop ❾ unternehmen. Dies ist ein kleiner **Weiher mit einer Quelle** bei einer Wiese. Dort gibt es Bänke, auf denen man sich vor dem Abstieg ausruhen kann.

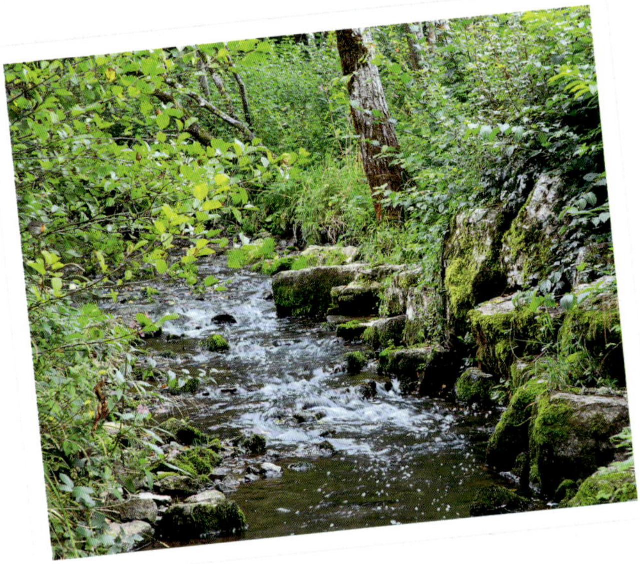

Am Katzenbach

Anschließend halten wir uns rechts. Nun führen uns zunächst Steinstufen, dann ein steiler Pfad durch eine wilde Felsenlandschaft hinab. Unten angelangt, kommen wir zur Römerquelle mit dem Schild **Katzenbachtal Römerquelle** (378 m) ❿ und der Infotafel »Naturschätze an schattig-feuchten Hängen«. An einem Tisch mit Bänken kann man erneut Kraft tanken.

Jetzt wandern wir rechts der Infotafel auf einem schmalen Pfad durch den Wald weiter zum Schild Haselsteig Mitte (400 m). Kurz darauf werden wir am Schild **Haselsteig Nord** (379 m) nach rechts verwiesen. Am Schild beim Parkplatz Kurpark (365 m) überqueren wir die Straße und erreichen wieder unseren **Ausgangspunkt** Ⓔ.

Campingclub Paul Walther

Schwarzwald trifft Schwäbische Alb

Der Campingplatz Paul Walther liegt zwischen Schwarzwald und Schwäbischer Alb. Er bietet sich für Exkursionen in beide Gegenden an, insbesondere aber ins schöne Neckartal und in den nahen Naturpark Schönbuch.

Der Platz des ehrenamtlich geführten Campingclubs Stuttgart befindet sich auf einem naturbelassenen Grundstück. Genauer gesagt, liegt er auf einer unparzellierten Streuobstwiese inmitten der Natur, am Waldrand und in der Nähe eines Fischteichs. Da er einem Club gehört, herrscht hier eine familiäre Atmosphäre. Der Campinglatz erhielt einen Sonderpreis des Landes Baden-Württemberg für naturbelassene Campingplätze.

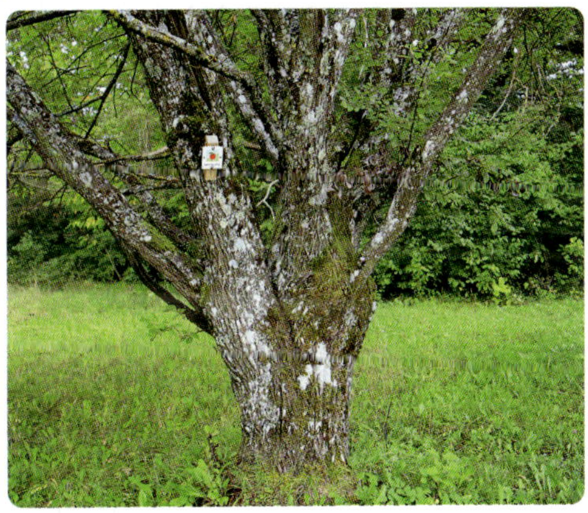

€€€

Geeignet für Wochenende, Urlaub, Familien, Singles, Senioren

Adresse Campingclub Stuttgart e. V. im DCC, Schadenweilerstr. 133, 72108 Rottenburg am Neckar, Tel. 07472/7301, Fax 07472/440388, www.campingclub-stuttgart.de, info@campingclub-stuttgart.de

GPS 48.454822, 8.946718

Besonderheiten Kinderspielplatz mit Trampolin, Bouleplatz, Bouleturniere, Tischtennis, abschließbare Dusch- bzw. Waschkabinen, Waschmaschinen, Trockner, Kochgelegenheit, WLAN und Beamer, Tischtennis, Grillhütte, Tipizelt, Campingfass, Jugendhütte mit Tischkicker, Sitzgelegenheiten, Spielen und Büchern, Sonderpreise für DCC-Mitglieder

7 Durch die Unterjesinger Weinberge

Prächtiger Blick ins Ammertal

mittel | 6 km (ab Bhf. 7,4 km) | 240 Hm | 2 Std.

Tourencharakter
Wir wandern überwiegend auf Pfaden, aber auch auf geschotterten oder asphaltierten Wegen.

Ausgangs-/Endpunkt
Tübingen-Unterjesingen, Friedhof, Wiesweg.
Alternative Ausgangspunkte sind das Sportheim oder, für Nutzer der Ammertalbahn, der Bahnhof.

GPS
48.523830 8.975240

Karte
Wanderkarte W237 Tübingen Schönbuch, 1:25000, Hrsg.: Schwäbischer Albverein e. V., Kartographie: Landesamt für Geoinformation und Landentwicklung Baden-Württemberg (LGL)

Anfahrt
Auto: Auf der B296 nach Unterjesingen

Einkehr
Unterjesingen

Information
www.tuebingeninfo.de, www.fruechtetrauf-bw.de

Auf diesem aussichtsreichen Premium-Spazierwanderweg lässt sich eine der schönsten Touren der Gegend unternehmen. Vor allem im Herbst, wenn die Weinberge ihre bunte Färbung zeigen, ist diese Wanderung ein bleibendes Erlebnis.

Aufwärts mit Aussicht Es gibt drei Ausgangspunkte für diese Wanderung. Der offizielle ist der Parkplatz am Friedhof. Wenn dieser bereits belegt ist oder man den Friedhofsbesuchern nicht den Platz wegnehmen will, parkt man am Sportheim und wandert hinauf zum Parkplatz am Friedhof. Wer mit der Ammertalbahn zur Haltestelle Unterjesingen-Mitte fährt, muss dies ohnehin tun. Dann folgt man den ausgeschilderten Zuwegen zum **Friedhof** Ⓐ von **Unterjesingen.**

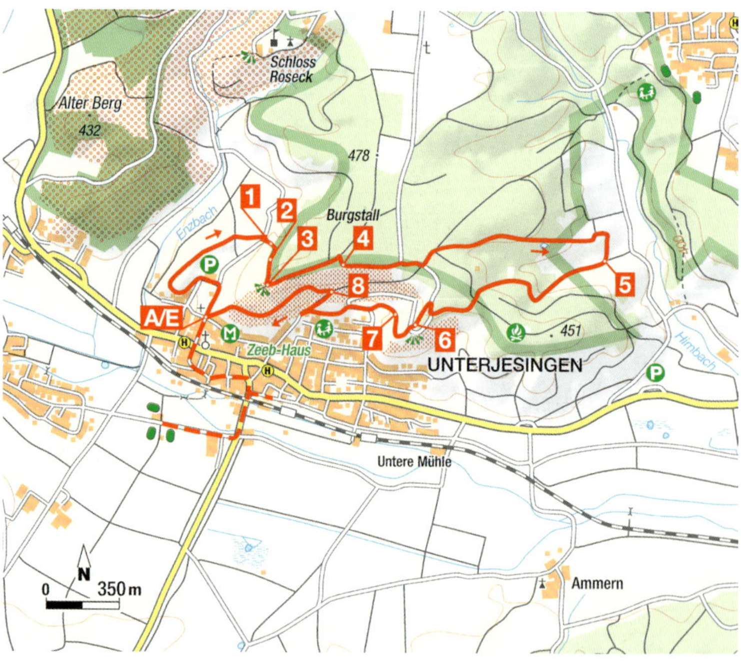

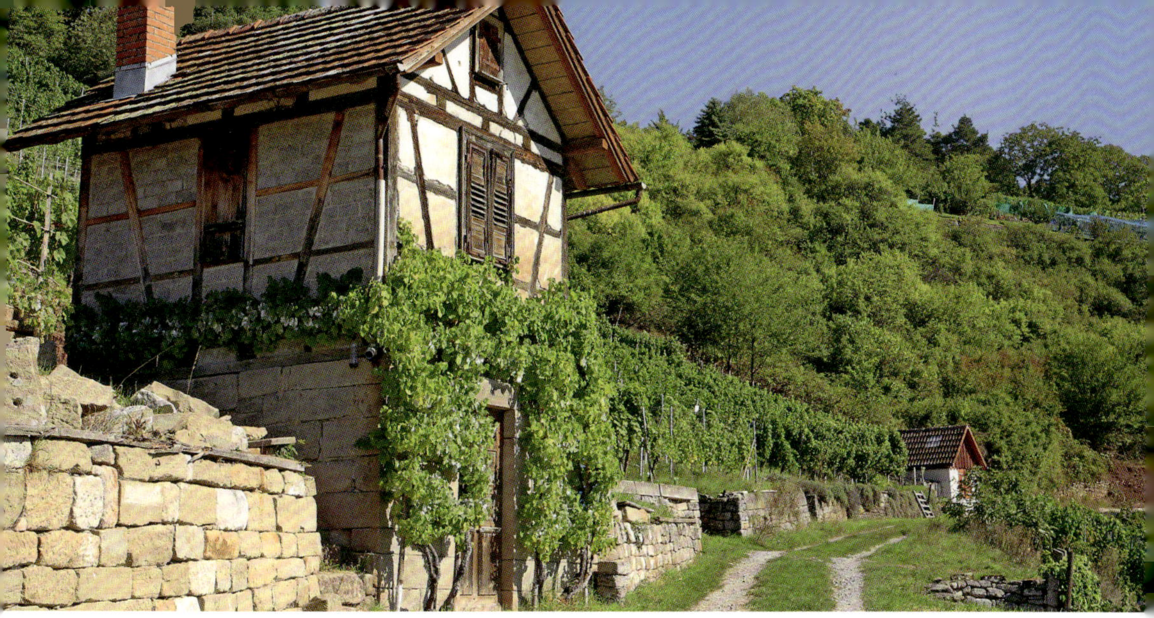

Fachwerkromantik am Weinberghäuschen

Immer weiter hinauf Gleich nach dem Friedhof halten wir uns am Wanderschild **Nördlich Kirchhalde** (378 m) links. Jetzt fällt der Weg wieder etwas ab. Wir passieren das Schild **Spielberg** (373 m) und wandern nach einer Rechtskurve über einen aussichtsreichen Höhenrücken und durch Streuobstwiesen. Dabei erblicken wir links immer das Schloss Roseck. Bald queren wir einen mit dem **roten Kreuz** markierten Wanderweg ❶. Wir sehen eine alte Grubbank – eine für die Gegend typische Steinbank. Etwas später stoßen wir auf ein Sträßchen, orientieren uns kurz nach rechts, biegen am Schild **Schlagert Nord** (399 m) ❷ aber gleich nach links ab. Im Wald wandern wir durch einen Hohlweg hoch zum Schild **Bayler Kap** (435 m). Wer möchte, geht hier nach rechts aus dem Wald ❸ hinaus, wo sich ein erster Blick über die Weinberge eröffnet. Eine Tafel informiert dort über die Geologie und Besonderheiten der Gegend.

Danach wandern wir zum Schild **Rotsteig Süd** (461 m), wo man ebenfalls nach rechts hinausgehen kann. Wer schon müde ist, kann sich auf einer Ruheliege erholen. Wir passieren danach das Schild **Rotsteig Südost** (470 m) und kommen zum **Rosecker Häselloch** (477 m), wo wir rechts abbiegen. Am Schild **Obere Gôgenhalde** (477 m) ❹ wenden wir uns an dem eingezäunten Grundstück nach links. Nun bietet sich uns immer wieder ein schöner Blick hinab ins Ammertal. Auf der folgenden Asphaltstraße halten wir uns in Gehrichtung rechts, dann biegen wir am Schild **Häselloh** (471 m) links ab. An der Kreuzung mit dem Schild **Häselloh** (470 m) gehen wir geradeaus weiter, wobei wir an einer Tafel zum Thema Buchenwälder vorbeikommen.

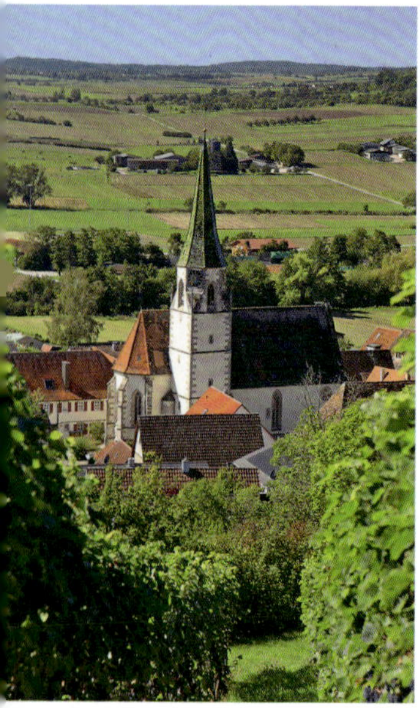

Blick über Unterjesingen ins Ammertal

Hinab ins Himbachtal Danach biegen wir am Schild **Leiser Ost** (438 m) rechts auf einen Pfad ab, auf dem wir steil hinab zum Waldrand gehen. Beim Schild **Schmiedshölzle** (410 m) verlassen wir den Wald und wandern über die Wiese zum Schild **Himbachtal** (392 m). Dort orientieren wir uns nach links, gleich danach wieder nach rechts und etwas später abermals nach rechts. Jetzt ist Aufmerksamkeit angebracht, denn wir wandern auf einem nicht richtig zu erkennenden Weg hinunter zum breiten Feldweg ins Himbachtal. Dort orientieren wir uns am Schild **Himbachtal** (371 m) 5 nach rechts, danach wählen wir vor dem Wald am Schild **St. Johann Mitte** (378 m) den linken Grasweg. Auf ihm wandern wir durch den Wald. Wir lassen das Schild **St. Johann West** (400 m) hinter uns und gehen hinauf zu einem querenden Weg. Dort sehen wir das Schild **bei der Hirschhalde** (451 m). Hier kann man nach links einen 200 Meter langen Abstecher zum Rastplatz Alter Sportplatz machen. Dann gehen wir geradeaus weiter, folgen dem Trauf und genießen ab und zu den Blick über die Landschaft.

Hinab zum Ausgangspunkt Am Schild **Sonnenhalde West** (450 m) überqueren wir eine Straße und gehen danach auf einem Pfad steil bergab zur nächsten Straße. Am Schild **Wägner Kap** (440 m) 6 können wir nach links zu einem Aussichtspunkt hinter einem Häuschen gehen. Hier entdecken wir die Tafel »Reiche Natur aus Weinbaukultur«. Andernfalls folgen wir weiter dem abwärts ziehenden Pfad. Beim Schild **Letze Ost** (419 m) halten wir uns rechts, beim folgenden Schild **Untere Mönchhütte** (404 m) 7 links. Nun führt uns der Weg unterhalb der Weinberge weiter. Nach kurzem Bergab führt ein Sträßchen wieder aufwärts. Wir passieren das Schild untere Mönchhütte (402 m) und erreichen linker Hand stehende **Wohnhäuser**. Anschließend steigen wir am Schild **Weinsteige** (399 m) nach rechts bergauf.

Nach dem Schild Meierle (410 m) biegen wir am Schild **Obere Mönchhütte** (420 m) nach links auf einen Pfad ab. Wir passieren eine Tafel, die über den Weinbau in Unterjesingen informiert. Dann erreichen wir das Schild **Untere Gôgenhalde** (440 m) 8. Wir wandern jetzt weiter durch die Weinberge und kommen zum Schild **Obere Schneckaschäle** (398 m). Nun gehen wir nach links steil hinab zum Friedhof E und zum leicht nach links versetzten Parkplatz.

Neckarcamping

Übernachten direkt am Fluss

Der Tübinger Campingplatz in ruhiger, naturnaher Lage und umgeben von großen Bäumen befindet sich direkt am und über dem Neckarufer im Westen der romantischen Tübinger Altstadt. Zu Fuß ist sie in etwa einer halben Stunde zu erreichen.

Der Platz ist bestens geeignet, um die sehenswerte Universitätsstadt Tübingen, benachbarte Städte wie Reutlingen oder das Fachwerkparadies Herrenberg zu erkunden. Zugleich ist er ein idealer Ausgangspunkt für erholsame Wanderungen und Radtouren im Naturpark Schönbuch, im flachen Neckar- und Ammertal sowie auf der Schwäbischen Alb. Neben einer idyllischen Zeltwiese sind auch alle anderen Annehmlichkeiten für Camper vorhanden. Eine Gaststätte bietet liebevoll zubereitete Speisen.

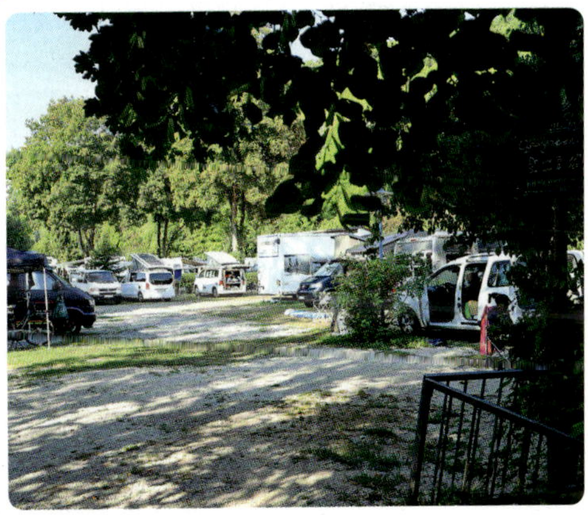

€€€

Geeignet für Wochenende, Urlaub, Familien, Singles, Senioren, Durchreise

Adresse Neckarcamping, Rappenberghalde 61, 72070 Tübingen, Tel. 07071/431 45, www.neckarcamping.de, mail@neckarcamping.de

GPS 48.510790, 9.035736

Besonderheiten Brötchenservice in der Hauptsaison, hausgemachte Pizza aus einem original italienischen Pizzaofen, Spielplatz, Kinderecke in der Gaststätte, Campinghütten direkt am Neckar, WLAN, Hunde erlaubt, keine Reservierung

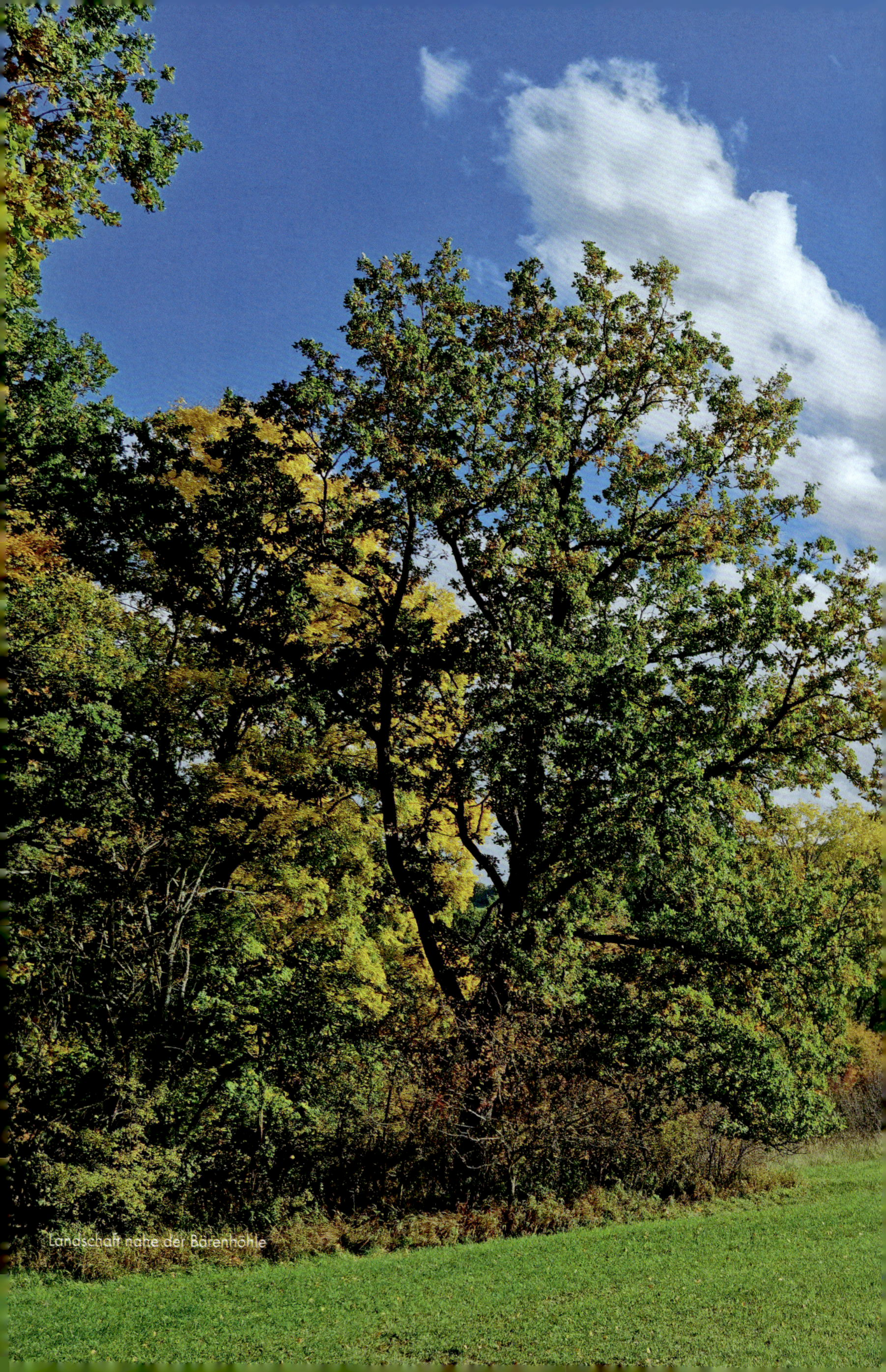
Landschaft nahe der Bärenhöhle

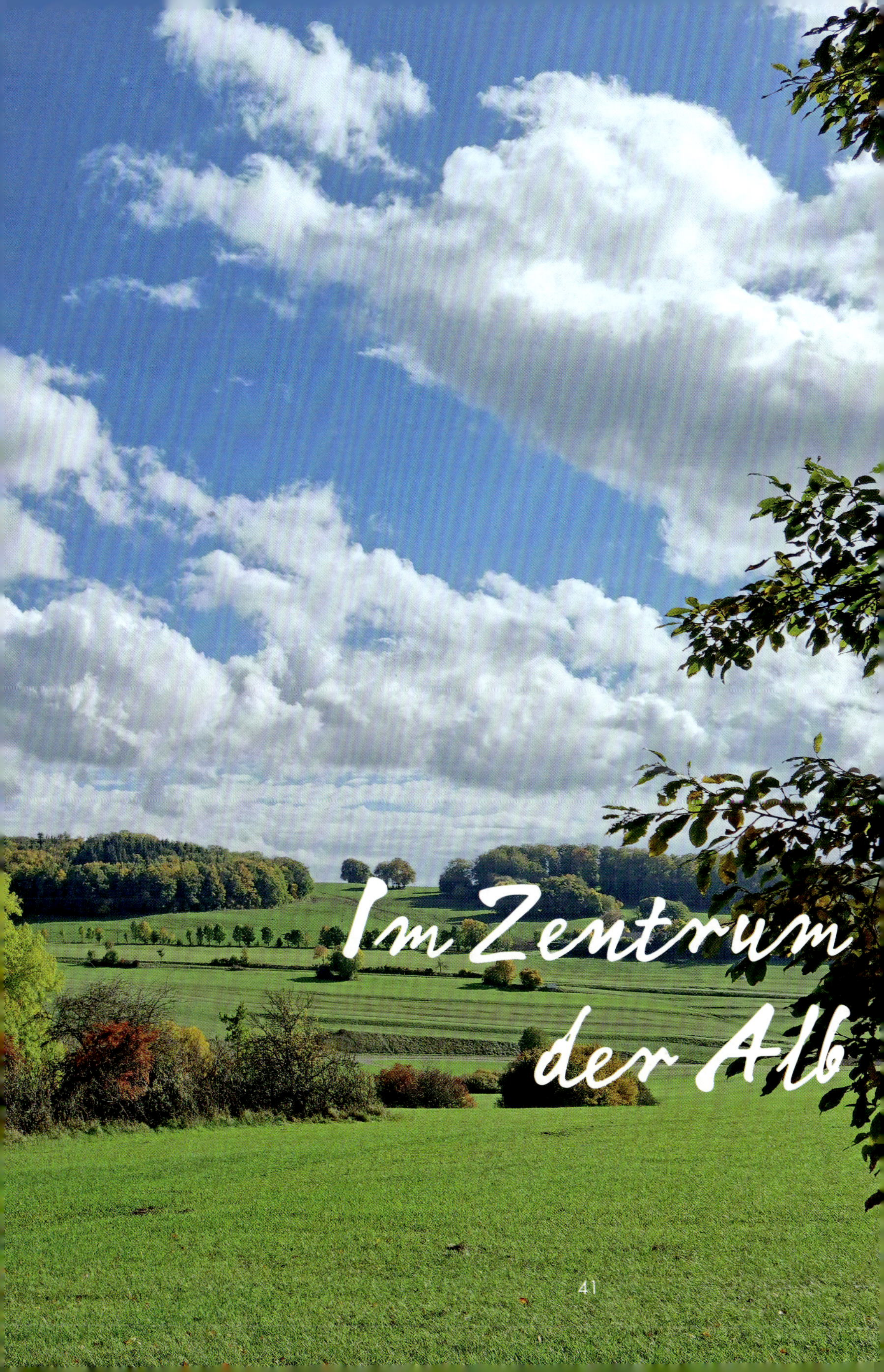
Im Zentrum
der Alb

8 Genussweg Sonnenbühl

Über die Albhochfläche

mittel | 9.6 km | 170 Hm | 2.40 Std.

Tourencharakter
Die Wanderung verläuft meist auf festen Wegen, kurze Teilstrecken sind unbefestigt. Die Tour ist durchgehend mit einem orangen Pfeil markiert.

Ausgangs-/Endpunkt
Sonnenbühl-Erpfingen, Wanderparkplatz nördlich des Ortes an der L382

GPS
48.355567, 9.197766

Karten
Wanderkarte W242 Sonnenbühl, 1:25 000, Landesamt für Geoinformation und Landentwicklung Baden-Württemberg (LGL) in Zusammenarbeit mit dem Schwäbischen Albverein e. V.; Wanderkarte mit Radwegen Lichtenstein Trochtelfingen Blatt 52-536, 1:25 000, NaturNavi

Anfahrt
Auto: Durch Erpfingen nach Norden bis zum Parkplatz gleich nach dem Ort

Einkehr
Erpfingen, Bärenhöhle

Information
www.sonnenbuehl.de

Bären- und Nebelhöhle, der Freizeitpark Traumland und das Osterei-Museum sind touristische Höhepunkte der Gegend um Sonnenbühl. Aber auch Wanderfreunde kommen hier auf ihre Kosten. Auf dem Genussweg informieren Tafeln über die Natur und das Leben auf der Alb.

In die Höhe und durch den Ort Wir gehen vom **Wanderparkplatz** Ⓐ in östliche Richtung den Berg hinauf. An einem Querweg verweist uns ein Pfeil nach links ❶ nach **Erpfingen**, das wir bereits sehen können. Gleich nach dem Friedhof biegen wir rechts ab, danach gleich wieder links auf einen unbefestigten Weg, der uns zwischen Hecken und Gärten entlang führt. Schließlich wenden wir uns nach links auf einen schmalen, steil abfallenden Weg (bei Nässe ist hier Vorsicht geboten).

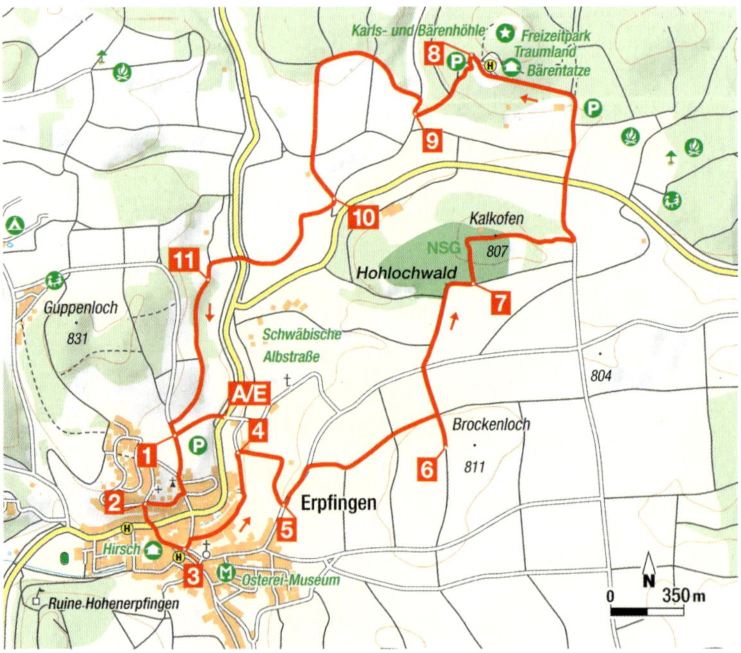

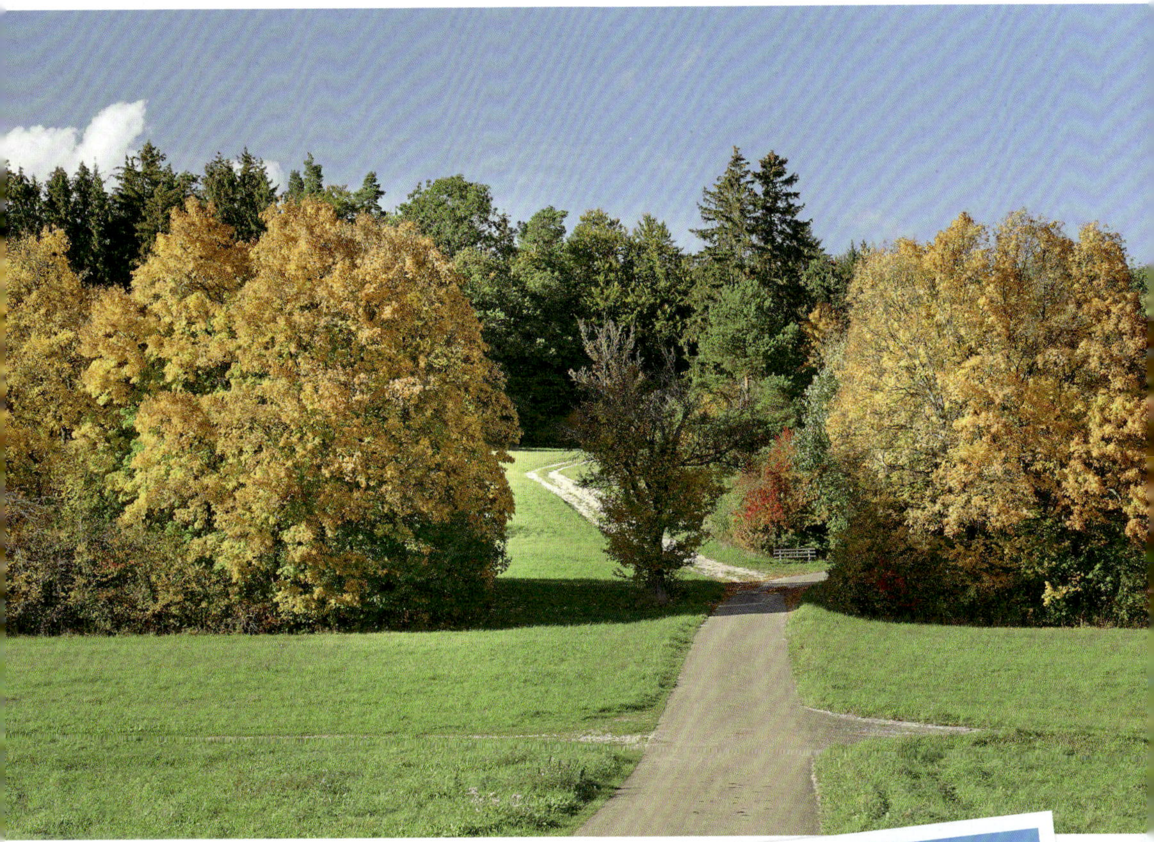

Wir kommen an einer Felsennische mit Bänken vorbei. Hier ließe sich eine erste Rast einlegen, hat man doch schon einen ersten Anstieg bewältigt. Anschließend kommen wir zu Station 1 des Genusswegs, der **Erpfquelle** ❷. Wir überqueren den Bach und gehen danach links in die Stettener Straße. Etwas später biegen wir rechts ab in die Straße Im Dorf und kommen daraufhin bis vor das Rathaus. Hier spazieren wir am Bärenbrunnen links in die Marktstraße danach rechts in die **Grabenstraße** ❸. Auf ihr verlassen wir den Ort.

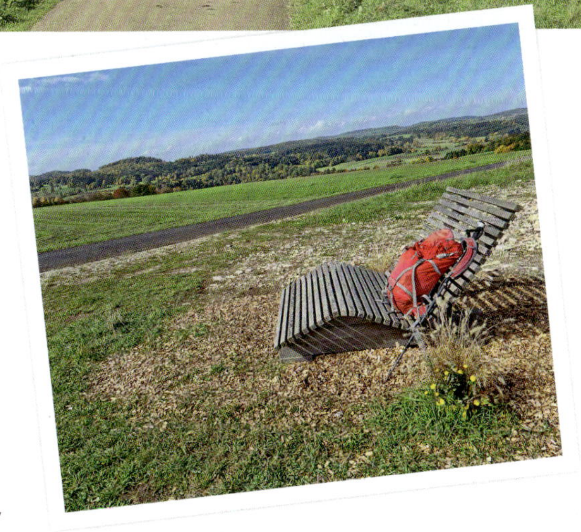

Himmelsliege mit Aussicht

Ganz oben: Herbstliche Pracht

Hinauf auf die Hochfläche Wir wandern immer geradeaus. Nach den Häusern erreichen wir das Gewerbegebiet, bis wir vor dessen Ende nach rechts verwiesen werden ❹. Nun folgt

ein kurzer, steiler Anstieg. An der Stelle, wo oben der Weg nach rechts zieht, sehen wir links die **Station 2 Bienenglück** und ein Stück weiter die Station 3 Holunderhecke. Danach treffen wir auf ein Sträßchen, in das wir links einschwenken ❺. Kurz darauf werden wir nach rechts verwiesen. Mit prächtiger Aussicht geht es weiter etwas bergauf, bis rechts die Stationen 4 und 5, Linsen und Leindotter sowie Safranfeld, zu sehen sind.
Wir wandern weiter bis zu einem querenden Weg. Hier geht es zwar später nach links bergab, zuerst lohnt sich jedoch ein kurzer Abstecher von 100 Metern zu **Station 6, Ausblicke** ❻. Auf einer Himmelsliege können wir hier einen wundervollen Ausblick über die Albhochfläche genießen.

Weiter zur Bärenhöhle Danach gehen wir zurück, immer den Berg hinab, überqueren ein Asphaltsträßchen und sehen links ein typisches Trockental. Entlang einer Weide mit prächtigen Bäumen gelangen wir bis vor den Waldrand. Hier weist uns das Zeichen nach rechts auf einen Schotterweg. Etwas später werden wir nach links in den Wald verwiesen ❼ nun wandern wir eine Weile auf einem unbefestigten Weg. Vorbei an Station 7, Waldbaden, kommen wir zu einer **Jagdhütte,** der **Station 8**. Hier knickt der Weg rechts ab. Wir gehen vorerst weiter im Wald, dann über eine Wiese zu einem Asphaltweg.
Wir biegen links ab und gehen vorbei an Weidbäumen und der Station 9, Kuh und Kalb, zur querenden K6767. Wir behalten unsere Richtung bei und folgen dem Sträßchen in Richtung Bärenhöhle. Dort kann man die Höhle besichtigen, einkehren oder sich mit den Kindern im Freizeitpark Traumland vergnügen ❽. Hier befindet sich auch Station 10, Karls- und Bärenhöhle.

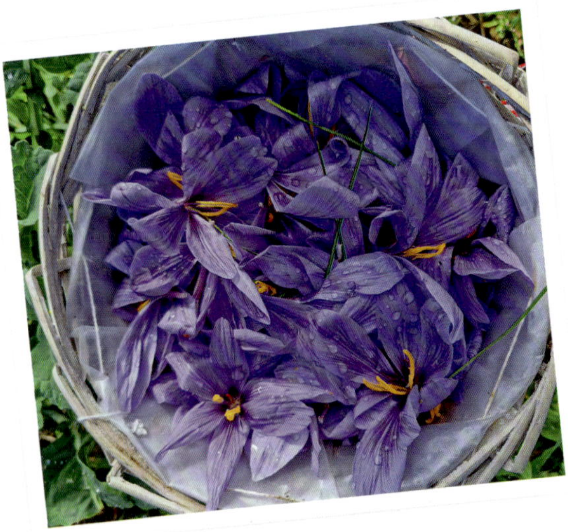

Blütenpracht zum Anfassen

Rückweg mit Aussicht Für den Rückweg nehmen wir die zweite links abgehende Einfahrt zu den Parkplätzen. Am Ende nach dem Holzhaus rechts finden wir unser Zeichen wieder. Es weist uns in den Wald und dort letztendlich nach links steil bergab.

Nachdem wir den Wald verlassen haben, halten wir uns an dem querenden Asphaltweg rechts (9), werden aber gleich wieder nach links verwiesen. Nun steigt die Strecke wieder an und führt auf einen aussichtsreichen **Höhenrücken**.

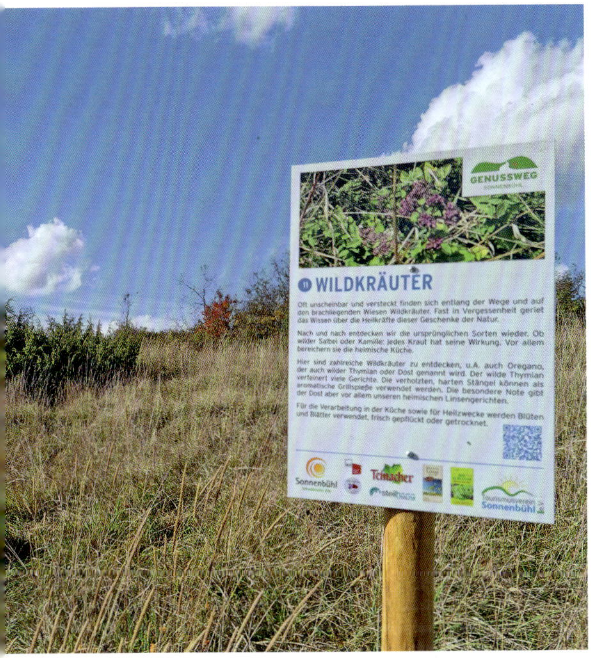

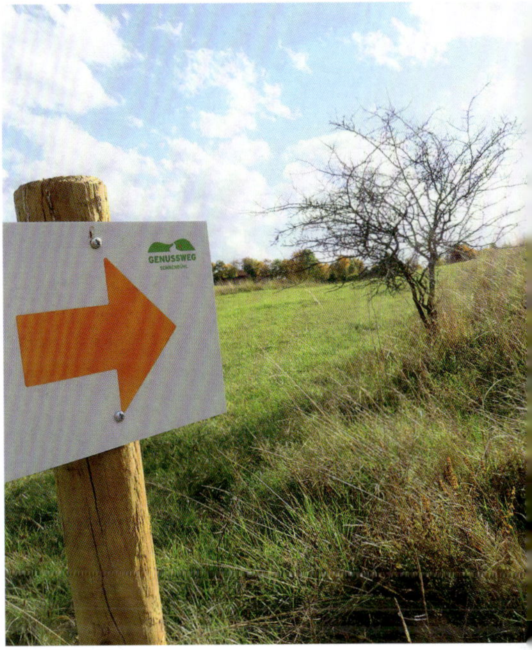

Hier geht's lang.

Mitte: Interessante Infostation

Der Weg zieht später nach links hergab, im Tal treffen wir auf einen querenden Asphaltweg. Wir biegen rechts und gleich wieder rechts auf einen unbefestigten Weg ab (10). Kurz danach werden wir nach links auf einen Wiesenweg verwiesen. Er beschreibt einen weiten Rechtsbogen, wobei wir an **Station 11, Wildkräuter,** vorbeikommen.

Etwas später treffen wir auf die L382. Nun haben wir zwei Möglichkeiten: Die einfachere Variante besteht darin, dass wir links abbiegen und immer links der Straße zurück zum Ausgangspunkt wandern. Die zweite Variante ist mit einem kleinen Anstieg verbunden, verläuft dafür aber im ruhigen Wald. Wenn wir sie wählen, überqueren wir etwas weiter rechts die Straße und folgen dem Weg hinauf in den Wald. Am dort querenden Weg (11) biegen wir links ab. Wir wandern hinab bis kurz vor Erpfingen, wo links der Weg abgeht, auf dem wir am Anfang der Wanderung heraufgekommen sind (1). Jetzt gehen wir nach links hinab zum **Ausgangspunkt** (E).

9 Klimaweg Sonnenalb

Vorbei an Wetterstationen zum Kalkstein

mittel | 8,8 km | 110 Hm | 2.20 Std.

Tourencharakter
Die Wanderung verläuft auf festen Wegen und Naturpfaden. Bei Nässe, Eis und Schnee ist sie nicht zu empfehlen. Die Tour verläuft entgegengesetzt der ausgeschilderten Richtung, sodass die landschaftlichen Höhepunkte zum Schluss kommen.

Ausgangs-/Endpunkt
Sonnenbühl-Undingen, Am Trieb, Wanderparkplatz kurz vor dem Golfplatz

GPS
48.388542, 9.212036

Karten
Wanderkarte W242 Sonnenbühl, 1:25 000, Landesamt für Geoinformation und Landentwicklung Baden-Württemberg (LGL) in Zusammenarbeit mit dem Schwäbischen Albverein e.V.; Wanderkarte mit Radwegen Lichtenstein Trochtelfingen Blatt 52-536, 1:25 000, NaturNavi

Anfahrt
Auto: Von Erpfingen nach Norden nach Undingen, dort nach rechts und nach dem Ort links abbiegen in Richtung Golfplatz.

Einkehr
Undingen

Information
www.sonnenbuehl.de

Die Albhochfläche um Sonnenbühl ist eines der sonnenreichsten Gebiete Deutschlands – ein guter Grund, hier Urlaub zu machen. Der Klimaweg führt an Wettermessstationen und Informationstafeln vorbei und bringt uns hinauf zum aussichtsreichen Kalkstein.

Am Golfplatz vorbei in den Wald Wir folgen ab dem **Wanderparkplatz** Ⓐ dem Zufahrtssträßchen weiter in Richtung Golfplatz. Bald sehen wir die erste von vielen Informationstafeln. Danach wandern wir immer links des **Golfplatzes** ❶ entlang. Anschließend gehen wir an einer Kreuzung geradeaus weiter, halten uns an der nächsten Verzweigung rechts und kommen in den Wald.

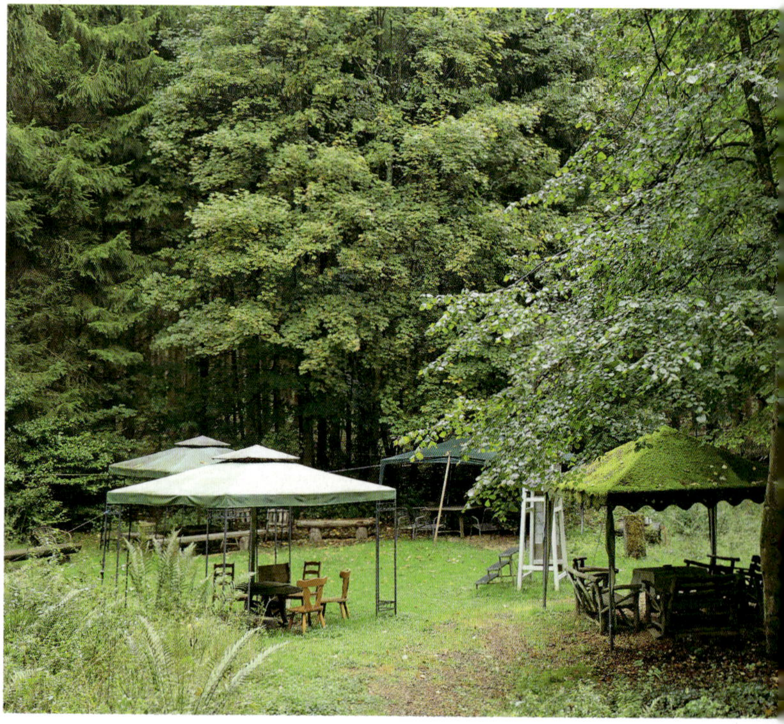

Linke Seite: Rastplatz im Wald

Unten: Aussichtsreicher Kalkstein

Kleines Waldstilleben

Zur ersten Doline An der Verzweigung halten wir uns rechts, nun führt uns der Weg sanft bergab. Bald erreichen wir eine Verzweigung bei der **Infotafel Karst(Bade)-Wanne** 2, hier halten wir uns links. Danach zieht der Weg nach rechts. Kurz danach werden wir nach links verwiesen. Wir kommen zur Wetterstation Sommerfrost und Zwieselwuchs. Sie liegt in der **Doline Weidenwang** (790 m) 3, wo man auch gut rasten kann: Hier gibt es Tische und Bänke, die sogar überdacht sind.

Im wilden Wald Danach gehen wir zurück zum festen Weg, halten uns kurz rechts und dann gleich wieder links. Nun erwartet uns der wildeste Teil dieser Tour: Wir sehen uralte, markante Bäume, Totholz und Farne – kurzum, wir finden uns in einem Wald wieder, wie man ihn sich wünscht. Nachdem wir ihn verlassen haben, liegt kurz danach eine ausnehmend tiefe und steile Doline. Nach ihr zieht der Weg nach links. Vorbei an einer weiteren tiefen Doline erreichen wir wieder einen Forstweg.

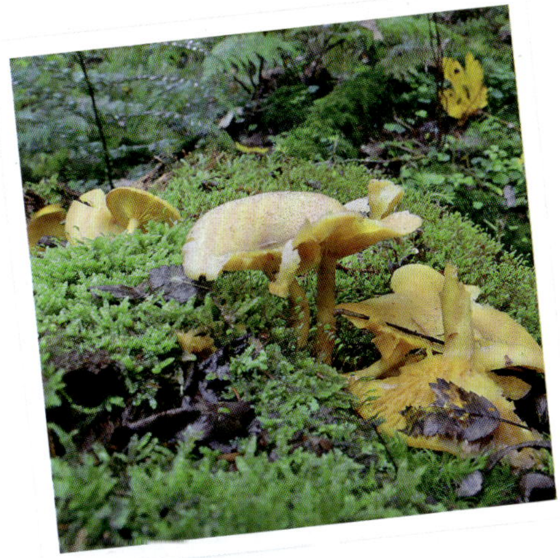

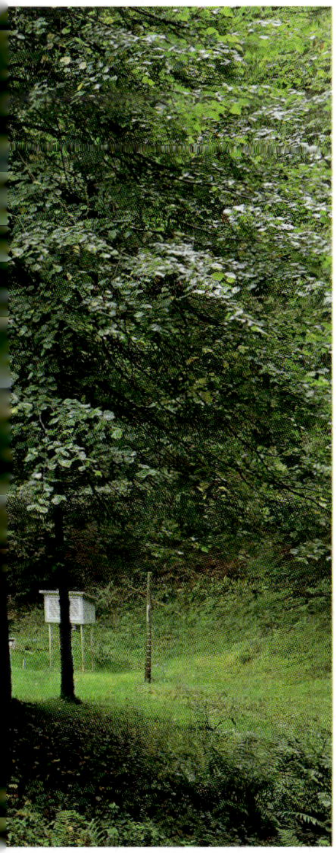

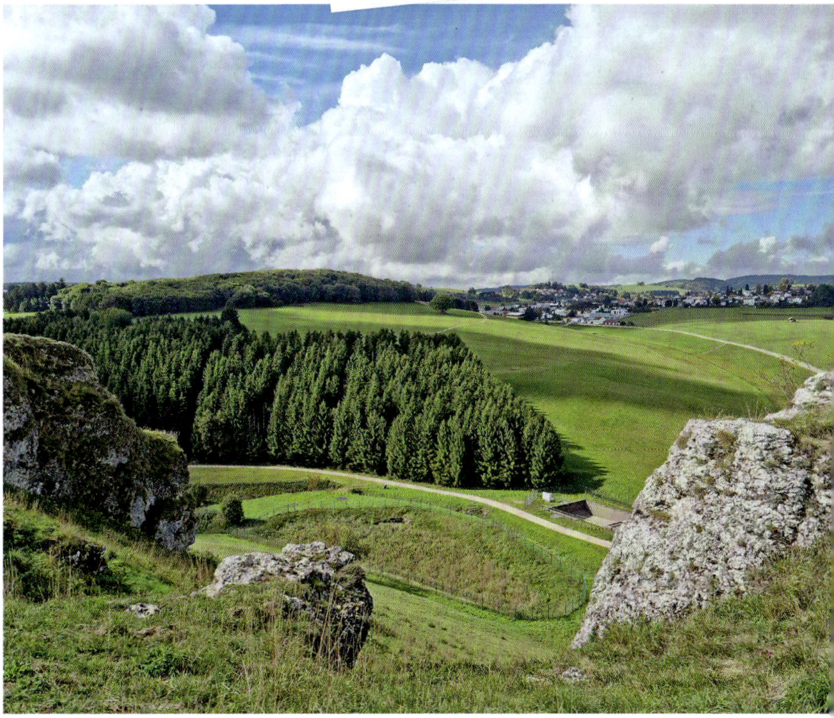

Golfplatz und Wetterstationen

Wir folgen dem Weg nach rechts. Bald passieren wir wieder die Infotafel Karst(Bade)-Wanne. Wir gehen geradeaus weiter bis zur nächsten Verzweigung. Dort biegen wir links, dann gleich rechts ab. Bald liegt rechts des Weges wieder der Golfplatz. Wir folgen dem Weidenwangweg, danach dem Frauenwaldtraufweg.

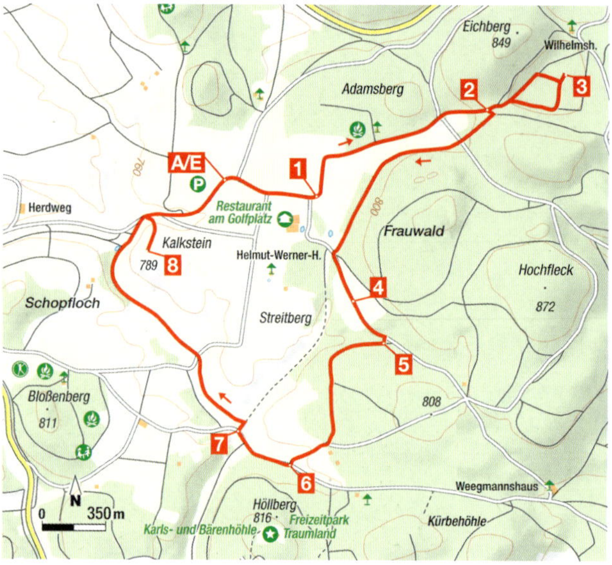

An einem querenden Asphaltweg halten wir uns links und nehmen an der Verzweigung den rechten Neuen Weg. Nach dem Wald überqueren wir eine **Lichtung** 4. Anschließend gelangen wir erneut in den Wald und biegen am nächsten Abzweig scharf rechts ab, in den Tiefen Weg 5. Er fällt erst ein wenig ab, dann zieht er nach rechts zu einer Wiesenfläche, die wir abwärtsgehend durchqueren.

Wir kommen vor einen Wald 6, wo wir rechts abbiegen. Nun sind wir im **Großen Rinnental**. Bald sehen wir rechts eine **private Wetterstation** 7, auch hier kann man auf Bänken ausruhen. Wir gehen zur Wetterstation, halten uns links und gehen an der nächsten Wetterstation rechts vorbei. Nun folgen wir einem unbefestigten Weg.

Über den Kalkstein zum Ausgangspunkt

Wir überqueren nach der Infotafel Kaltluftsee einen Asphaltweg und gehen dahinter auf dem Naturweg weiter. Rechts von uns liegt bald der markante Kalkstein. Wenn wir zu ihm hinaufblicken, sieht einer der Felsklötze aus wie ein liegender Kopf.

Danach erreichen wir die Zufahrtsstraße zum Golfplatz. Wir biegen rechts ab, halten uns aber gleich danach nochmals rechts. Nun steigt der Weg an, kurz danach nehmen wir den rechts abgehenden steilen Steig, der uns hinauf zu den Felsen des **Kalksteins** 8 führt. Von hier aus sehen wir über die Albhochfläche mit den weiten Wäldern und über das Mosaik der Felder bis hinab nach Undingen.

Wir gehen nun zurück zur Straße und folgen ihr nach rechts zurück zum **Wanderparkplatz** E.

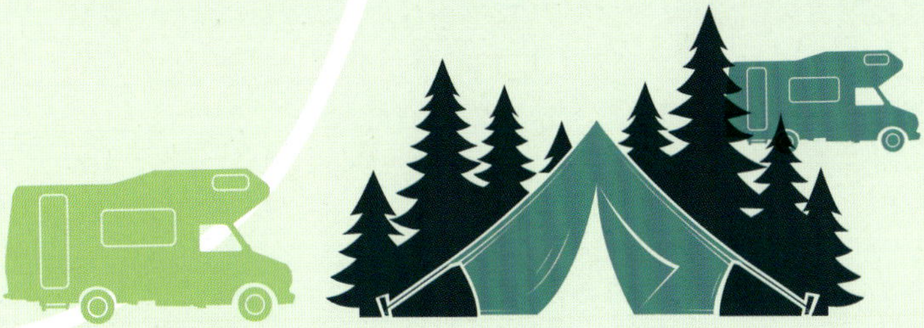

AZUR Camping Schwäbische Alb

Auf der Albhochfläche

Der AZUR Campingplatz Schwäbische Alb liegt in einer überaus sonnenreichen Gegend auf der Albhochfläche. Er bietet zahlreiche Wander- und Radfahrmöglichkeiten, von ihm aus kann man einige Burgen und Ruinen erkunden.

Der ganzjährig geöffnete Platz bietet rund 150 Urlaubsplätze, 200 Dauercamperplätze inklusive Mobilheimplätzen. Die großzügige Anlage verfügt über alten Baumbestand und bietet ein großes Freibad. Zudem gibt es einige Unterkünfte für Gäste ohne eigene Campingunterkunft einschließlich luxuriöser Glampingzelte. Camper finden ein reiches Freizeitangebot in der Umgebung, darunter zwei Schauhöhlen und den Freizeitpark Traumland auf der Bärenhöhle.

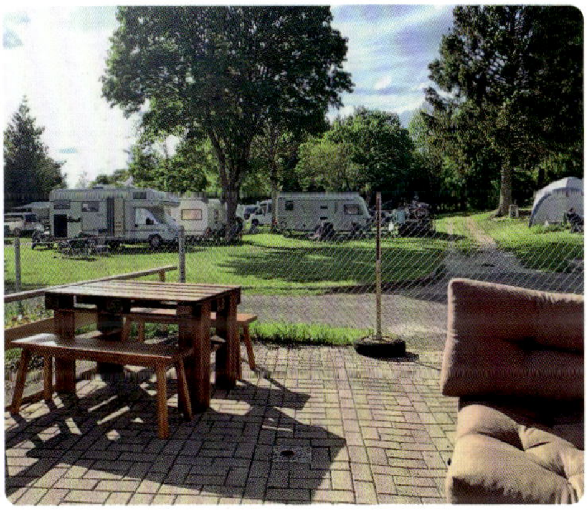

€€€

Geeignet für Wochenende, Urlaub, Familien, Singles, Senioren, Hundebesitzer

Adresse AZUR Camping Schwäbische Alb, Hardtweg 82, 72820 Sonnenbühl-Erpfingen, Tel. 07128/466, www.azur-camping.com, sonnenbuehl@azur-camping.de

Besonderheiten Freibad, Naturspielplatz mit Kletterpark, Sanitärgebäude mit Waschmaschine, Trockner, Einzelwaschkabinen, Behinderten- und Familienbad, Hundedusche (derzeit in Planung), Grillstelle, Beachvolleyball, Mobilheime, Woodlodges (auch im Winter), Glamping-Zelte, täglich frische Brötchen, Radlerzeltplatz (ohne Strom)

10 Über den Beutenlay

Herrliche Natur mit Aussicht

leicht | 4 km | 90 Hm | 2 Std.

Tourencharakter
Wir wandern überwiegend auf unbefestigten Graswegen, nur entlang der Bahnlinie auf einem Schotter- bzw. Asphaltweg.

Ausgangs-/Endpunkt
Münsingen, Wanderparkplatz beim Hofgut Hopfenburg

GPS
48.402843, 9.508560

Karten
Wanderkarte W243 Bad Urach, 1:25 000, Hrsg.: Schwäbischer Albverein e. V., Kartographie: Landesamt für Geoinformation und Landentwicklung Baden-Württemberg (LGL); Wanderkarte mit Radwegen Münsingen Laichingen Blatt 54-537, 1:25 000, NaturNavi

Anfahrt
keine

Einkehr
keine

Information
www.hochgehberge.de

Diese Tour der Gemeinschaft der »hochgehberge« ist zertifiziert als Premiumspazierwanderweg »hochgehhütet«. Das Beste: Sie beginnt direkt am Campingplatz. Uns erwarten eine parkartige Landschaft, Informationstafeln, wunderschöne Ausblicke und Rastplätze.

Über den Beutenlay Wir beginnen die Tour am **Wanderparkplatz** Ⓐ vor dem Hofgut. Hinter ihm passieren wir einen großen Rastplatz mit Grillstelle. An dieser Anlage spazieren wir links vorbei und kommen in eine aufgelockerte Landschaft mit einem Hutewald, Weidbuchen, Wacholder und Orchideen.

Zum Steilabfall und hinab zur Bahnlinie Danach erreichen wir eine einstige **Fichtenversuchsfläche** ❶; hier kommen wir auf dem Rückweg auf dem jetzt rechts abgehenden Weg wieder

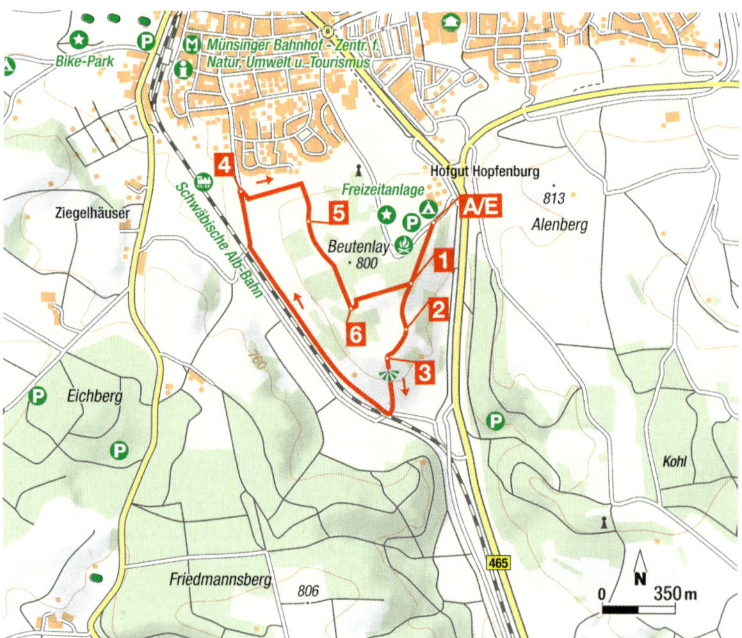

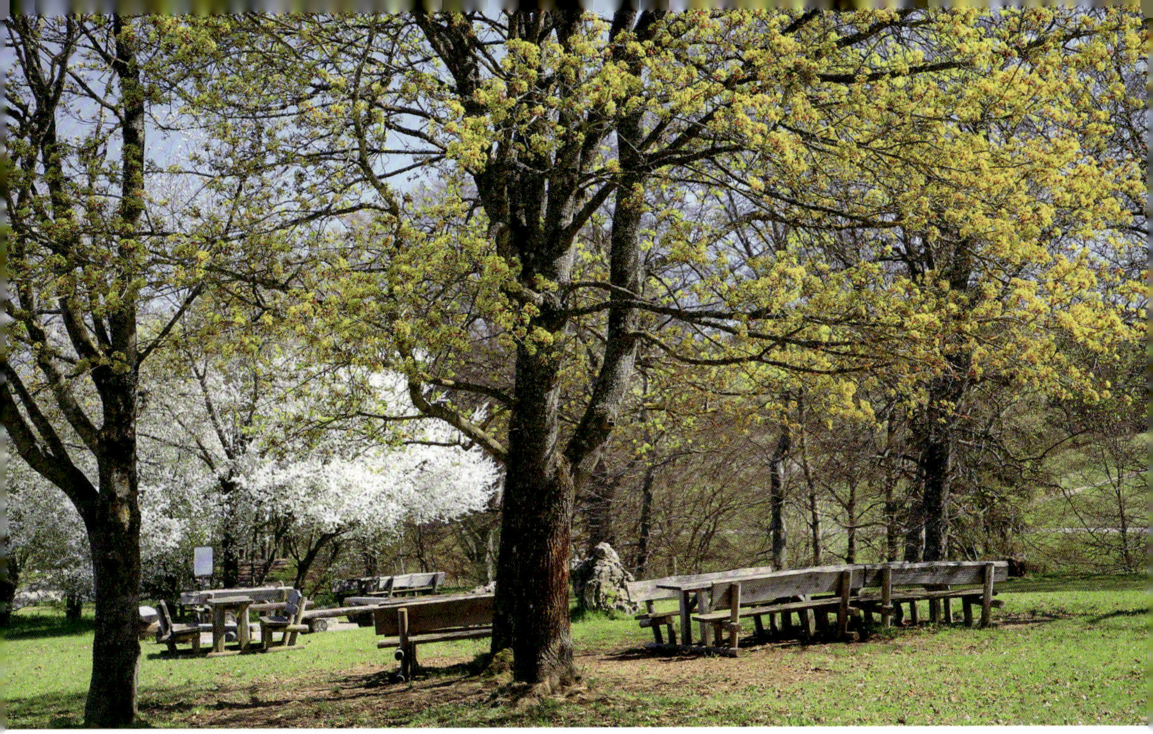

Rastplatz gleich am Anfang der Tour

zurück. Jetzt wandern wir jedoch geradeaus weiter. Vorbei an einer mächtigen Weidbuche ❷ erreichen wir einen aussichtsreichen **Steilabfall,** an dem sich auf zahlreichen Bänken der Blick hinab ins Tal genießen lässt. Etwas weiter rechts in Richtung des Waldes befindet sich eine Bronzetafel, die anzeigt, in welcher Richtung die Hauptstädte europäischer Staaten liegen.

Danach beschreibt der Weg eine Rechtskurve ❸, anschließend geht es auf einem unbefestigen Weg hinunter zur **Bahnlinie.** Vor ihr halten wir uns rechts und wandern parallel zu ihr weiter. Später geht der geschotterte Weg in ein Asphaltsträßchen über, dann erreichen wir das **Schützenhaus** ❹.

Der rund 100 Hektar große **Beutenlay** ist eine der vielen Weidekuppen auf der Münsinger Kuppenalb. Er bietet einige Besonderheiten wie eine Wacholderheide oder ein Feld-Flora-Reservat, in dem die traditionelle Dreifelderwirtschaft der Schwäbischen Alb gezeigt wird. Außerdem gibt es ein Arboretum mit über 30 verschiedenen Baumarten, eine Strauchartensammlung und zahlreiche alte Hutebuchen. Interessant ist auch die Fichtenversuchsfläche. Auf ihr wurden in Verbindung mit einer europaweiten Versuchsreihe Fichten aus 169 unterschiedlichen Herkunftsgebieten gepflanzt. Das Gebiet wurde wegen seiner artenreichen Fauna und der besonderen Botanik mit der Silberpflanze des Deutschen Naturschutzrings ausgezeichnet. Von seinen vielen bemerkenswerten Pflanzen seien die mächtigen Weidbuchen, die typischen Wacholder sowie Küchenschellen, Frühlingsenziane und Orchideen erwähnt.

Hinauf zum Aussichtspavillon

Nun orientieren wir uns nach rechts und steigen vor dem Gebäude auf einem Grasweg am Nordhang des Beutenlays

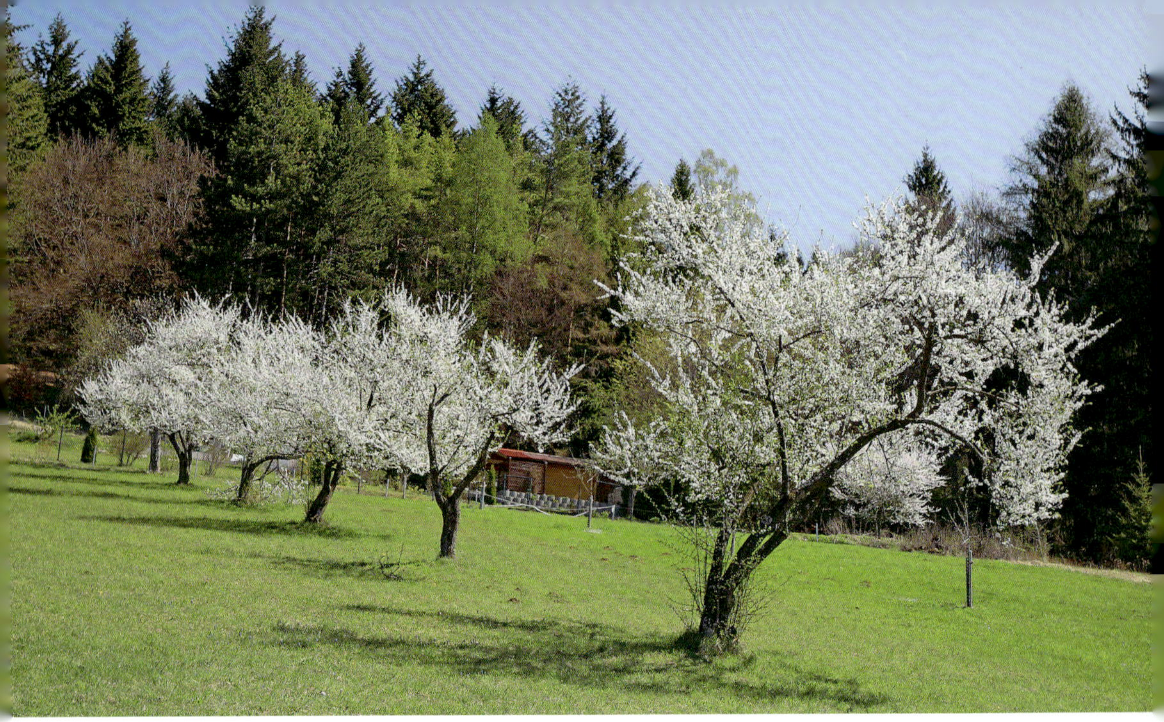

Obstbäume auf der Lichtung

bergauf bis zu einem querenden Weg. Danach geht es relativ eben weiter. Wenn wir nach rechts hinaufschauen, sehen wir einen Aussichtspavillon. Vor dem nächsten Wald führt ein Weg zu ihm empor. Von diesem **Pavillon** 5 bzw. den zahlreichen Bänken aus haben wir eine schöne Sicht nach Münsingen und nach Westen.

Landwirtschaftliche Besonderheiten Unser Weiterweg führt uns nun geradeaus durch den Wald zu einer Informationstafel über den Hutewald. Kurz vor ihr biegen wir nach links ab. Wir erreichen eine große Lichtung mit einem **Feld-Flora-Reservat** 6, wo wir uns am Schild Reiseziel Wiese links halten. Jetzt gehen wir über eine Enzianwiese zu einem Rastplatz, auf dem im Frühjahr unzählige Küchenschellen wachsen.

Danach führt uns die Tour weiter zum gegenüberliegenden Waldrand. Hier stehen Tafeln, die in dieser Gegend wachsende Pflanzen erklären und Informationen zur Dreifelderwirtschaft liefern sowie zu den unterschiedlichen Getreidesorten, die auf den Feldern angebaut werden.

Gegen Ende der Tour halten wir uns zweimal rechts und erreichen den Wiesenweg, der von rechts vom Rastplatz herführt. Auf ihm wenden wir uns nach links, gehen in einer Schneise durch den Wald und erreichen die vom Anfang unserer Tour bekannte ehemalige Fichtenversuchsfläche 1. Zurück wandern wir nun auf dem bekannten Weg E.

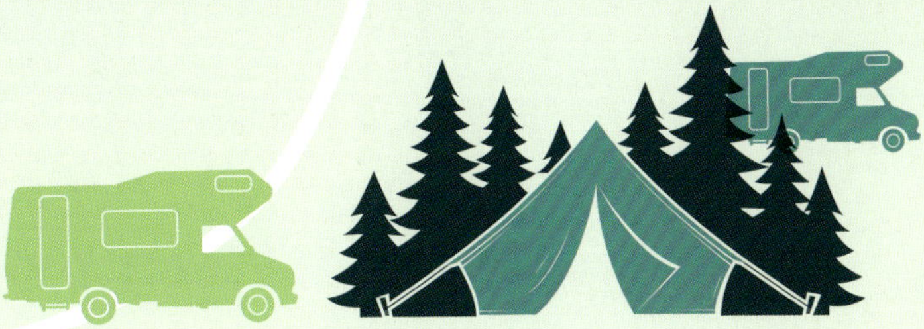

Hofgut Hopfenburg

Schönste Natur, prächtiger Platz

Das Hofgut Hopfenburg liegt südlich von Münsingen im Biosphärengebiet Schwäbische Alb – atemberaubende Natur umgibt die Gäste. Direkt neben dem Gelände liegt das Naturreservat Beutenlay, in dem die hier beschriebene Wanderung stattfindet.

Das 90 000 Quadratmeter große Hofgut Hopfenburg ist ein Platz der Sonderklasse. Nicht nur, dass er eine Vielzahl von originellen Übernachtungsmöglichkeiten bietet, er hat sich auch um Klimaeffizienz verdient gemacht. Er bietet 60 touristische Stellplätze und 40 Zeltplätze, alle großenteils nicht parzelliert. Eine Vielzahl von Angeboten und beste Infrastruktur machen den Aufenthalt zum einfach unvergesslichen Erlebnis.

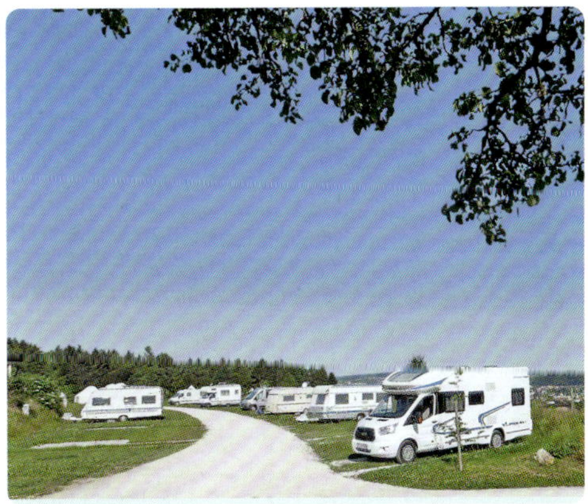

€€€

Geeignet für Wochenende, Urlaub, Familien, Singles, Senioren

Adresse Hofgut Hopfenburg, Hopfenburg 12, 72525 Münsingen, Tel. 07381/93 11 93 11; Tel. 07381/931 193 19, www.hofgut-hopfenburg.de, info@hofgut-hopfenburg.de

Besonderheiten Rabatt bei Online-Buchung, Schäferwagen, Zirkuswagen, verschiedene Tiny-Houses, kirgisische Jurte, Tipi, Apartement, Safarizelt, Zeltplatz, eingestuft in Klimaeffizienzklasse A, Veranstaltungen und Kurse, Leseraum mit Bibliothek, Spielplatz und Spielscheune, barrierefreies und rollstuhlgeeignetes Sanitärgebäude, Familienbäder, Gemeinschaftsküche, Bauernhof mit alten Haustierrassen auf dem Gelände

11 Auf die hohen Uracher Berge

Premiumwandern auf dem Grafensteig

mittel | 7,5 km | 340 Hm | 3 Std.

Tourencharakter
Wir wandern meist auf Pfaden.

Ausgangs-/Endpunkt
Bad Urach, Parkplatz 18 am Sportplatz Zittelstatt an der B28

GPS
48.494173, 9.410676

Karten
Wanderkarte W243 Bad Urach, 1:25 000, Hrsg.: Schwäbischer Albverein e. V., Kartographie: Landesamt für Geoinformation und Landentwicklung Baden-Württemberg (LGL); Wanderkarte mit Radwegen Reutlingen Bad Urach Blatt 52-538, 1:25 000, NaturNavi

Anfahrt
Auto: Vom Campingplatz aus kurz in Richtung Bad Urach fahren. Wer will, kann die 1,7 Kilometer lange Strecke zum Ausgangspunkt auch zu Fuß gehen.

Einkehr
Bad Urach

Information
www.badurach-grafensteige.de

Der als Premiumwanderweg zertifizierte Hochbergsteig, der zur Weggruppe der Bad Uracher Grafensteige gehört, führt uns anfangs durch ein stilles Wiesental. Dann geht es hinauf zu einer Höhle und zu aussichtsreichen Felsen.

Zur Wassersteinhöhle Vom **Parkplatz A** aus wandern wir rechts am Sportplatz vorbei in das Wiesental hinein. Nach einer Weidefläche weist uns das Wanderzeichen erst nach rechts und dann, nach einem kurzen Stück bergauf, nach links. Jetzt geht es eben weiter. An einer ehemaligen **Skisprungschanze** folgen wir dem rechts abzweigenden Weg. Kurz danach folgen wir dem Weg in Richtung »Wassersteinhöhle Kunstmühlefels« nach rechts. Ein schmaler und steiler Steig führt uns hinauf zur **Wassersteinhöhle 1**. Das Eingangsportal dieser im Oberen Massenkalk liegenden Höhle ist über drei Meter breit und 3,5 Meter

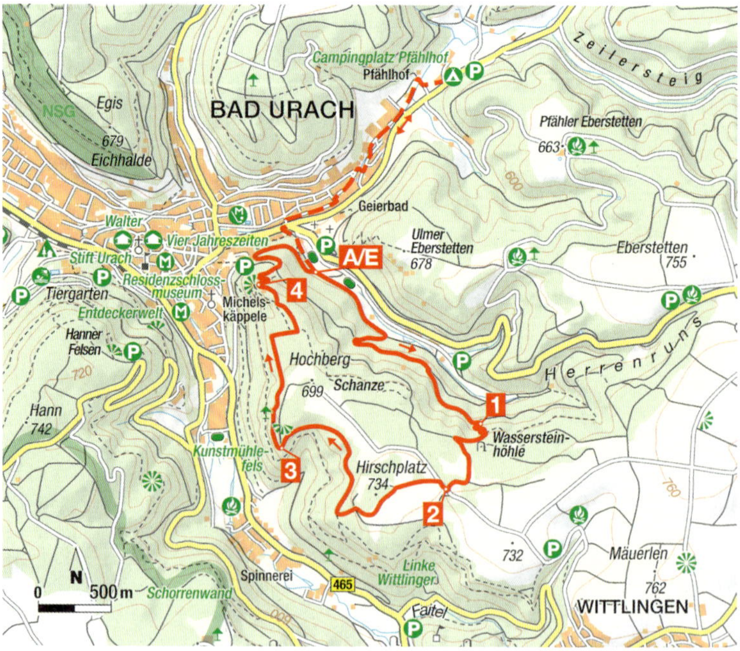

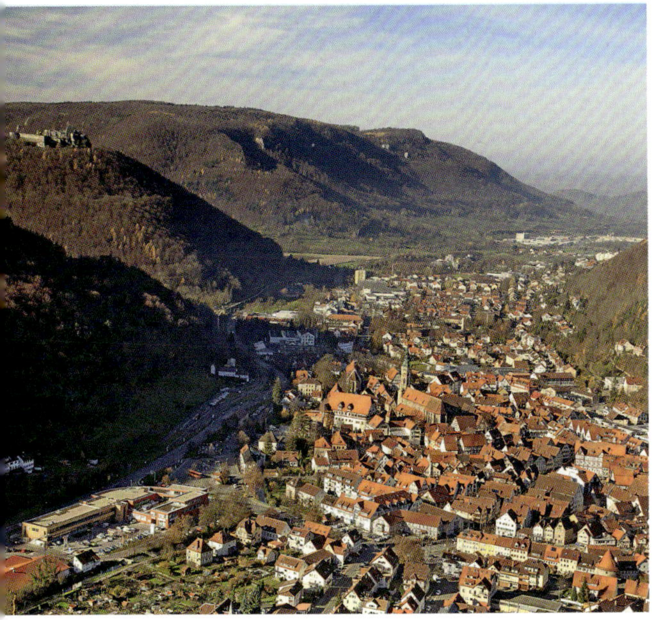

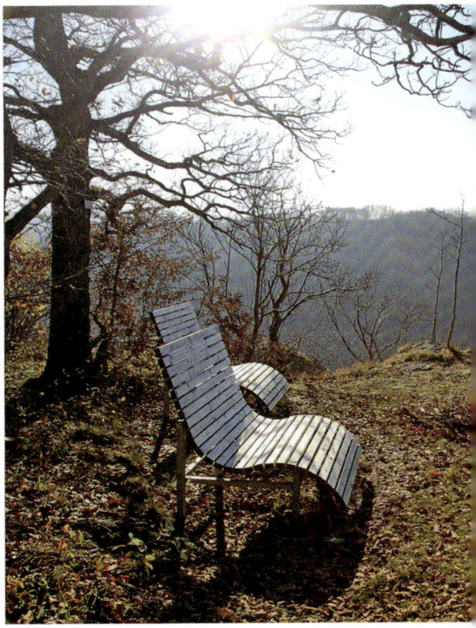

Himmelsliegen zum Ausruhen

Links: Blick von der Ruine Hohenurach auf Bad Urach

hoch – bei diesen Ausmaßen wurde allerdings mit Menschenhand nachgeholfen. Die Länge der Höhle beträgt etwa 31 Meter. Danach führt uns der Weg in Serpentinen noch etwas höher. Wir ignorieren den nach rechts führenden Weg und wandern geradeaus weiter. Am Wanderschild Wasserstein (680 m) folgen wir der Auschilderung und überqueren eine Lichtung. Anschließend orientieren wir uns im Wald nach rechts auf einen festen Weg, der uns aus dem Wald bringt. Über eine große Freifläche gelangen wir zum Schild **Hirschplatz** (718 m), wo wir links abbiegen ❷.

Zurück über das Michelskäpple Wir überqueren eine Wiese zum Wald und gehen links ein Stück an ihm vorbei, bevor wir wieder in den Wald eintreten. Nun geht es hinab zu einem mit dem gelben Dreieck markierten Wanderweg. Hier halten wir uns rechts und wandern zum **Kunstmühlefelsen** ❸. Er bietet einen herrlichen Blick ins tief unten liegende Seeburger Tal und nach Bad Urach. Vorbei an weiteren Aussichtsfelsen kommen wir zum Schild **Hochbergfelsen** (646 m). Dort halten wir uns rechts in Richtung Michelskäppele und kommen schon kurz danach am **Michelskäppele** an – einem Holzpavillon und dem letzten Aussichtspunkt der Wanderung ❹.
Danach geht es in Serpentinen steil hinab zum Sportplatz und zum links liegenden **Parkplatz** Ⓔ.

12 Grandiose Höllenlöcher

Via Ferrata der Schwäbischen Alb

mittel | 8,7 km | 210 Hm | 2.40 Std.

Tourencharakter
Wir gehen auf festen Waldwegen und auf einem Pfad. Vorsicht an den Steilabfällen.

Ausgangs-/Endpunkt
St. Johann, Gestütshof, Wanderparkplatz Hohe Warte

GPS
48.489178, 9.326085

Karte
Wanderkarte W243 Bad Urach, 1:25 000, Hrsg.: Schwäbischer Albverein e. V., Kartographie: Landesamt für Geoinformation und Landentwicklung Baden-Württemberg (LGL); Wanderkarte mit Radwegen Reutlingen Bad Urach Blatt 52-538, 1:25 000, NaturNavi

Anfahrt
Auto: Auf der B28 links an Bad Urach vorbei bis zur querenden B465, dann nach links kurz in Richtung Münsingen, danach rechts abzweigen in die Sirchinger Straße, über Bleichstetten nach Würtingen. Nun auf der L380 nach Norden zum Gestütsgasthof. Dort am gebührenpflichtigen Parkplatz und am Gestütshof vorbei zum kostenlosen Parkplatz im Wald.

Einkehr
Gestütshof St. Johann

Information
www.st-johann.de

Wer glaubt, eine Via Ferrata, also einen »Eisenweg« im Felsen, gibt es nur in den Dolomiten, hat sich getäuscht. Es gibt ihn auch auf der Schwäbischen Alb, nur etwas entschärfter. Man findet diesen Weg in der Natursehenswürdigkeit der Höllenlöcher.

Durch den Wald Vom **Parkplatz im Wald** Ⓐ wandern wir auf dem mit der roten Raute markierten Teerweg Verlorene Hütte zu dieser Schutzhütte ❶. Noch vor ihr halten wir uns mit dem Wanderzeichen links, gleich danach orientieren wir uns aber nach rechts. Nun gehen wir immer rechts der Lichtung Längental bis zur **Schutzhütte Höllenlöcher** ❷.

Zu den Höllenlöchern Nach dieser Holzhütte halten wir uns mit dem Wanderzeichen roter Dreiblock rechts. Vorher allerdings

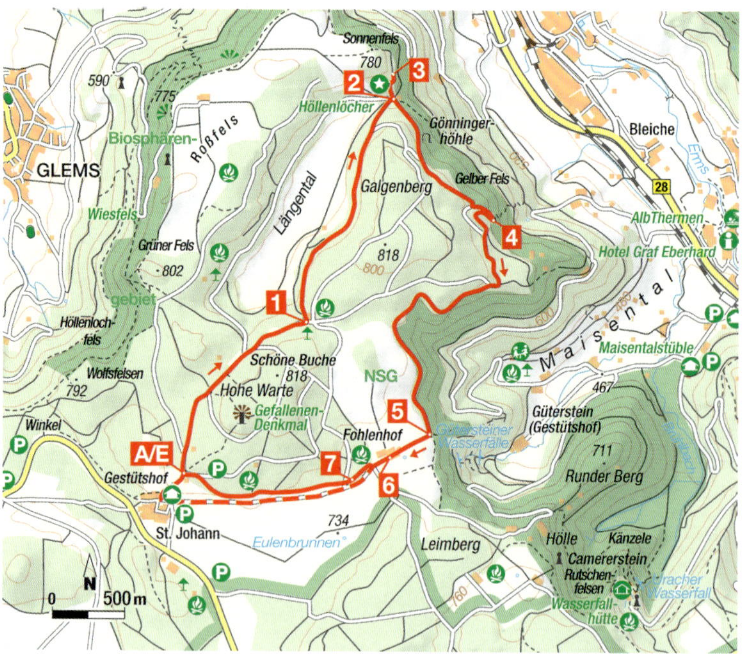

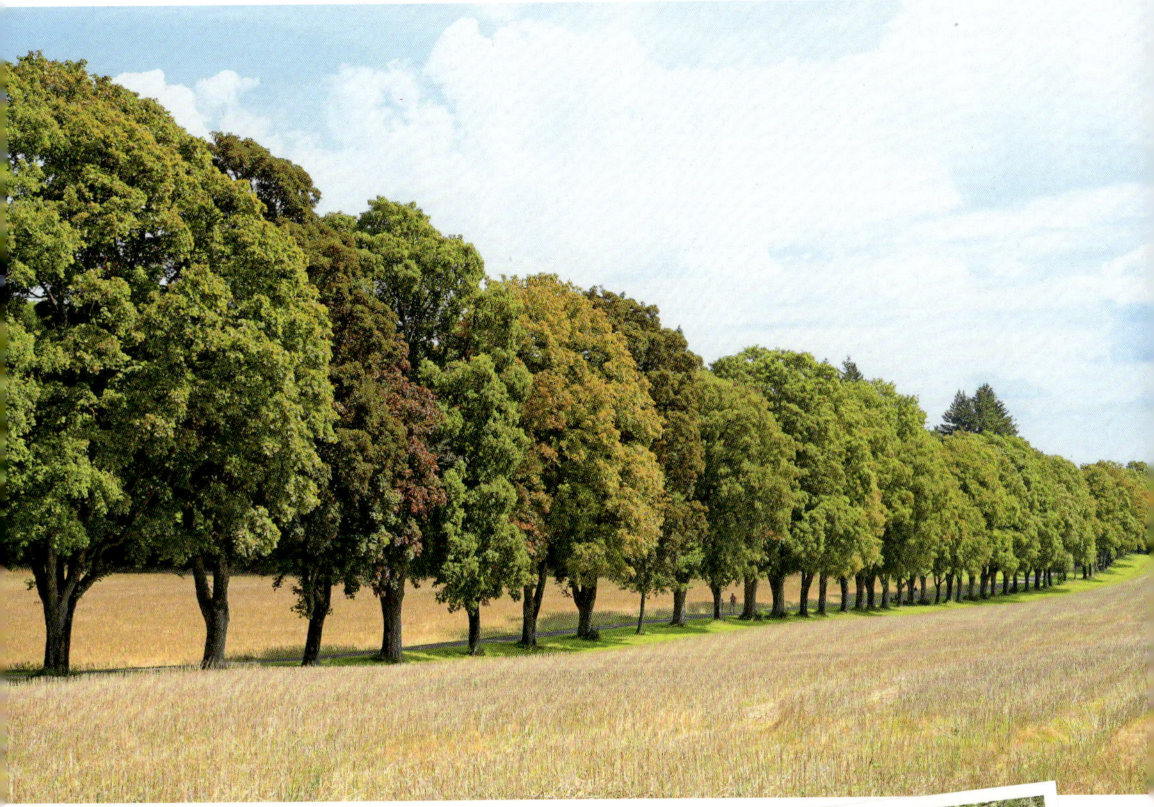

sollten wir zum Höhepunkt dieser Wanderung gehen, den **Dettinger Höllenlöchern**. Wir folgen dazu kurz dem abwärts führenden breiten Weg. Dann steigen wir erst auf einer Leiter hinab, danach wieder hinauf ❸. Wer möchte, kann etwas das Gebiet erkunden – insbesondere für Kinder wird dies zu einem bleibenden Erlebnis werden. Anschließend gehen wir wieder zurück zur Schutzhütte.

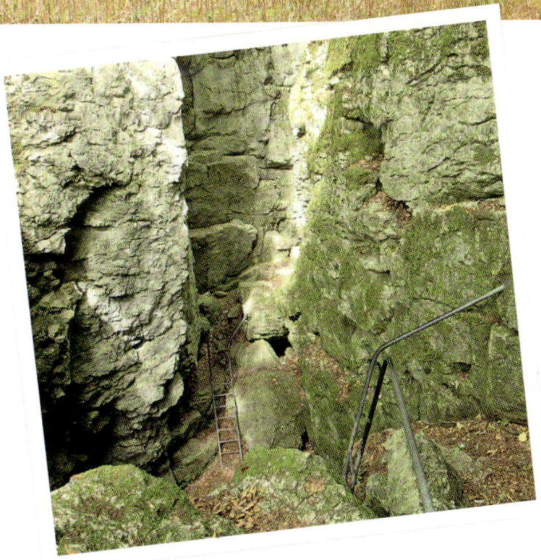

Blick in die Höllenlöcher

Ganz oben: Lindenallee am Ausgangspunkt

Vorbei am Gelben Fels Nun folgen wir dem Weg hinter der Hütte, einem schmalen Pfad, der mit auf und ab immer am Trauf entlangführt. Später erreichen wir einen Forstweg und folgen ihm in Gehrichtung zu einer scharfen Rechtskurve. Nach ihr zweigt der markierte Wanderweg links ab und bringt uns zum **Gelben Fels** ❹. Etwas später treffen wir wieder auf den breiten Forstweg. An einer Kreuzung folgen wir weiter dem Wanderzeichen

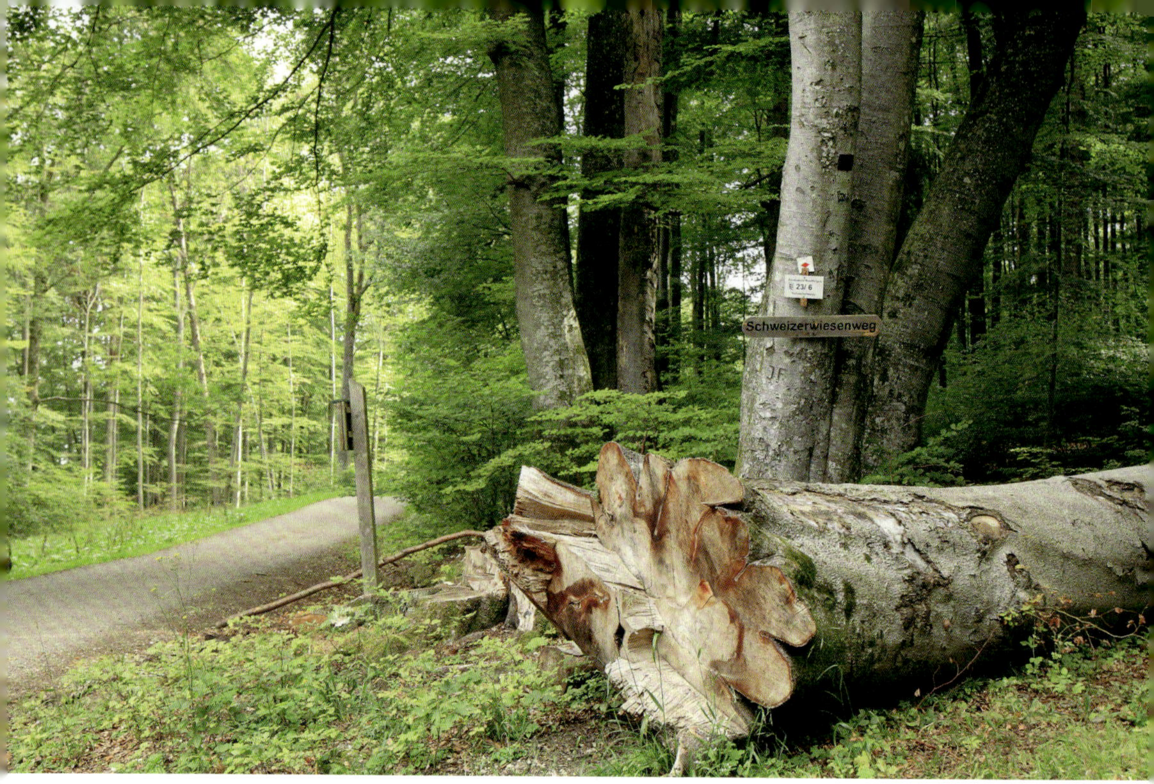

Ein gefällter Riese

und werden nach einer weiteren scharfen Rechtskurve nach links verwiesen. Jetzt wandern wir entlang der Weiden des Gestütshofs am Waldrand entlang – wenn wir Glück haben, können wir die Pferde sehen.

Rund um Bad Urach befinden sich links und rechts des Ermstals einige der als **Höllenlöcher** bezeichneten Felsspalten. Diese bis zu 30 Meter tiefen und wilden Schluchten entstanden, weil einsickerndes Wasser den Kalk ausgelaugt hat. Durch Frosteinwirkung und durch das Nachgeben des weichen Mergeluntergrunds wurden sie immer breiter. Schließlich spalteten sich die Felsen vollends vom Albmassiv ab und die Randklippen rutschten seitlich herunter. Das **Gestüt St. Johann** geht auf ein zum Kloster Güterstein gehörendes Waldbruderhaus zurück. Später wurde die Anlage auf der Hochfläche der Schwäbischen Alb in ein herzogliches Forst- und Jagdhaus umgewandelt. Bereits um 1550 war hier ein Gestüt errichtet worden und ab dem 17. Jahrhundert wurden auf dem Gelände Fohlen aufgezogen. Bis heute dient der Fohlenhof als Aufzuchtstation für rund 100 Stutfohlen.

Zurück über den Fohlenhof

Wir treffen bald auf den Weg, der von links von den Gütersteiner Wasserfällen hochkommt ❺, und folgen ihm. Der Weg führt uns zwischen Weiden hinauf zum **Fohlenhof** ❻. An der Kreuzung nach dem Hof ❼ haben wir zwei Möglichkeiten: Wir können dem Pfad rechts im Wald folgen, der uns direkt zum Ausgangspunkt führt, oder wir wandern auf dem Sträßchen mit seiner berühmten **Lindenalle** zum **Gestütshof** und wenden uns dort nach rechts zum **Parkplatz** Ⓔ.

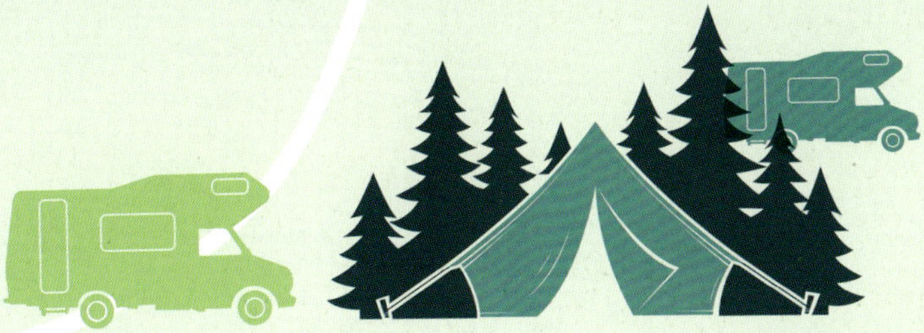

Campingplatz Pfählhof

Ausgangspunkt zum Premiumwandern

Bad Urach ist der Ausgangspunkt der Premiumwanderwege Grafensteige. Die Gäste können sich also auf viele einmalige Wandererlebnisse freuen. Der Uracher Wasserfall, das Fachwerkparadies Bad Urach und das Thermalbad sind weitere nahegelegene Höhepunkte.

Der immer Anfang des Jahres geschlossene Platz liegt in einem idyllischen Wiesengelände mit alten Bäumen direkt am Fuß der Uracher Berge. Die Gäste finden alles, was sie für einen erholsamen Campingurlaub brauchen – und bei den vielen Möglichkeiten in und um die Stadt ist der Urlaub viel zu schnell vorbei. Verlockend sind nicht nur die anspruchsvollen Premiumwanderwege der Grafensteige, sondern auch einfachere Touren, beispielsweise nur zum Uracher Wasserfall.

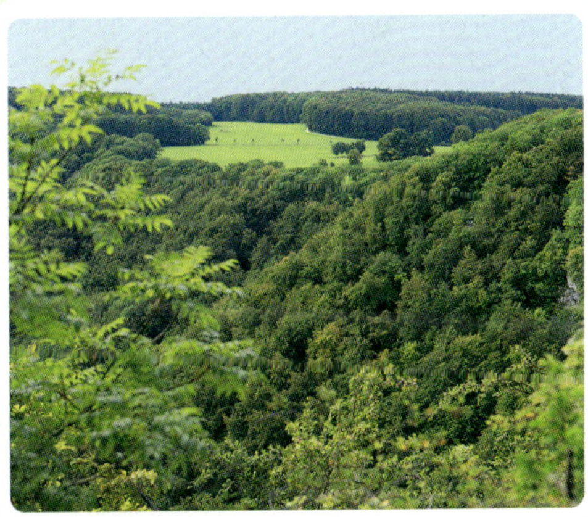

€€€

Geeignet für Wochenende, Urlaub, Familien, Singles, Senioren

Adresse Campingplatz Pfählhof, Pfählhof 1, 72574 Bad Urach, Tel. 07125/8098, Fax 07125/8091, www.pfaehlhof.de, camping@pfaehlhof.de

GPS 48.503750, 9.424469

Besonderheiten Kinderspielplatz, Tischtennis, Feuerstelle im Tipi-Zelt, separater Jugendzeltplatz, Blockhütte, WLAN, Brötchenservice, Waschmaschine und Trockner, Babywickelraum mit Badewanne, Spülküche mit Herdplatte, Tischtennis, Rabatt ab 8 Tagen Aufenthalt

13 Sagenhafte Schertelshöhle

Von der Quelle zur Höhle

mittel | 9.5 km | 150 Hm | 2.40 Std.

Tourencharakter
Die Wanderung verläuft auf festen Wegen und auf teilweise steindurchsetzten Pfaden.

Ausgangs-/Endpunkt
Wiesensteig, Wanderparkplatz bei der Papiermühle, erreichbar über die Helfensteinstraße

GPS
48.561885, 9.599204

Karte
Wanderkarte W238 Metzingen, 1:25 000, Landesamt für Geoinformation und Landentwicklung Baden-Württemberg (LGL) in Zusammenarbeit mit dem Schwäbischen Albverein e. V.

Anfahrt
Auto: Über Westerheim auf der L1236 nach Norden und hinab nach Wiesensteig. Dort in Richtung Neidlingen, am Ortsende aber links abbiegen.

Einkehr
Schertelshöhle, Wiesensteig

Information
www.wiesensteig.de

Diese Wanderung führt durch eine der idyllischsten Gegenden im Landkreis Göppingen, auch die romantische Filsquelle liegt auf unserem Weg. Absoluter Höhepunkt der Tour ist jedoch die Schertelshöhle.

Am Bach entlang Vom **Parkplatz bei der Papiermühle** Ⓐ können wir links oder rechts der Fils zu ihrer Quelle wandern. Schöner ist sicherlich der Weg rechts des Baches, weil es sich um einen Naturweg handelt, der direkt am Bach verläuft. Zu ihm kommt man, wenn man auf der Straße kurz in Richtung Wiesensteig zurückgeht und gleich nachdem der Bach die Straße unterquert hat, links abbiegt. Der Weg links der Fils ist geschottert und steigt ein wenig an. Sein Vorteil ist jedoch, dass er einen schönen

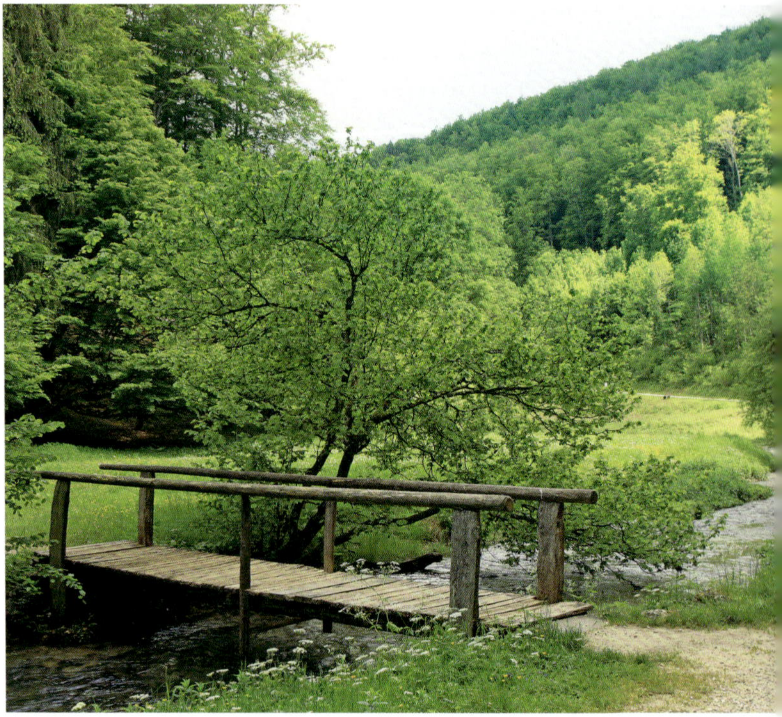

Brücke über die Fils

Blick in das Tal bietet. Wer sich nicht entscheiden will, kann auf dem einen Weg hin- und auf dem anderen zurückwandern.

Ganz unten: Unterwegs entlang der Fils

Blick aus dem Steinernen Haus

Von der Filsquelle zur Schertelshöhle Jedenfalls bringen uns beide Wege zur **Filsquelle** ❶. Kurz davor liegt am Naturweg eine Grillstelle und auch vom Schotterweg führt eine Brücke dorthin, sodass der Grillplatz von allen Wanderern auf dieser Tour genutzt werden kann.

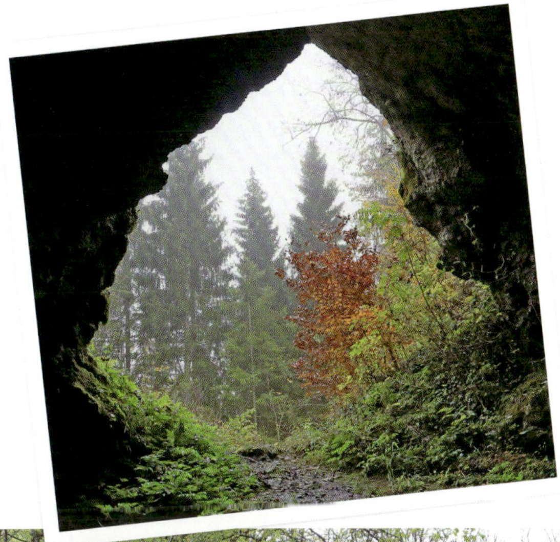

Von der Filsquelle gehen wir geradeaus weiter durch das hier recht streng wirkende Hasental. Den Abzweig des Radweges nach links kurz darauf ignorieren wir und wandern immer leicht ansteigend bis zum Waldrand. Gleich danach werden wir mit dem Wanderzeichen roter Strich nach links in Richtung Schertelshöhle verwiesen ❷.

Nun steigt der Weg ständig an bis zum Wanderschild Abzweig Schertelshöhle (723 m). Wir behalten unsere Richtung bei

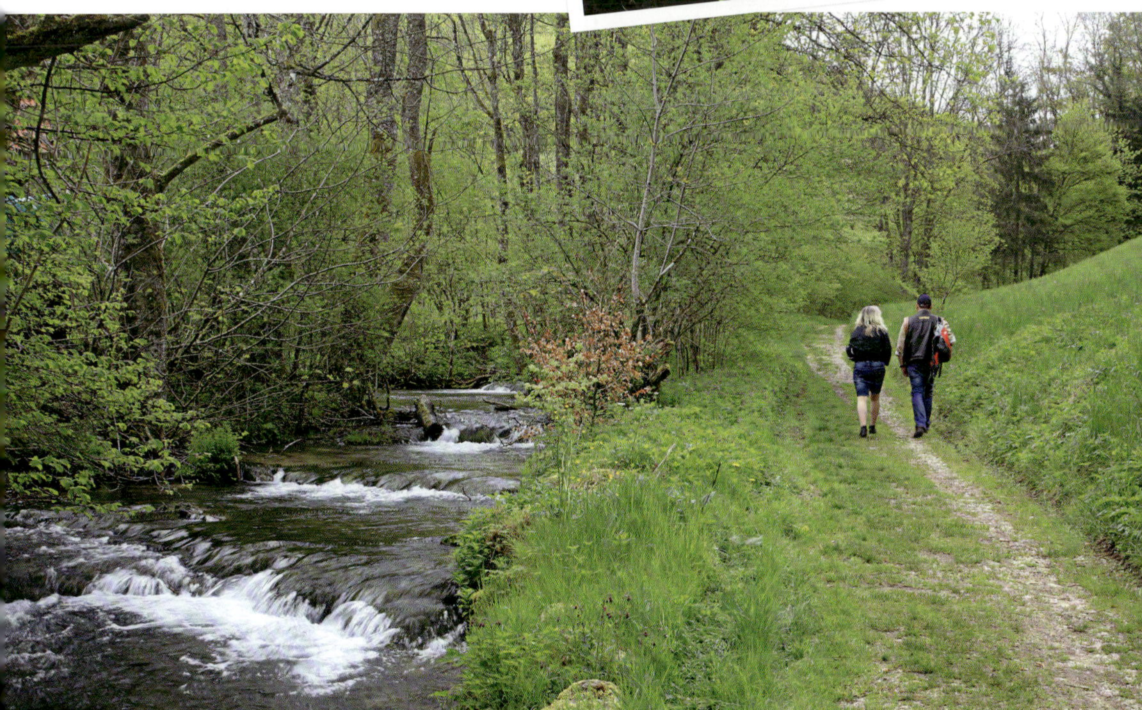

Die stark schüttende Karstquelle der **Fils** entspringt im Filstopf, der im Hasental, einem Trockental, liegt. Bis hinauf zum Bahnhöfle gehörte dieses Trockental einst zur Ur-Lone, einem im Zeitalter des Tertiärs bedeutenden Fluss. Das Wasser der Filsquelle stammt von den Niederschlägen auf der Albhochfläche, die im Einzugsbereich der Quelle durch Klüfte und Spalten im Karstgestein abwärts zu ihr wandern, bis sie auf eine stauende Schicht, beispielsweise Mergel oder nicht verkarstetes Kalkgestein, treffen. Die Schüttung ist sehr unterschiedlich, sie beträgt von 0,05 m^3/s bis zu 4 m^3/s. Die Fils weist von der Quelle bis nach Geislingen an der Steige auf einer Länge von 26 Kilometern ein Gefälle von 200 Metern auf. Im gesamten Tal hat das hier noch recht kleine Flüsschen Kalksinter abgelagert – auf dieses Gestein verweisen die noch gut erhaltenen Flussterrassen.

Die **Schertelshöhle** gehört zu den Flusshöhlen und liegt in der Unteren Felsenkalkformation des Oberjura. Von ihren 212 erforschten Metern können 160 Meter in zwei Gängen begangen werden, ihre Höhe beträgt bis zu 19 Meter. Das Alter der Höhle wird auf drei bis vier Millionen Jahre geschätzt. Sie war bereits 1470 als Schretzenloch bekannt. Dieser Begriff ist eventuell auf »Schratt« oder »Schratz« zurückzuführen, einer früheren Bezeichnung für Kobold. Wiederentdeckt wurde die Höhle von Forstmeister Freiherr von Schertel, dessen Hund in das sogenannte Kuhloch gefallen war. Der Name dieses Lochs rührt daher, dass man früher Kadaver von Tieren in der Doline beseitigte. 1820 haben sie einige mutige Burschen erstmals »befahren«, also erkundet. 1831 wurde sie durch einen künstlich geschlagenen Eingangsstollen für die Besichtigung zugänglich gemacht – vorher war sie nur über das 24 Meter tiefe Kuhloch zu erreichen. Bald nach ihrer Wiederentdeckung schwand jedoch die Begeisterung und die Höhle wurde als Bierkeller genutzt. Erst im Jahr 1952 hat man sie wieder zugänglich gemacht.
In der Schertelshöhle sind zahlreiche Klüfte, Sinterformen und Sinterfahnen sowie Tropfsteine zu bewundern. In ihrem tiefsten Teil befindet sich eine 15 Meter hohe Halle, die mit vielen Sinterformen geschmückt ist. Der linke Gang ist 95 Meter lang. Der rechte Gang ist auf 117 Metern begehbar, in Wirklichkeit aber noch etwa 30 Meter länger – dieser Bereich ist jedoch mit Wasser und Höhlenlehm gefüllt. Der größte Tropfstein der Höhle wird als »Orgel« bezeichnet. Sie ist 100 000 bis 120 000 Jahre alt und schief gestellt, weil der Untergrund nachgegeben hat. Die anderen markanten Tropfsteingebilde tragen Namen wie Sieben Schwaben, Kamel, Nikolaus, Reh und verschiedene Zwergennamen. Keinesfalls versäumen sollten Besucher einen Blick zur Decke: Auf der linken Seite, in Gehrichtung vom Ausgang gesehen, sind keine Tropfsteine vorhanden: Hier liegt eine wasserundurchlässige Tonschicht über der Decke. Auf der rechten Seite aber kann das Wasser das Kalkgestein durchdringen, hier sehen wir Tropfsteine und Perlensinterformen.
In der Höhle herrscht eine konstante Temperatur von sieben bis acht Grad Celsius. Der Legende nach soll sich in der Höhle der Räuberhauptmann Schwarzer Vere versteckt haben.

Öffnungszeiten: Witterungsabhängig, ab etwa Mitte April (Sonntag nach Palmsonntag) bis etwa Mitte November.

Auskunft: Tel. 07333/78 45, 0163/422 54 55, www.schertelshoehle.de

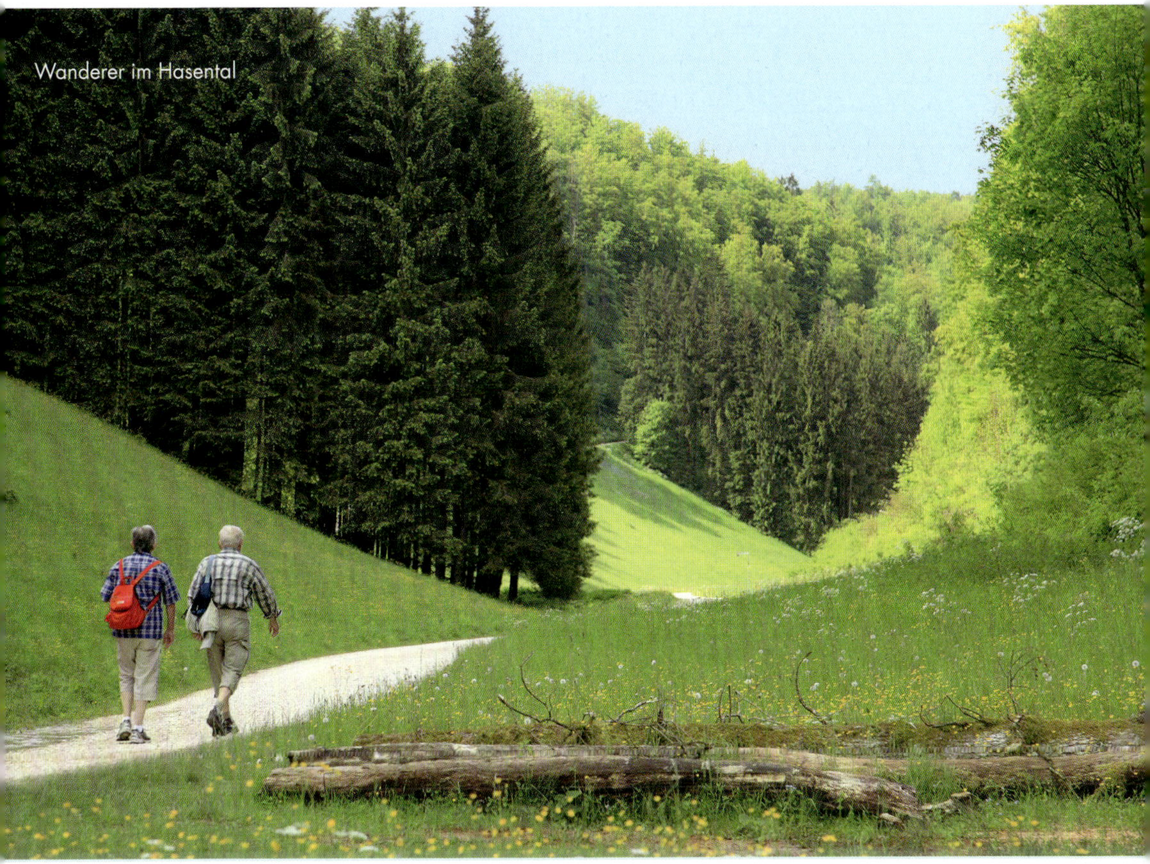

und kommen kurz danach zu einer Weggabelung. Hier führen nach links Stufen hinauf zur **Schertelshöhle** ❸, nach rechts geht es über Stufen zur immer offenen Höhle **Steinernes Haus** ❹. Dieses sollte man auch dann aufsuchen, wenn die Schertelshöhle geschlossen ist.

Auf der gegenüberliegenden Talseite der Schertelshöhle liegt in den Unteren Massenkalken des Oberjura das **Steinerne Haus**. In dieser Höhle folgt nach einem schön gewölbten Eingang eine prächtig gewölbte und bis zu acht Meter große Halle. Im Winter hängen von der Decke tropfsteinähnliche Eiszapfen, die einen einmaligen Anblick bieten. Die Höhle ist 55 Meter lang und 17 Meter breit; sie fällt nach hinten ab, wodurch sich im Winter große Eiszapfen bilden. In grauer Vorzeit war sie sogar besiedelt, denn man fand in ihr Exponate aus der Mittelsteinzeit und der Bronzezeit. Ihren Namen könnte die Höhle dem Umstand verdanken, dass sie den Nonnen des Klosters Wiesensteig in unruhigen Zeiten als Zufluchtsort gedient haben soll.

Grauer Stein und Hasental

Danach gehen wir zurück zum Wanderschild Abzweig Schertelshöhle und biegen mit dem Zeichen roter Dreiblock links ab in Richtung Reußenstein.

Nun führt ein Pfad eine Weile aufwärts, danach wird der Weg ebener und bringt uns zu einer Kreuzung . Hier wandern wir mit dem Zeichen rote Raute steil bergab. An einem querenden Forstweg halten wir uns links und verlassen kurz darauf den Wald. Entlang einer Lichtung kommen wir zu einer Kreuzung.

Nun biegen wir am **Wanderschild Grauer Stein** (694 m) 5 scharf rechts ab. Gleich nach der Schranke sehen wir rechts des Weges einige große Felsbrocken, den sogenannten Grauen Stein. Nun wandern wir durch das Hasental zurück zur Filsquelle und ab dort auf einem der beiden beschriebenen Wege zur **Papiermühle** E.

Unten rechts: Herbst an der Fils

Tierische Begegnung unterwegs

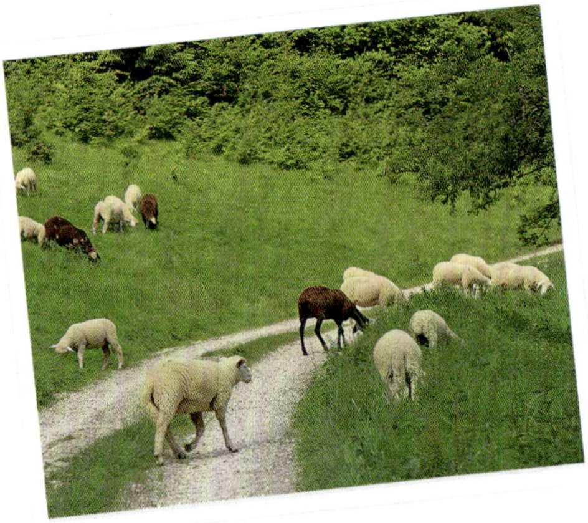

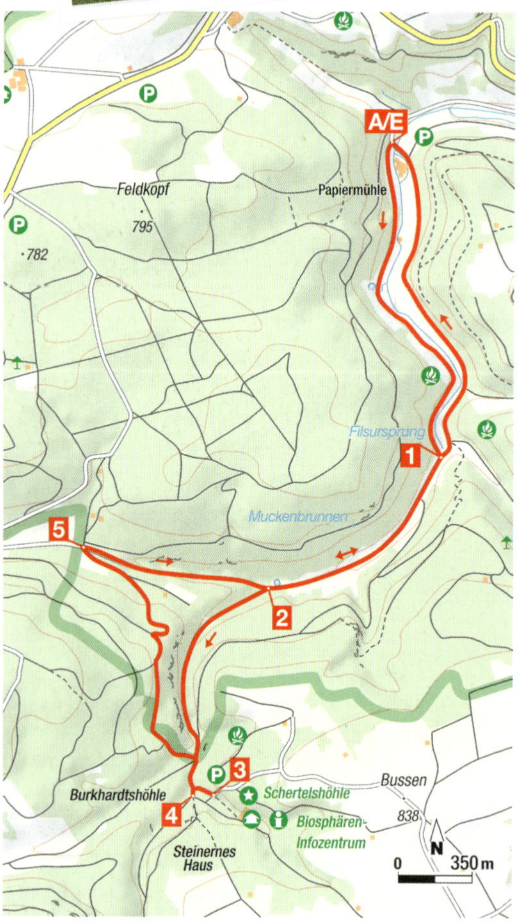

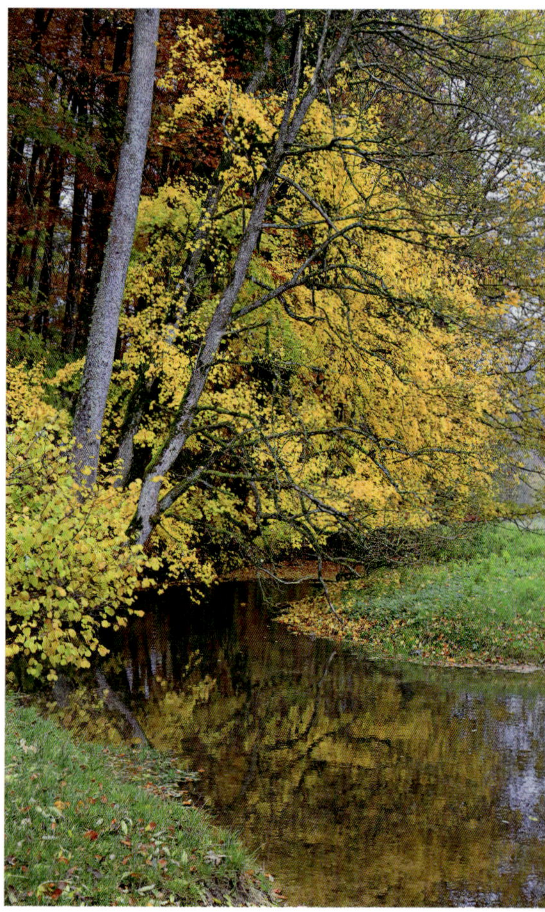

Alb-Camping Westerheim

Wenn kaum ein Wunsch offenbleibt

Auf diesem großen Campingplatz verbringt man seinen Urlaub in 820 Metern Höhe. Von der Unterbringung bis zum Freizeitangebot – hier stehen dem Gast (fast) alle Möglichkeiten offen.

Der ganzjährig geöffnete Campingplatz auf der Albhochfläche bietet alles, was das Camperherz begehrt: Schöne Plätze für Wohnmobil oder Wohnwagen nebst einer Campingwiese, Mietunterkünfte sowie ein großartiges Angebot an Einkaufs-, Freizeit- und Vergnügungsmöglichkeiten. Dazu gibt es Wander- und Radelstrecken für jeden Geschmack und alle Altergruppen. Auch im Winter ist in der Umgebung für Abwechslung gesorgt, etwa beim Winterwandern, Langlaufen, Skifahren oder Schneeschuhwandern.

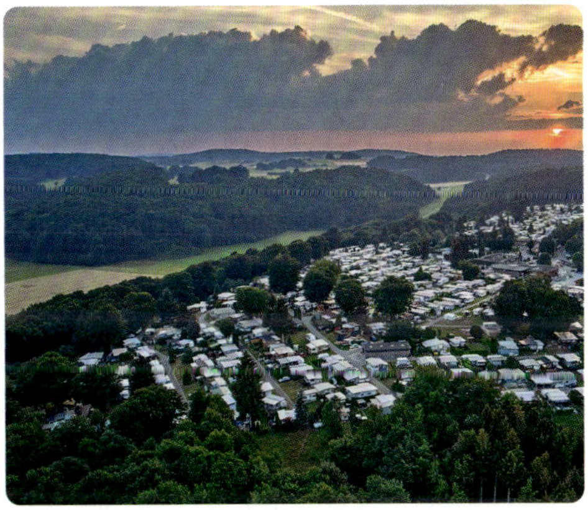

€€€

Geeignet für Urlaub, Familien, Singles, Senioren, Wochenende (kurze Aufenthalte auf Anfrage)

Adresse Alb-Camping Westerheim, Beim Campingplatz 1, 72589 Westerheim, Tel. 07333/61 40, www.alb-camping.de, info@alb-camping.de

GPS 48.510425, 9.609402

Besonderheiten Kinderspielplatz, Schwimmbad, eine Ferienwohnung, fünf Mobilheime, zwei Wohnwagen, sechs Campingfässer, vier Kotas, zwei Zeltlodges, Lebensmittelangebote von Bauernhöfen der Umgebung, Badeanlage mit drei beheizten Becken, Adventure Golf, Sanitärgebäude mit Wasch- und Trockeneinrichtungen, Defibrillator vorhanden, Hunde erlaubt

14 Vom Blautopf zur Küssenden Sau

In und um Blaubeuren

mittel	7,2 km	180 Hm	2.15 Std.

Tourencharakter
Wir wandern auf festen Wegen, Anstieg und Abstieg im Wald verlaufen jedoch auf schmalen Naturpfaden.

Ausgangs-/Endpunkt
Blaubeuren, Dodelweg, Parkplatz beim Hallenbad. Unbefristete Parkmöglichkeiten muss man in Blaubeuren suchen. Unter www.blaubeuren.de findet sich jedoch eine Karte mit den verfügbaren Parkplätzen.

GPS
48.415649, 9.789252

Karte
Freizeitkarte F525 Ulm, 1:50 000, Landesamt für Geoinformation und Landentwicklung Baden-Württemberg (LGL)

Anfahrt
Auto: Auf der L1230 nach Süden bis Blaubeuren

Einkehr
Blaubeuren

Information
www.blaubeuren.de

Auf dieser Tour entdecken wir die herrliche Albnatur in der Umgebung der Stadt Blaubeuren, die ein wahres Fachwerkparadies ist. Unser Weg führt uns zur einmaligen Karstquelle Blautopf, zur Ruine Günzelburg und zur Felsformation Küssende Sau.

Unterwegs zum Blautopf Wir folgen vom **Parkplatz beim Hallenbad** Ⓐ zuerst dem Dodelweg in Richtung Zentrum. Vor dem runden Bleichtürmle wenden wir uns nach rechts in die Straße Klosterhof. Bald geht es durch diesen Klosterhof und wir verlassen die ehemalige Klosteranlage durch das Torhaus. Dahinter halten wir uns in der Blautopfstraße rechts und erreichen kurz danach den **Blautopf** ❶.

Anschließend gehen wir zurück, vorbei am bereits bekannten Torhaus, bis zum Ende der Blautopfstraße. An der folgenden

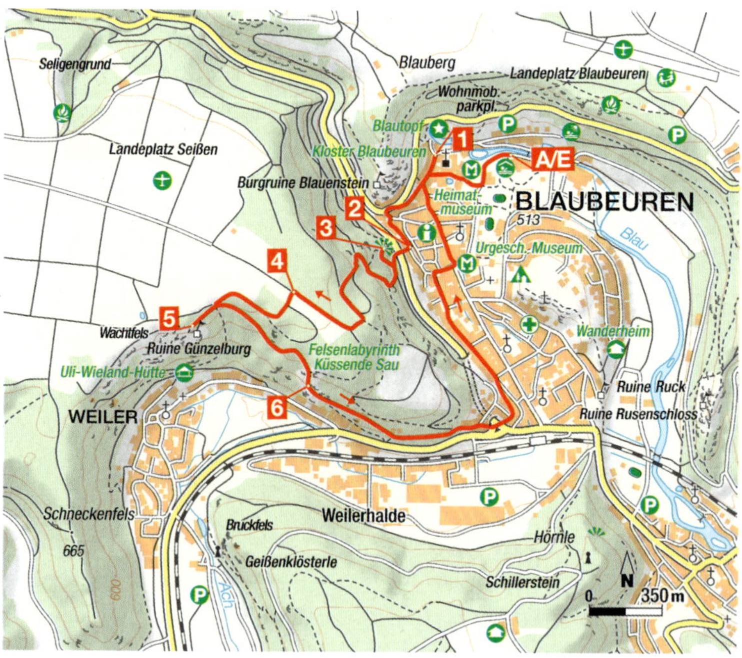

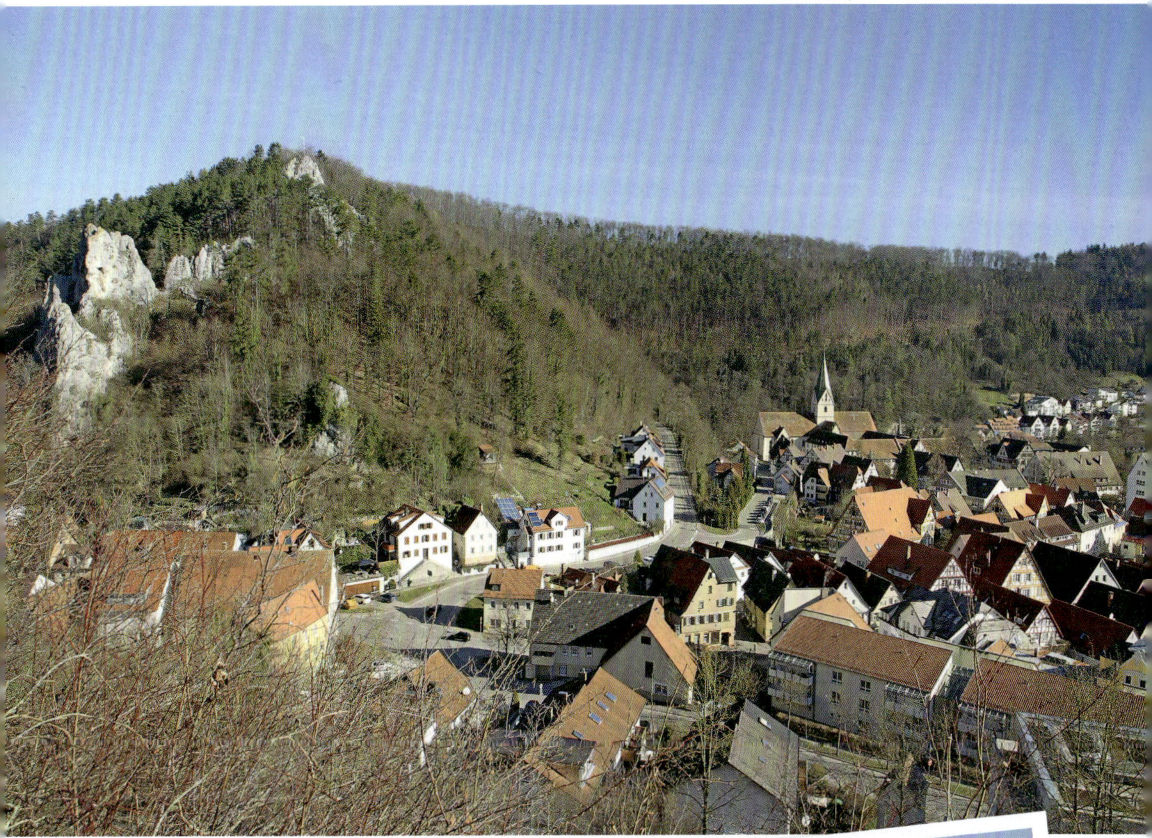

Verzweigung nehmen wir kurz danach die geradeaus weiterführende rechte Lindenstraße. Ihr folgen wir, bis sie auf die Sondelbucher Steige trifft. Wir halten uns links und kommen zur Kreuzung mit der Marktstraße. Hier gehen wir auf der anderen Seite der Marktstraße in der Bergstraße weiter.

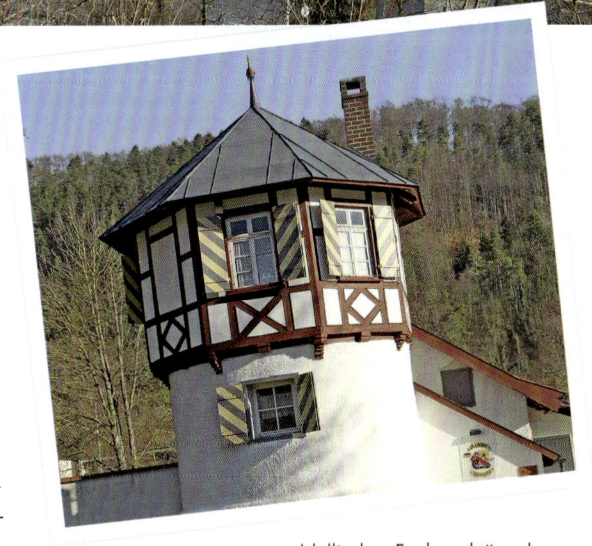

Idyllisches Fachwerktürmchen

Ganz oben: Blick auf die Altstadt von Blaubeuren

Hinauf auf die Hochfläche zur Günzelburg Nach Hausnummer 12 ❷ werden wir mit dem Wanderzeichen gelbes Dreieck nach rechts in Richtung Ruine Günzelburg verwiesen. Es geht kurz auf einer Treppe hinauf, wir unterqueren die Straße und halten uns danach links. Gleich danach folgen wir dem querenden Weg nach

rechts und kommen zu einer Wendeplatte. Hier gehen wir mit dem Zeichen gelbe Raute nach links hinauf; zuerst sollten wir aber noch etwas geradeaus weitergehen, denn dort gelangen wir zu einem sehr schönen **Aussichtspunkt** 3.
Danach steigen wir mit der gelben Raute hinauf. Etwas später stoßen wir auf einen querenden Pfad. Immer dem Zeichen folgend, überqueren wir bald einen breiten Forstweg und kommen schließlich auf die Hochfläche. Hier weist uns das Zeichen nach links 4. Kurz darauf treffen wir an einer Rechtskurve auf das Zeichen rote Gabel. Wir biegen rechts ab und stoßen bald auf eine Wiese, auf der mächtige Nadelbäume stehen. Dort biegen wir rechts ab.

Die bekannteste Sehenswürdigkeit **Blaubeurens** ist der Blautopf – jene spektakuläre Karstquelle in wunderschöner Blau- und Grünfärbung. Sehenswert ist auch die Klosterkirche. Deren Hochaltar und Chorgestühl haben Bildhauer und Maler der Ulmer Schule geschaffen. Schlendert man durch die Fachwerkgassen mit ihren zahlreichen Kanälen, versteht man, warum das alte Gerberviertel an der Ach im Volksmund »Klein-Venedig« genannt wird. Nicht nur für Kinder interessant ist das »urmu«, das Urgeschichtliche Museum Blaubeuren. Es zeigt Exponate aus der Altsteinzeit aus den Höhlen in den Tälern der drei Flüsse Ach, Blau und Lone. Die prähistorischen Fundstellen gehören mittlerweile zum Weltkulturerbe.

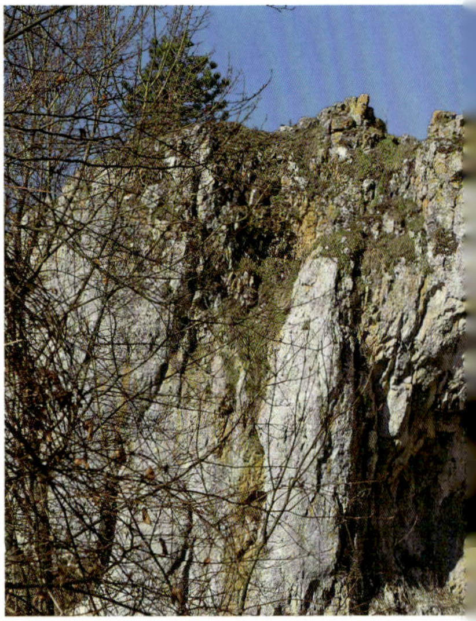

Nach einer Weile sehen wir rechts an einem Baum das Wanderzeichen mit dem gelben Ring. Es weist uns über die Wiese nach links zum Wald; dort sehen wir auch die rote Gabel wieder. Wir folgen ihr bis zu einem querenden Weg; hier geht es später mit dem roten Dreieck nach links hinab. Zunächst machen wir aber einen kurzen Abstecher nach rechts zur **Ruine Günzelburg** 5, die wir nach wenigen Minuten erreichen. Von ihr aus genießen wir den prächtigen Blick hinab ins Achtal und nach Weiler.

Zurück über die Küssende Sau Danach gehen wir wieder zurück bis zu dem Punkt, an dem wir auf den Traufweg gestoßen sind. Nun gehen wir mit dem roten Dreieck auf dem rechten Weg in Richtung Felsenlabyrinth hinab. Bald erreichen wir mächtige Felsen, darunter auch die Formation, die wegen der Berührung der Felsen über einer Höhlung den Namen **»Küssende Sau«** 6 erhalten hat.

Anschließend kann man nach links einen 200 Meter langen Abstecher zur **Brillenhöhle** machen. Etwas später zweigen wir vom

Mitte: An der Küssenden Sau

Markante Felsformation unterwegs

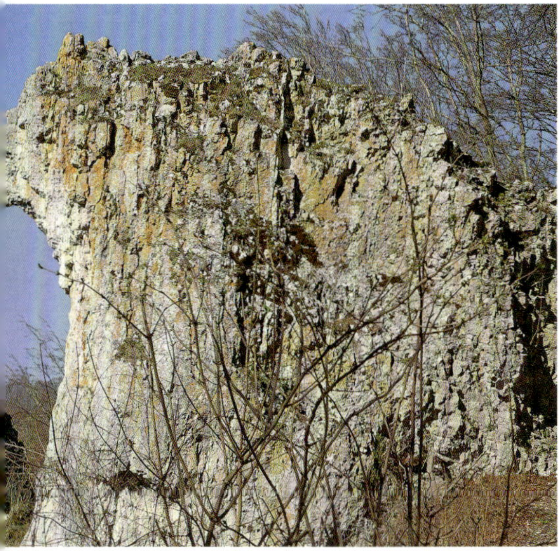

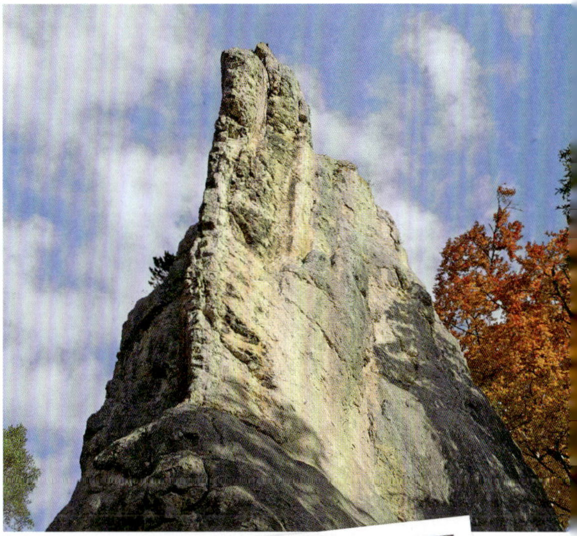

abwärts führenden Weg links ab, »Blaubeuren Bahnhof« ist hier angeschrieben. Der Weg steigt nun zeitweise etwas an bis zum Schild Reichleinsbergweg (540 m). Hier wandern wir geradeaus weiter und hinab zu den ersten Häusern. Anschließend führt uns die rechts abgehende Straße weiter abwärts. Bei Hausnumemr 20 geht es auf einer Treppe nach rechts hinunter in Richtung B492.

Nun folgen wir der links abzweigenden Weilerstraße. Wo links die Bergstraße abgeht, folgen wir ihr nach rechts bis zur querenden Karlstraße. Hier halten wir uns rechts. Sie geht in die Klosterstraße über und bald haben wir wieder das Torhaus des Klosters erreicht. Nach rechts wandern wir nun auf bekanntem Weg zurück zum **Parkplatz** E.

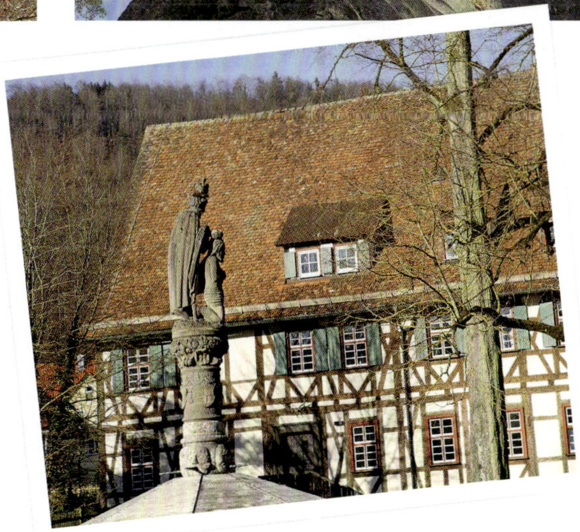

Brunnen im ehemaligen Kloster

15 Um die Laichinger Tiefenhöhle

Abenteuer und entspannte Wandern

mittel | 15,7 km | 90 Hm | 4 Std.

Tourencharakter
Wir wandern auf festen Wegen und Pfaden.

Ausgangs-/Endpunkt
Laichingen, Tiefenhöhle, Höhleweg

GPS
48.479033, 9.692281

Karte
Wanderkarte W244 Ehingen (Donau), 1:25 000, Hrsg.: Schwäbischer Albverein e. V., Kartographie: Landesamt für Geoinformation und Landentwicklung Baden-Württemberg (LGL)

Anfahrt
Auto: Auf der L1230 nach Norden und vorbei an Machtolsheim, dann auf der L230 vorbei an Laichingen. »Tiefenhöhle« ist angeschrieben.

Einkehr
Laichingen, Tiefenhöhle, Albhof, Suppingen

Information
www.laichingen.de

Auf dieser Tour besuchen wir die Laichinger Tiefenhöhle, in der wir weit hinab ins Erdinnere steigen können. Anschließend erkunden wir die Gegend um Laichingen und wandern auf relativ flacher Strecke zwischen Wiesen und Äckern auf der Albhochfläche.

Vorbei an der Höhle Vor den Gebäuden der **Tiefenhöhle** liegt der **Parkplatz** Ⓐ, an dem wir unsere Tour beginnen. Je nach Vorliebe kann man die Höhle jetzt oder nach der Wanderung besichtigen. Danach folgen wir der vor den Gebäuden nach links abzweigenden Straße. Diese führt uns um die beiden Gebäude herum, danach wandern wir an Kleingärten vorbei zu einer Verzweigung. Der Weg führt geradeaus nach Suppingen, wir halten uns aber an das Radwegschild und biegen rechts ab. Nach dem Stall linker Hand halten wir uns mit dem Radwegschild rechts. Bald erreichen wir die Straße L1236 ❶, wo es nach links weitergeht.

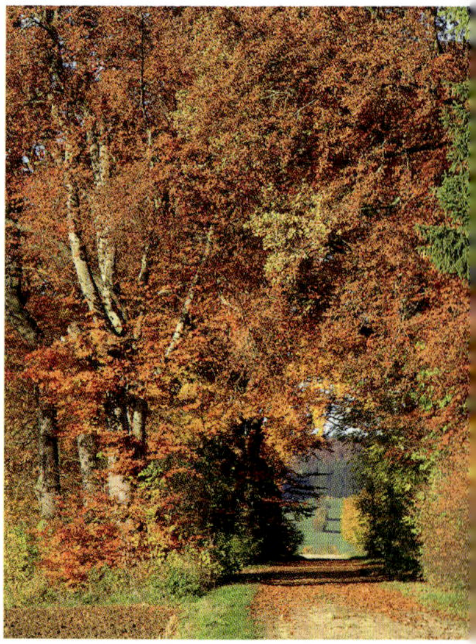

Herrlicher Wanderherbst

Über den Albhof Wir gehen bis vor die Elektroleitungen und halten uns dort rechts. Nun geht es parallel zu den Leitungen bis zum ersten Masten. Dort biegen wir mit dem Wanderzeichen links ab, wandern hinauf zum Wald und gehen in ihn hinein. Daraufhin orientieren wir uns am nächsten Querweg nach rechts. Am Waldrand führt der Weg nach links ❷, etwas später folgt ein Rechts-Links-Knick und danach verlassen wir den Wald. Noch vor der B28 wenden wir uns nach links zum **Albhof**. Hinter

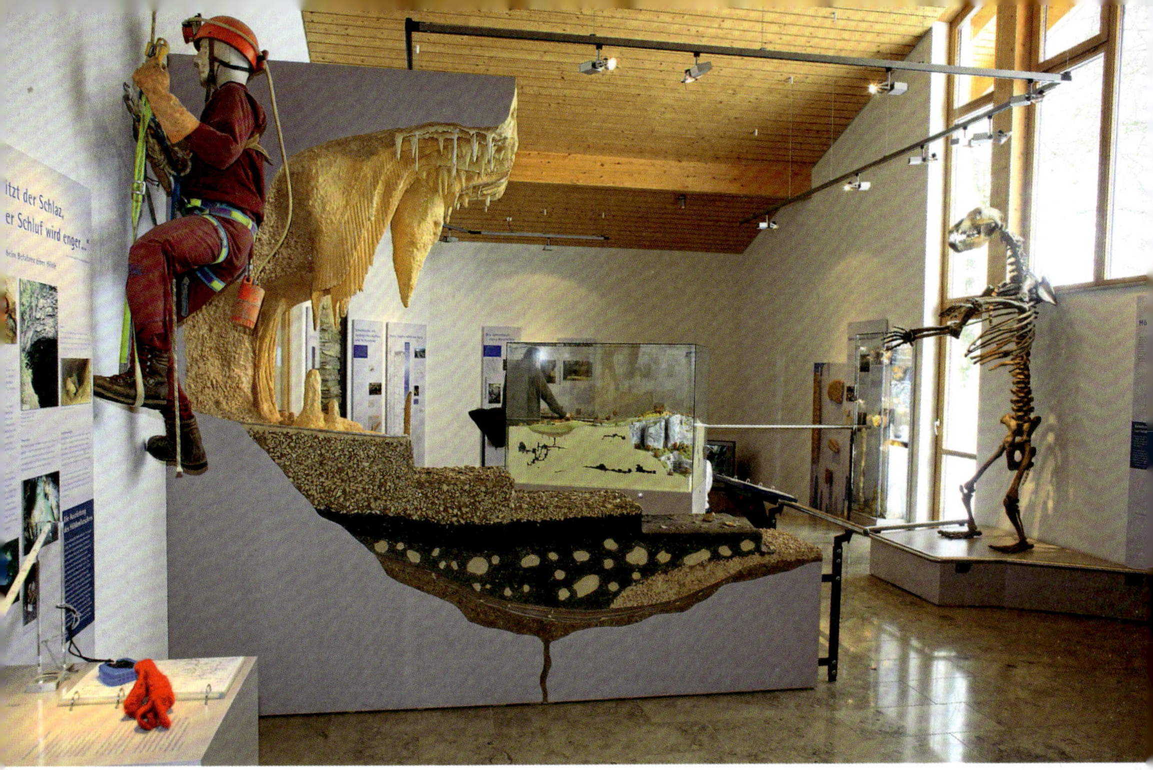

Ausstellung in der Laichinger Tiefenhöhle

ihm gehen wir nach rechts zur Bundesstraße 3. Auf der anderen Straßenseite wandern wir auf dem Sträßchen Eichhalde zu einer Kolonie von **Wochenendhäusern**. Vor Hausnummer 29 biegen wir am Querweg links ein. An der Rechtskurve gleich darauf wandern wir mit dem Wanderschild in Richtung Sontheimer Höhle geradeaus weiter und kommen nach dem letzten Haus rechter Hand in den Wald. In ihm halten wir uns am Querweg links und kurz danach rechts. Der Weg verläuft nun zeitweise im Wald, teilweise außerhalb von ihm. Nun wandern wir mit etwas Auf und Ab und mit prächtiger Aussicht oberhalb eines Hangs südwärts zu einem Sträßchen. Sobald wir es erreicht haben, orientieren wir uns nach links.

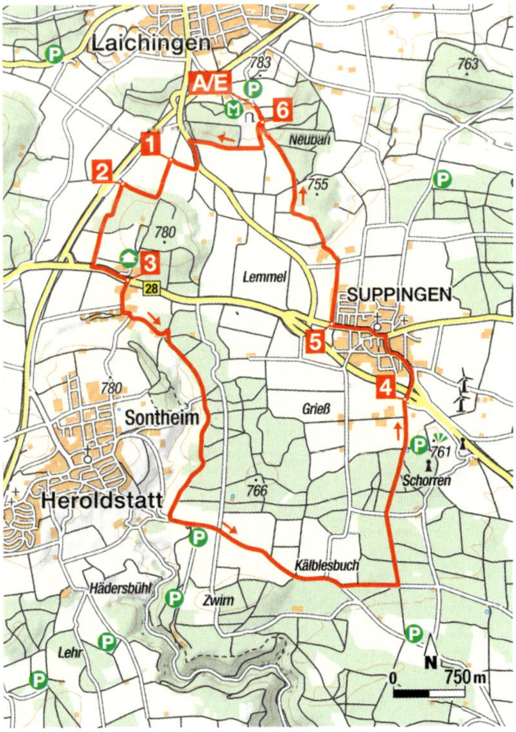

Nach Suppingen Etwas später kommen wir zu einem Parkplatz, anschließend folgen wir weiterhin der Straße. Wir gelangen in einen Wald, in dem wir links abzweigen. Danach wandern wir etwas am Waldrand entlang, später auch im Wald. Dort quert kurz darauf ein Weg, der mit Wanderzeichen markiert ist. Auf ihm gehen wir nach links weiter und aus dem Wald hinaus. Dann liegt rechts die **Schorrenhüle**, ein auf der normalerweise wasserdurchlässigen Albhochfläche seltenes Wasserloch.

Danach unterqueren wir die B28 ❹ und wandern auf der Landstraße nach links nach **Suppingen**. An einer Querstraße halten wir uns links. Wir folgen der Durchgangsstraße zum Ortsende, wo wir uns rechts halten ❺. Das danach kommende **Umspannwerk** umgehen wir rechts. Daraufhin führt uns der Weg erst am Waldrand entlang, anschließend geht es über eine Wiese. In ihrer Mitte angekommen, folgen wir dem Zeichen nach rechts. Wir wandern weiter am Waldrand entlang zu der Verzweigung, die wir schon vom Anfang unserer Wanderung kennen ❻. Unsere Richtung beibehaltend, gehen wir jetzt auf bekanntem Weg zurück zur **Tiefenhöhle** Ⓔ.

In der Laichinger Tiefenhöhle

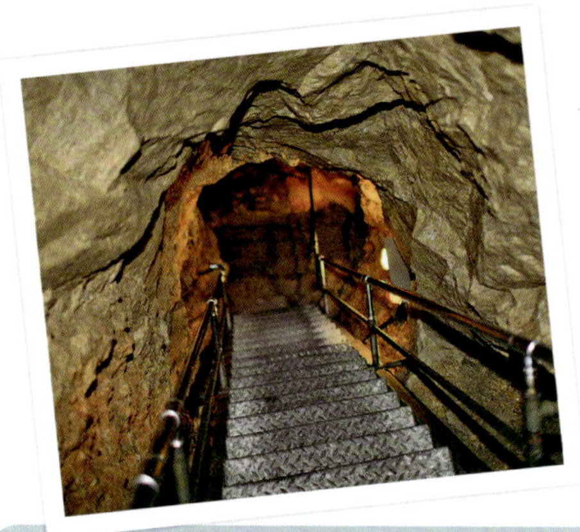

Die **Laichinger Tiefenhöhle** entstand im Jungtertiär und im frühen Quartär. Mit einer Tiefe von 80 Metern ist sie die tiefste öffentlich zugängliche Schachthöhle in Deutschland. In ihr sind von den 1240 Meter langen Gängen 330 Meter für Besucher erschlossen. Die Höhle hat eine interessante Geschichte: 1892 wurde sie vom Sandgräber Johann Georg Mack entdeckt, als er bemerkte, dass sein frisch ausgegrabener Sand über Nacht in einem Spalt versunken war. Bei der Besichtigung geht es auf Treppen und Leitern 45 Meter tief in die 4000 Kubikmeter große »Große Halle«, dem Ausgangspunkt in ein waagrechtes Gangsystem. Die »Kleine Halle« liegt in 55 Metern Tiefe. Auf dem weiteren Weg durch die geheimnisvolle Höhlenwelt befinden sich der »Blumenkohlgang«, der »Nasse Schacht« und der »Wasserfall« mit interessanten Sinterformen. Sie entstanden durch das herabfließende, kalkhaltige Wasser. In der Großen Halle kann man gut den Verlauf des Höhlenbaches anhand von glatt geschliffenen Wänden erkennen. Danach kommen die Besucher durch einen Teil mit Sinter und Tropfsteinen sowie durch Schächte und Gänge, bis sie schließlich nach etwa einer Dreiviertelstunde durch einen künstlich geschaffenen Ausgang wieder ins Freie gelangen.

Im Museum an der Tiefenhöhle erfährt man Wissenswertes über Höhlen, ihre Entstehung, über die Bedeutung der Höhlen für die Menschen früherer Zeiten sowie über Tiere, die Höhlen bewohnen und über die Höhlenforschung. Modelle und Dioramen zeigen bedeutende Höhlen und auch ein Höhlenbär ist als lebensgroßes Skelett zu sehen.

Öffnungszeiten: Palmsonntag bis Ende Herbstferien 9 bis 18 Uhr (letzter Einlass 17.30 Uhr)
Auskunft: Tel. 07333/55 86,
www.tiefenhoehle.de

Camping Heidehof

Zwischen Höhle und Blautopf

Der gut ausgestattete Campingplatz bietet seinen Gästen, was sie sich für einen erholsamen Urlaub oder eine kurze Auszeit wünschen. Langeweile kommt ohnehin nicht auf, da die Umgebung viele Sehenswürdigkeiten bereithält.

Vom Ponyhof und Märchenpark bis zur Laichinger Tiefenhöhle oder dem Blautopf – von diesem Platz aus können Urlauber viele Sehenswürdigkeiten auf der Schwäbischen Alb erreichen. Da sie sich bereits auf der Albhochfläche befinden, wird wandern und Rad fahren zu einer gemütlichen Angelegenheit. Auch einen Kletterwald gibt es in der Umgebung. Wer lieber auf dem Platz bleibt, kann minigolfen oder sich im Freibad abkühlen. Eine Kinderbetreuung hält den Nachwuchs bei Laune.

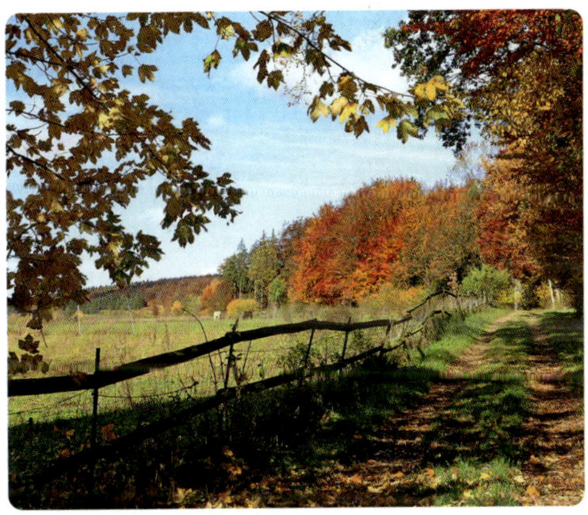

€€€

Geeignet für Wochenende, Urlaub, Familien, Singles, Senioren

Adresse Camping Heidehof, Heidehofstr. 50, 89150 Laichingen-Machtolsheim, Tel. 07333/6408, www.camping-heidehof.de, info@camping-heidehof.de

GPS 48.478203, 9.746788

Besonderheiten Familienbad, Waschmaschinen, Spülmaschinen, Pauschalangebote, Kinderbetreuung, Mobilheim, Blockhütte, Schlaffass, Safarizelt, Kinderspielplatz, Grillstelle, Minigolf, Swimming Pool, Hunde erlaubt, Anreise auch nach den Öffnungszeiten möglich

16 Von Mühlhausen im Täle auf den Berg

Kreuzkapelle mit Weitsicht

mittel | 9,4 km | 230 Hm | 2.40 Std.

Tourencharakter
Die Wanderung verläuft auf festen Wegen.

Ausgangs-/Endpunkt
Mühlhausen im Täle, Kirchstraße/Gosbacherstraße, bei Kirche und Rathaus

GPS
48.575826, 9.657171

Karte
Wanderkarte W238 Metzingen, 1:25 000, Landesamt für Geoinformation und Landentwicklung Baden-Württemberg (LGL) in Zusammenarbeit mit dem Schwäbischen Albverein e.V.

Anfahrt
Auto: Über Hohenstadt zur A8, dann bis Ausfahrt Mühlhausen im Täle und in Richtung Wiesensteig zur Kirche

Einkehr
Mühlhausen

Information
www.muehlhausen-taele.de

Der Rückweg führt durch ein Tälchen.

Der Weg hinauf zur Kreuzkapelle oberhalb von Gosbach führt an einem Hang mit Wacholderheide vorbei. Von der Kapelle hat man einen wunderbaren Blick hinab ins Filstal, nach Gosbach, Mühlhausen und in das obere Filstal.

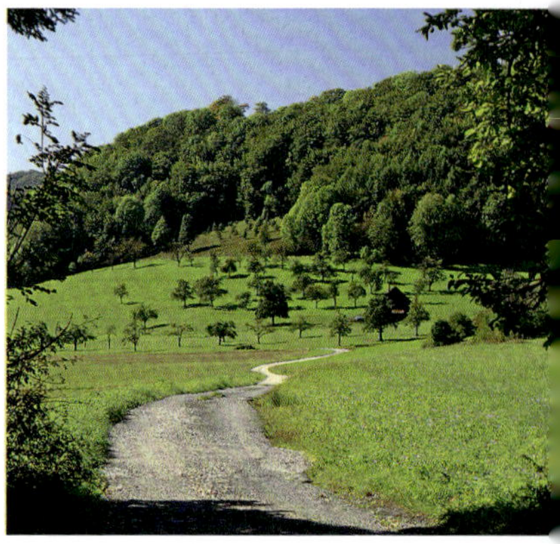

Durchs Geißentäle Wir starten im Zentrum von Mühlhausen bei **Kirche, Schule und Rathaus** Ⓐ, die gleich rechts der Straße nach Wiesensteig liegen. Die prächtig ausgestattete Kirche lohnt auf jeden Fall eine Besichtigung, die man sich aber auch für nach der Wanderung aufheben kann. Ab der Kirche spazieren wir in der Kirchstraße, dann geht es über die junge **Fils**, woraufhin wir uns an der zweiten Straße rechts halten. Nach der Straßenbrücke teilt sich unsere Straße.

Wir halten uns an die mittlere Straße (Schönbachweg) und folgen dem nach Geislingen weisenden Radwegschild. Gleich nach einem querenden Bach orientieren wir uns nach rechts ❶, auf diesem Weg kommen wir später auch zurück. Nun führt uns der auch als Radweg dienende Weg nach Gosbach – links oben können wir schon die Kreuzkapelle erblicken. Am Ortsanfang von Gosbach orientieren wir uns bei der Ampel nach links und gehen gleich links in die Leimbergstraße in Richtung Kreuzkapelle ❷.

Hinauf zur Kapelle Nun wandern wir etwas zurück, nach dem letzten Haus zieht der Weg nach rechts und steigt dann an. Etwas später knickt er rechts ab ❸, jetzt begleiten uns Kreuzwegstationen bis zur Kapelle. Links am Hang sehen wir kurz darauf eine typische Wacholderheide. Der Asphaltweg beschreibt einen Linksknick ❹, dann geht er in einen geschotterten Weg über, dem wir steil hinauf zur **Kreuzkapelle** ❺ folgen. Von hier haben wir eine grandiose Aussicht hinab ins Filstal, nach Gosbach und nach Mühlhausen.

Zum Abschluss durch ein Wiesentälchen

Nach der Kapelle folgen wir dem Forstweg und wandern auf der rechten Seite der Wiese in den Wald. Der Weg schwenkt bald nach rechts und wir wandern zu einem querenden Weg. Dieser bringt uns nach links hinab zu einem weiteren Querweg. Hier halten wir uns links in Richtung Mühlhausen ❻. Dann wandern wir eine Weile durch den Wald, bis wir zu einer scharfen Linkskurve kommen ❼. Es geht weiter durch den Wald abwärts, bis wir ihn schließlich verlassen und durch ein idyllisches **Wiesentälchen** neben dem Schönbach bis vor die Autobahnauffahrt gelangen.

Hier biegen wir links ab und spazieren neben dem Zubringer, die beiden Autobahnabschnitte unterquerend, bis zu der Stelle, an der wir anfangs nach dem Bach rechts abgebogen sind ❶. Jetzt können wir entspannt auf bekanntem Weg zurück zum **Ausgangspunkt** Ⓔ gehen.

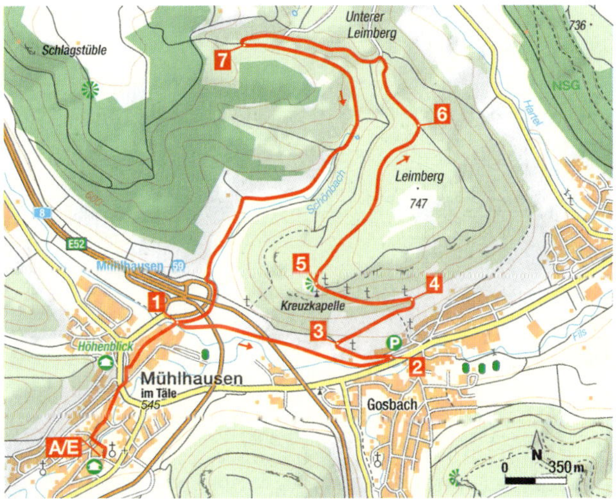

Anstelle einer hölzernen Vorgängerkapelle aus dem Jahr 1750 wurde 1882/1883 die **Kreuzkapelle** errichtet. Wallfahrten zu dem »wundertätigen Kreuz« aus dem 16. Jahrhundert, das sie einst beherbergte, fanden über Jahrhunderte statt. Das Kreuz selbst ist heute in der Pfarrkirche von Gosbach sicher untergebracht, in der Kapelle sehen wir jedoch verschiedene Votivtafeln.
Die erste urkundliche Erwähnung der katholischen Pfarrkirche St. Margaretha in **Mühlhausen** stammt aus dem Jahr 1467. Ihr Turm wurde 1715 erbaut. Sie besitzt eine prächtige Ausstattung, unter anderem einen Hochaltar mit einem bemerkenswerten Gemälde von Christus und Margaretha. Dieses stammt vermutlich vom Augsburger Maler Johann Georg Bergmüller. Sehenswert sind auch die Skulpturen am Altar sowie die Muttergottesfigur mit Kind, die Ende des 15. Jahrhunderts von einem Künstler in Neidlingen gefertigt wurde.

17 Über dem Filstal

Schöne Aussicht und eine Burgruine

mittel | 11,6 km | 330 Hm | 3.45 Std.

Tourencharakter
Die Wanderung verläuft zum Teil am Steilabfall entlang und meist auf Pfaden. Deshalb muss man vorsichtig sein. Bei Nässe, Eis und Schnee ist die Tour nicht zu empfehlen.

Ausgangs-/Endpunkt
Bad Ditzenbach, Burgsteige Ausweichparkmöglichkeiten findet man am Parkplatz der Vinzenz Therme und auf der Schonterhöhe.

GPS
48.585626, 9.701047

Karten
Wanderkarte W238 Metzingen, 1:25 000, Landesamt für Geoinformation und Landentwicklung Baden-Württemberg (LGL) in Zusammenarbeit mit dem Schwäbischen Albverein e. V.; Wanderkarte mit Radwegen Blatt 56-539 Geislingen an der Steige, 1:25 000, NaturNavi

Anfahrt
Auto: Hinab ins Filstal nach Gosbach, dann B466 nach rechts nach Bad Ditzenbach

Einkehr
Bad Ditzenbach

Information
www.loewenpfade.de, www.badditzenbach.de, www.hiltenburg.de

Diese Wanderung findet meist im Wald statt, führt jedoch an zahlreichen Aussichtsfelsen vorbei. Sie ist als Löwenpfad Höhenrunde markiert – der Abstecher zur Ruine gehört nicht dazu, ist aber empfehlenswert.

Durch den Ort Wir gehen zuerst von den **Parkplätzen** Ⓐ ein Stück zurück und folgen der Helfensteinstraße nach rechts. Nach dem Haus des Gastes kommen wir zum Wanderschild **Bad Ditzenbach Hauptstraße/Helfensteinstraße** (515 m). Wir überqueren die Bergwiesenstraße und spazieren an der Sankt Laurentiuskirche links vorbei. Am Schild **Bad Ditzenbach Hauptstraße/Gartenstraße** (508 m) wandern wir in der Gartenstraße weiter und biegen vor **Hausnummer 14** und einem Flurkreuz links ab in die Straße Hinter den Gärten.

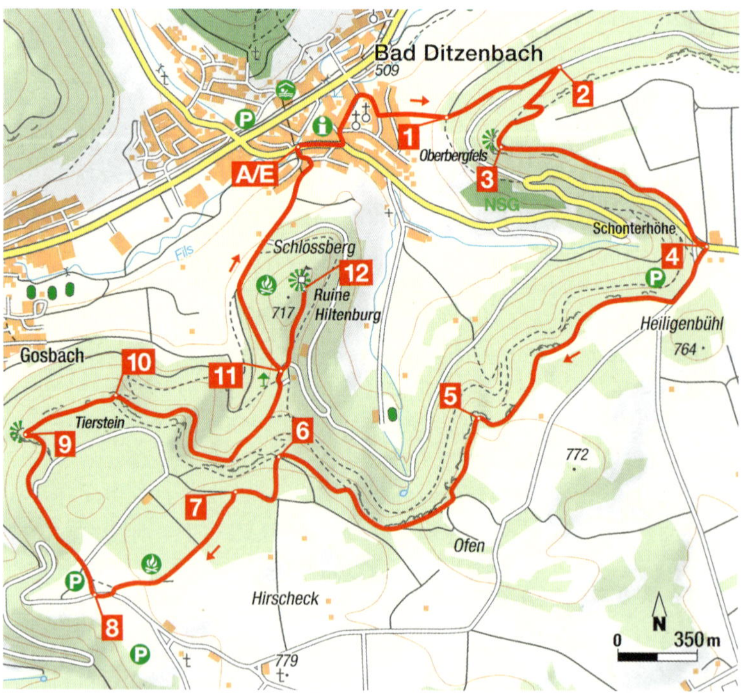

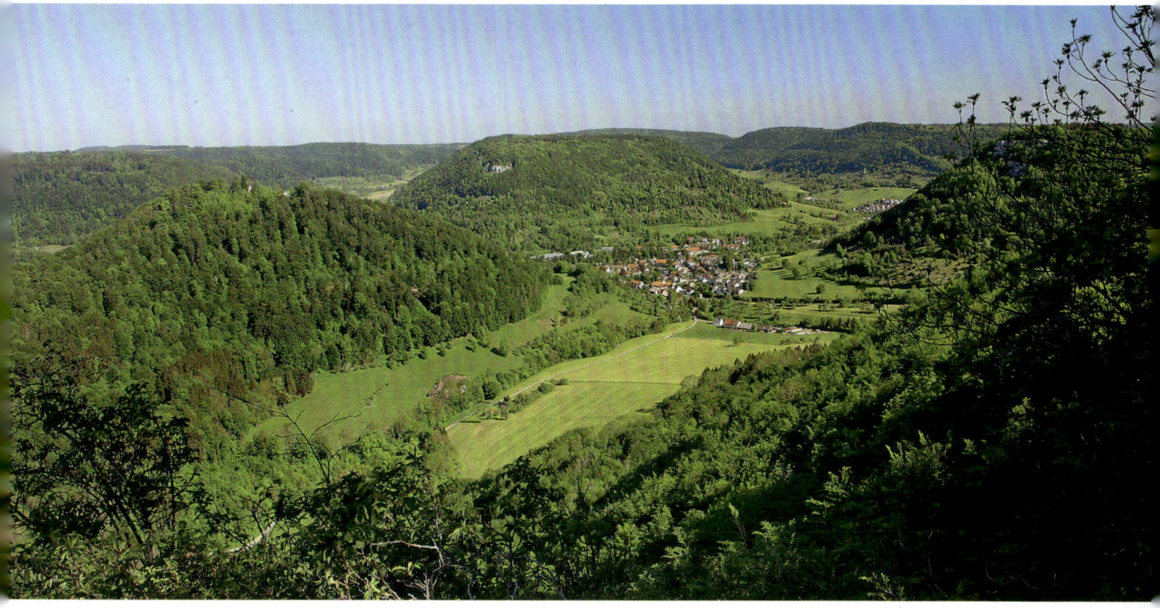

Blick durchs Filstal

Hinauf zu den Felsen Nun steigen wir hinauf in den Wald. Dort überqueren wir beim Schild **NSG Oberer Berg** (576 m) 1 einen Forstweg und wandern dahinter auf einem Pfad weiter hinauf zu einem breiten Forstweg. Hier halten wir uns links, müssen jedoch gleich danach rechts auf einen Pfad abbiegen. Dieser führt uns steil hinauf zum Schild **Eckfelsen** (730 m) 2, nun haben wir auch den Trauf erreicht. Wir wandern nach rechts und kommen zum mit einem Kreuz gekrönten Eckfelsen. Von ihm aus bietet sich uns eine erste prächtige Aussicht. Kurz danach folgt der **Oberbergfelsen** 3. Dann wandern wir an weiteren Aussichtspunkten vorbei und kommen bis kurz vor einen Hof.

Über die Schonterhöhe Hier wenden wir uns nach rechts zur Straße, überqueren sie und wandern hinter ihr weiter. Wir passieren das **Schild K1436/Schonterhöhe** 4 und einen Aussichtspunkt mit Blick zur Ruine Hiltenburg. Danach erreichen wir einen Parkplatz. An seinem Ende orientieren wir uns am Schild **Wanderparkplatz Schonterhöhe** (756 m) nach rechts und folgen dem Pfad. Jetzt ist vorsichtiges Gehen angesagt, weil wir direkt am Steilabfall entlangwandern. Wir passieren mehrere Aussichtspunkte, kommen am **Badfelsen** 5 und am Schild Badhalde (Süd) (759 m) vorbei. Am Schild **Aimer** (752 m) 6 biegen wir im rechten Winkel links ab und wandern auf einem Pfad hoch zu einer Kreuzung am Waldrand. Dort folgen wir dem Forstweg nach rechts in den Wald, werden aber gleich danach nach links auf einen Pfad verwiesen 7. Danach verlassen wir den Wald und orientieren uns nach rechts.

Zum nächsten Felsen Nun wandern wir auf einem Wiesenweg am Waldrand entlang bis zum **Wanderparkplatz Aimer** (753 m) 8. Dort gehen wir rechts weiter in den Wald. Danach zweigen wir an einer Rechtskurve links ab, dann halten wir uns etwas später an einem querenden Weg links. Bald erreichen wir den **Tierstein** 9. Von ihm aus können wir auf die Autobahn A8 hinabblicken und den Verkehr beobachten.

Über die Ruine zurück Vor dem Tierstein halten wir uns dann rechts und wandern zum Schild **östl. Tierstein** (736 m) 10, wo wir links abbiegen. Nun gehen wir auf einem steilen Weg hinab zum Schild **Zugang Hiltenburghütte** (658 m). Wir laufen auf der linken Seite der rechts stehenden Albvereinshütte etwas abwärts. An der nächsten **Verzweigung** 11 lohnt sich ein Abstecher zur Ruine Hiltenburg. Dazu orientieren wir uns nach rechts, gleich darauf nach links und folgen zunächst dem breiten Weg und bald einem Steig hinauf zu der **Ruine** 12. Zurückgekehrt zum Abzweig, geht es erneut steil bergab zum Schild **Schlossberg/Abzweig Hiltental** (576 m). Dort wenden wir uns nach rechts und gehen an den folgenden Wanderschildern immer geradeaus in Richtung Bad Ditzenbach. Nach den ersten Häusern halten wir uns an einem querenden Weg links, dann gleich wieder rechts und erreichen schließlich bald wieder den uns bereits bekannten **Ausgangspunkt** E.

Das 861 erstmals erwähnte **Bad Ditzenbach** gehörte ursprünglich den Grafen von Helfenstein. Seine Mineralquelle ist seit 1472 bekannt. Auch die Kirche stammt aus dem 15. Jahrhundert. Sie besitzt eine prächtige gotische Pieta von 1420, die noch aus der Vorgängerkirche stammt.

Die 1289 erstmals urkundlich erwähnte **Hiltenburg** war zunächst der Sitz eines Amtmannes der Grafen von Helfenstein. Dieses einst reiche und auch am Kaiserhof gern gesehene Adelsgeschlecht verarmte später, sodass es seinen Besitz an die vermögende Reichsstadt Ulm verkaufen musste. Herzog Ulrich von Württemberg ließ die Burg am 9. November 1516 abbrennen, weil angeblich am 20. Oktober von ihr aus ein Schuss auf seine im Tal ruhenden Truppen abgefeuert worden war. Die schwangere Frau des Burgherrn bat den Herzog kniefällig um Gnade, weil ihr Mann gerade abwesend und somit unschuldig war, und übergab ihm die Burgschlüssel. Der für seine Grausamkeit bekannte Ulrich ließ die Anlage dennoch abbrennen. Heute ist in der Ruine eine kleine Ausstellung über die Geschichte der Anlage untergebracht.

Waldpark Hohenstadt

Alpenblick am Albtrauf

Der 7,5 Hektar große Campingplatz liegt am Albtrauf in ruhiger Lage im Anschluss an einen Wald. Bei klarer Luft kann man bis zu den Alpen sehen. Hier bieten sich viele Wandermöglichkeiten an, etwa die verschiedenen Löwenpfade.

Der ruhig gelegene Platz ist von März bis Oktober geöffnet und verfügt über 200 großzügige Stellplätze für Wohnwagen, Wohnmobile und Zelte unter einem schönen alten Baumbestand. Für Familien mit Kindern und Gäste, die nicht so gut zu Fuß sind, gibt es Stellplätze direkt neben dem Sanitärgebäude und dem Spielplatz. Für Dauercamper ist der Platz ganzjährig geöffnet, die Stellplätze sind zwischen 100 und 150 Quadratmetern groß.

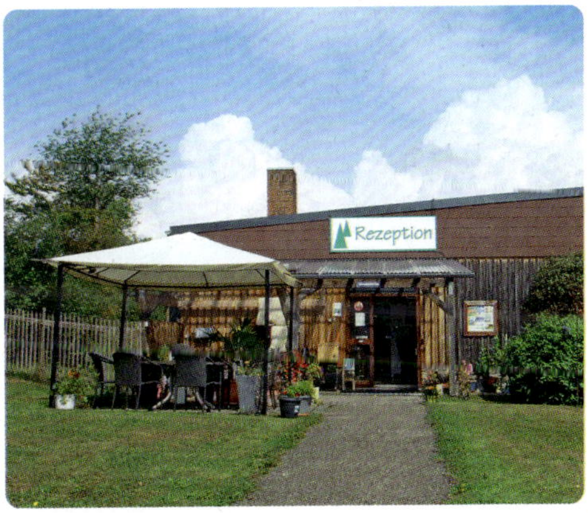

€€€

Geeignet für Wochenende, Urlaub, Familien, Singles, Senioren, Durchreisende

Adresse Waldpark Hohenstadt Campingplatz, Waldpark 1, 73345 Hohenstadt, Tel. 07335/6754, Fax 07335/184574, www.waldpark-hohenstadt.de, camping@waldpark-hohenstadt.de

GPS 48.548168, 9.668099

Besonderheiten Spielfeld, Spielplatz, WLAN, spezielle Plätze für Durchreisende mit eigenem Sanitärgebäude, Mai bis September Brötchenservice, Hunde erlaubt

18 Mit Albblick durchs Vorland

Über Wiesen und Felder

leicht | 10,8 km | 70 Hm | 2.45 Std.

Tourencharakter
Wir wandern auf geschotterten und asphaltierten Wegen.

Ausgangs-/Endpunkt
Bad Boll, Blumhardt-Friedhof/ Herrnhuter Friedhof, L1214. Alternativ kann man auch in Hattenhofen starten, z. B. bei der Sillerhalle, Kirchweg.

GPS
48.667225, 9.573923

Karte
Wanderkarte W229 Göppingen, 1:25 000, Landesamt für Geoinformation und Landentwicklung Baden-Württemberg (LGL) in Zusammenarbeit mit dem Schwäbischen Albverein e. V.

Anfahrt
Auto: Nach Aichelberg, dann auf der L1214 nach links bis zum Friedhof

Einkehr
Bad Boll

Information
www.bad-boll.de

Diese Wanderung verläuft zum Teil auf dem Albtraufguckerweg – herrliche Ausblicke aus dem Albvorland zum nahen Albtrauf sind also garantiert. Wir wandern zwischen Wiesen, Feldern und Wald durch die wellige Landschaft des Albvorlandes um Bad Boll.

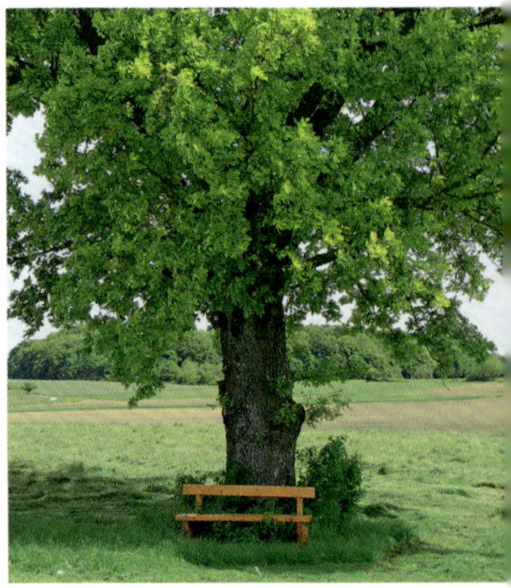

Manchmal ist man um einen Rastplatz dankbar.

Start an einem besonderen Friedhof Ausgangspunkt ist der **Friedhof der Herrnhuter Brüdergemeine** Ⓐ nördlich von Bad Boll an der Landstraße L1214. Zuerst wandern wir auf dem geschotterten Feldweg kurz parallel zur Straße nach Westen. Er zieht nach rechts und wir gehen rechts des Pliensbaches zu einem querenden Feldweg vor einem bereits sichtbaren Gehöft. Wir halten uns links, dann gleich wieder rechts und wandern an diesem Gehöft vorbei. Danach liegt links **Pliensbach** ❶, rechts des Weges befindet sich ein Spielplatz.

Entlang des Baches Bald quert der Pliensbach unseren Weg und begleitet uns mit seinen Mäandern auf der rechten Wegseite. In **Hattenhofen** ❷ gehen wir rechts des Ortsrandes bis zu einer querenden Straße, orientieren uns nach rechts und wenden uns kurz danach am Kreisverkehr noch einmal nach rechts in Richtung Bezgenriet. Wir biegen rechts ab in die Straße **Reustadt** ❸, dann folgen wir an der nächsten Verzweigung der Lachgasse, die uns aus dem Ort hinausführt.

Durch die bewegte Landschaft Nun leitet uns der Weg durch die Felder, Gehölze und entlang von Waldstücken, bis wir bei

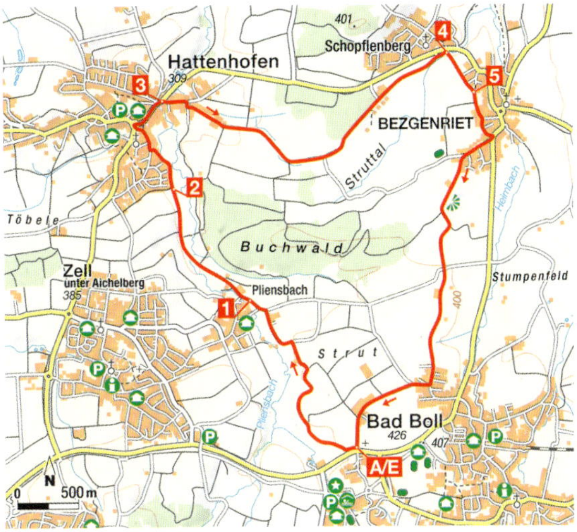

Schopflenberg ❹ fast auf die Straße treffen. Hier gehen wir noch kurz geradeaus weiter, dann knickt unser Weg rechts ab und führt uns links an **Bezgenriet** ❺ vorbei. Kurz nachdem der vom Schwäbischen Albverein markierte Wanderweg von rechts in unseren Weg eingemündet ist, treffen wir fast auf die Landstraße; hier biegen wir rechts ab in Richtung Sportplätze.

An der nächsten Verzweigung halten wir uns links in Richtung Sportschützenverein und wandern auf diesem Sträßchen mit Auf und Ab bis **Bad Boll**. Wir gehen kurz in den Ort hinein, dann biegen wir rechts ab in den Pliensbacher Weg. Nach den Häusern folgen wir an der Verzweigung dem Radwegschild nach Weilheim auf den linken Weg. Es geht durch eine kleine Ansiedlung, und schlussendlich erreichen wir wieder den **Friedhof** Ⓔ.

1595 gründete Herzog Friedrich I. von Württemberg **Bad Boll** als Schwefelbad. Dessen Blütezeit war im 19. Jahrhundert, 1920 übernahm es die Herrnhuter Brüdergemeine. Das ehemalige Badhaus wurde 1596/1597 von Heinrich Schickhardt erbaut und von 1823 bis 1830 von Gottlieb Georg Barth im Stil des Klassizismus zu einer hufeisenförmigen Anlage mit einem, dreistöckigen Mittelrisalit mit einem Säuleneingang umgebaut.

Der Bach und der gleichnamige Ort **Pliensbach** haben unter Geologen einen guten Ruf, denn nach ihnen ist eine Stufe des Unteren Jura, das Pliensbachium, benannt. Paläontologische Funde erwähnten hier bereits Conrad Gesner 1565 sowie Johannes Bauhinus 1602.

Der historische **Blumhardt-Friedhof** der Herrnhuter Brüdergemeine ist nach der Tradition dieser Brüdergemeine angelegt. In ihm werden die Verstorbenen in gleich gestalteten Gräbern nebeneinander begraben, denn nach der Überzeugung der Brüdergemeine sind im Leben wie im Tod vor Gott alle gleich. Nationalität, Geschlecht und soziale Stellung spielen keine Rolle. Ganz konsequent ging man aber nicht vor, denn es finden sich auch imposante Grabmäler, etwa von Gemeindemitgliedern aus der ganzen Welt. Johann Christoph Blumhardt (1805–1880) und sein Sohn Christoph (1842–1919) leiteten in Bad Boll ein Zentrum für Leib- und Seelsorge. Zwischen 1852 und 1919 wurde dieses von tausenden Menschen aufgesucht, die sich Heilung an Leib und Seele erhofften. Während der Vater als Wunderheiler galt, engagierte sich der Sohn politisch für die Beseitigung sozialer Missstände und trat 1899 in die SPD ein.

19 Hinauf zum Käppele

Streuobstwiesen und Aussicht

leicht | 6,9 km | 90 Hm | 1.45 Std.

Tourencharakter
Wir wandern auf festen Wegen.

Ausgangs-/Endpunkt
Owen, Bahnhof, Eisenbahnstr. 1; Dettingen (Teck), Bahnhof

GPS
48.587049, 9.448050

Karte
Wanderkarte Kirchheim unter Teck, 1:25 000, Hrsg.: Schwäbischer Albverein e. V., Kartographie: Landesamt für Geoinformation und Landentwicklung Baden-Württemberg (LGL)

Anfahrt
Auto: Nach Owen, Bahnhof, oder mit dem Bus nach Kirchheim (Teck), Bahnhof
ÖPNV: Ab dem Bahnhof Kirchheim (Teck) mit der Stichbahn in das Lenninger Tal bis Owen, Bahnhof

Einkehr
Dettingen, Owen

Information
www.owen.de

Diese Streckenwanderung führt uns von Owen hinauf zum historisch interessanten und aussichtsreichen Käppele: Wir sehen das Lenninger Tal, den Höhenrücken im Hintergrund und den Verlauf des Albtraufs.

Aussichtsreicher Anstieg Vom **Bahnhofsgebäude** A kommend lohnt es sich, vor der Wanderung den Ort etwas intensiver anzusehen, denn er hat einiges zu bieten. Um die Tour zu beginnen, überqueren wir am Bahnhof die Gleise in Richtung Kirchheim nach links. Dann gehen wir mit dem Wanderzeichen über die nächste Querstraße und folgen der **Brühlstraße**, die uns aus dem Ort führt. Nun wandern wir geradeaus über die Felder zu einem schmalen Asphaltweg. Ihm folgen wir kurz und steil durch die Streuobstwiesen aufwärts.

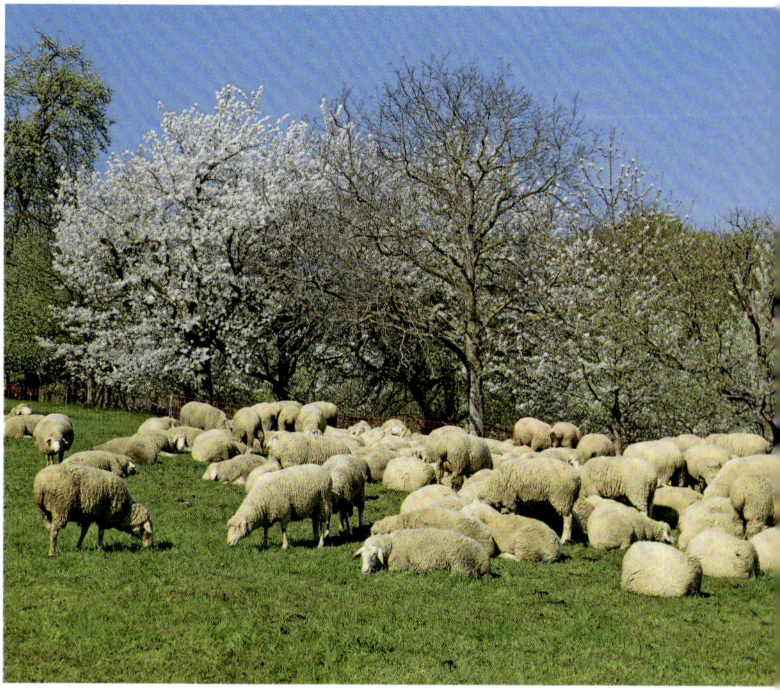

Rechte Seite: Frühlingsblick ins Land

Schafe auf dem Wanderweg

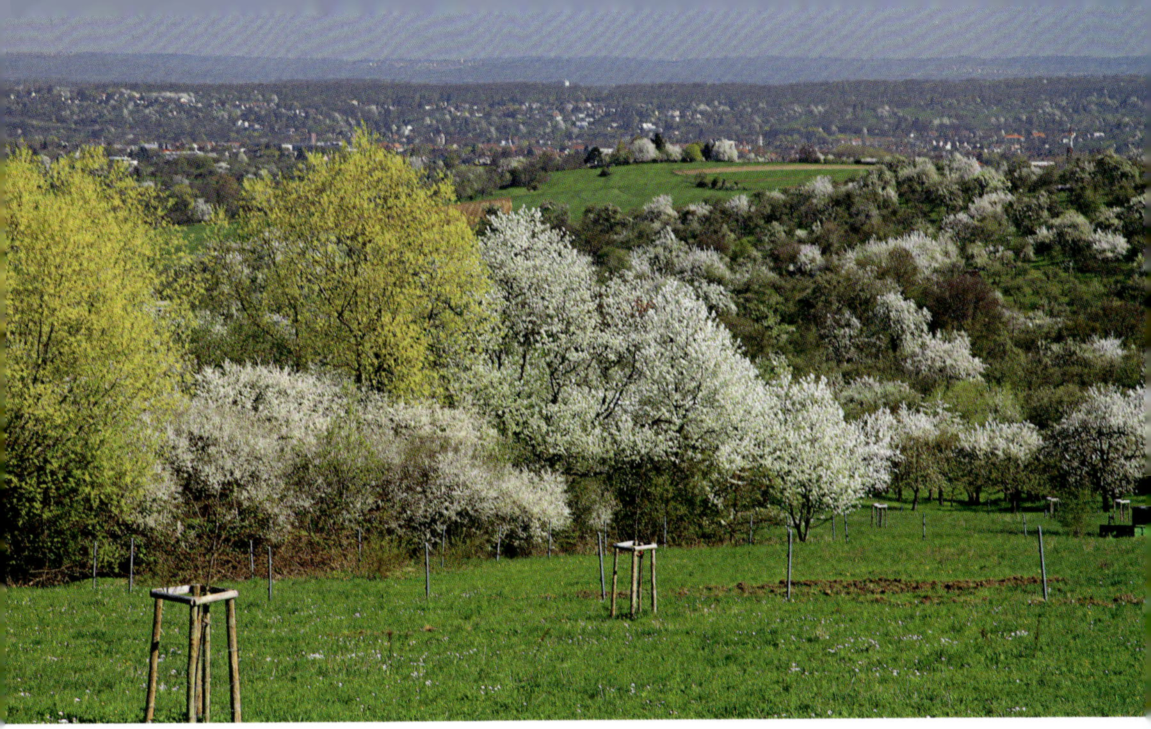

Kurz danach flacht der Weg ab und wir erreichen ein breiteres Sträßchen. Ab jetzt sollten wir uns ab und zu umsehen, denn wir haben eine schöne Aussicht zur Burg Teck. Auf der Straße bleibend wandern wir nun mäßig ansteigend zu einer lang gestreckten **Feldscheune**. Ab dem danach folgenden Querweg ❶ bietet sich uns ein prächtiger Blick über die Täler- und Hügellandschaft bis zum Hohenneuffen.

Durch den Wald zum Käppele Nun halten wir uns rechts. Dann geht es etwas bergauf und an der nächsten Verzweigung beim Grillplatz ❷ biegen wir nochmals rechts ab, nun aber ohne Wanderzeichen. Der Weg führt uns nach rechts zu einem querenden Sträßchen, dem wir nach links zum **Waldrand** ❸ folgen. Danach spazieren wir ziemlich eben durch den Wald zum Parkplatz Käppele, wobei uns bald die Tafeln eines Waldlehrpfads begleiten. Am **Parkplatz Käppele** ❹ biegen wir rechts ab, nun wandern wir durch die Wiesen. Nach dem Wald erreichen wir eine offene

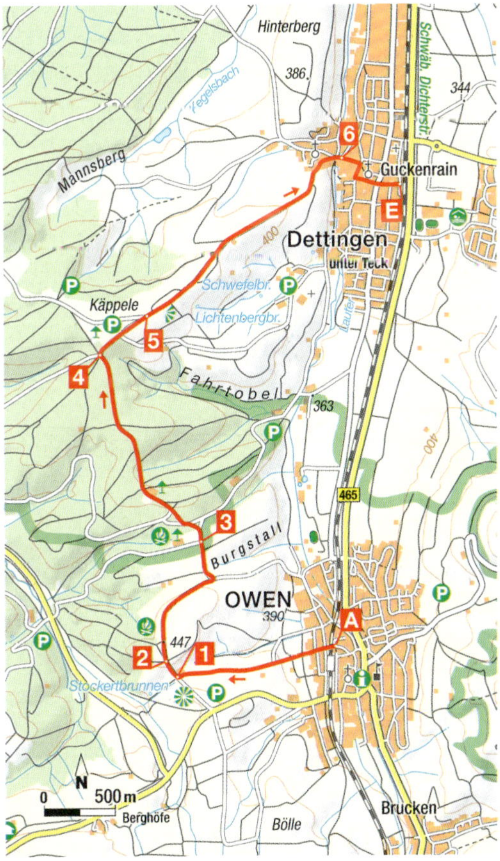

Schutzhütte, wir befinden uns nun am 1935 angelegten **Hindenburghain** ❺. Hier sehen wir die 1874 gepflanzte Käppelelinde und ein steinernes Sühnekreuz aus dem 15. Jahrhundert, außerdem bietet sich uns ein atemberaubender Blick zum Albtrauf.

Die ab Mitte des 12. Jahrhunderts erbaute Marienkirche in **Owen** ist eine spätromanische Basilika. Aus der Bauzeit stammt noch ein Teil des Chorseitenturms. In der Kirche befand sich von 1292 bis 1334 die Grablege der Herzöge von Teck. Heute sieht man im Chor noch die Grabplatte von Herzog Konrad II. (um 1235–1292), der als »erwählter Römischer König« 1292 hier beigesetzt wurde. Chor und Schiff wurden zwischen 1350 und 1400 als spätgotische Staffelkirche neu erbaut. Der sehenswerte Owener Altar stammt aus dem beginnenden 16. Jahrhundert und wird dem Maler Konrad Weiß zugeschrieben. Das große Kruzifix wurde im 17. Jahrhundert, die Kanzel 1566 geschaffen. An der Außenwand sind alte Epitaphien angebracht. Weiters sehenswert im Ort sind die Getreidemühle Ensinger und verschiedene Fachwerkhäuser.

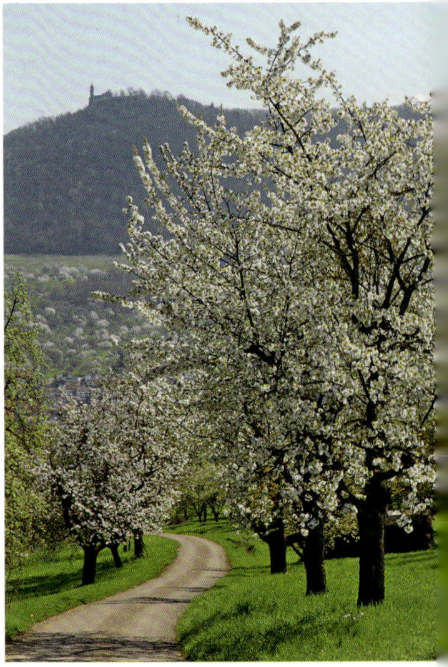

Im Hintergrund sieht man die Teck.

Abwärts nach Dettingen Danach führt uns das Wanderzeichen blaue Raute auf einem Sträßchen hinab – erst in der Straße Eichhalde, dann in der Schlossgasse. Noch vor den ersten Häusern von Dettingen lag einst die Burg Schlossberg. Sie wurde aber im Bauernkrieg, an dem sich auch die Dettinger Weingärtner aktiv beteiligten, am 3. Mai 1525 zusammen mit der Burg Teck von aufständischen Bauern abgebrannt, sodass heute von ihr nichts mehr zu sehen ist.

Wir gehen bis zur querenden Mühlstraße, auf der wir nach rechts auf der historischen **Steinbrücke** ❻ die Lauter überqueren. Anschließend orientieren wir uns nach rechts in die Hintere Straße und biegen links ab in die Schulstraße. Wir passieren das Rathaus und die, im Stil der Neugotik errichtete, innen schlichte, evangelische St. Georgskirche und queren die Kirchheimer Straße. Nach ihr bringt uns die Bahnhofstraße zur **Bahnstation Dettingen unter Teck** Ⓔ. Von hier aus fahren wir mit der Bahn zum Standort unseres Autos oder mit Bahn und Bus zurück nach Aichelberg und zum Campingplatz.

Camping Aichelberg

Wandern vor und auf der Alb

Der Campingplatz Aichelberg liegt etwa in der Mitte zwischen West- und Ostalb, direkt bevor das Mittelgebirge aus der Ebene aufsteigt. Er ist ein idealer Ausgangsort für herrliche Wanderungen und Radtouren sowohl auf der Alb als auch im Vorland.

Die Campinggäste erwartet ein modernes Sanitärgebäude mit Einzelwaschkabinen, einem Kinderbad und barrierefreien Einrichtungen. In der Nähe der Autobahn A8 gelegen, bietet sich die Anlage auch als Durchgangsplatz für Reisende in oder aus Richtung Süden an. Wer möchte, kann in Mietunterkünften wie einem Fass oder einem Schäferwagen übernachten. Alle notwendigen Einrichtungen, einschließlich Kiosk und Bistro, sind vorhanden.

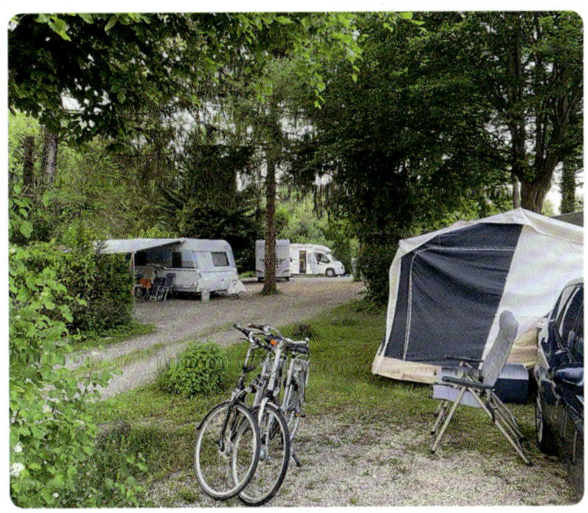

€€€

Geeignet für Wochenende, Urlaub, Familien, Singles, Senioren, als Durchgangsplatz für Reisende auf der A8

Adresse Camping Aichelberg, Bunzenberg 1, 73101 Aichelberg, Tel. 07164/2700, www.camping-aichelberg.de, mail@camping-aichelberg.de

GPS 48.639454, 9.554864

Besonderheiten Brötchenservice, Camping-Bistro mit Bringservice zum Stellplatz oder Take-away, Gasflaschentausch, Waschmaschinen, Trockner, Spülraum, WLAN, Campingfässer und -hütten, Schäferwagen, Supermarkt, Arzt und Apotheke in der Nähe, Hunde erlaubt (nicht in den Mietunterkünften)

20 Löwenpfad mit Weitblick

Von Geislingen auf den Tegelberg

mittel | 11,8 km | 330 Hm | 3.30 Std.

Tourencharakter
Wir wandern auf festen Wegen und Pfaden. Diese verlaufen zeitweise am Steilabhang entlang, sodass man an manchen Stellen schwindelfrei sein sollte. Bei Nässe, Eis und Schnee ist die Tour nicht zu empfehlen.

Ausgangs-/Endpunkt
Geislingen an der Steige, Campingplatz

GPS
48.634035, 9.841528

Karte
Wanderkarte W230 Geislingen a. d. Steige, 1:25 000, Landesamt für Geoinformation und Landentwicklung Baden-Württemberg (LGL) in Zusammenarbeit mit dem Schwäbischen Albverein e. V.

Anfahrt
keine

Einkehr
Kuchalb

Information
www.geislingen.de

Diese Löwenpfad-Wanderung des Landkreises Göppingen trägt den Namen »Weitblicktour« sicher zu Recht. In der Höhe angekommen, eröffnet sich immer wieder ein herrlicher Blick hinab ins Filstal, auf das Albvorland und auf die nahen Höhenzüge der Alb.

Durch das Längental Wenn wir den **Campingplatz** Ⓐ zur Schützenstraße verlassen, gehen wir rechts am Schießhaus vorbei ins Längental hinein. Wir passieren die Wanderschilder Längental Süd (490 m), danach Längental (503 m). Der Weg steigt sanft an bzw. verläuft relativ eben, bis wir auf einen querenden Weg vor einem **Weiher** ❶ stoßen.

Hinauf auf den Tegelberg Hier biegen wir rechts ab. Wo links ein breiter Forstweg scharf abzweigt, nehmen wir mit dem Wan-

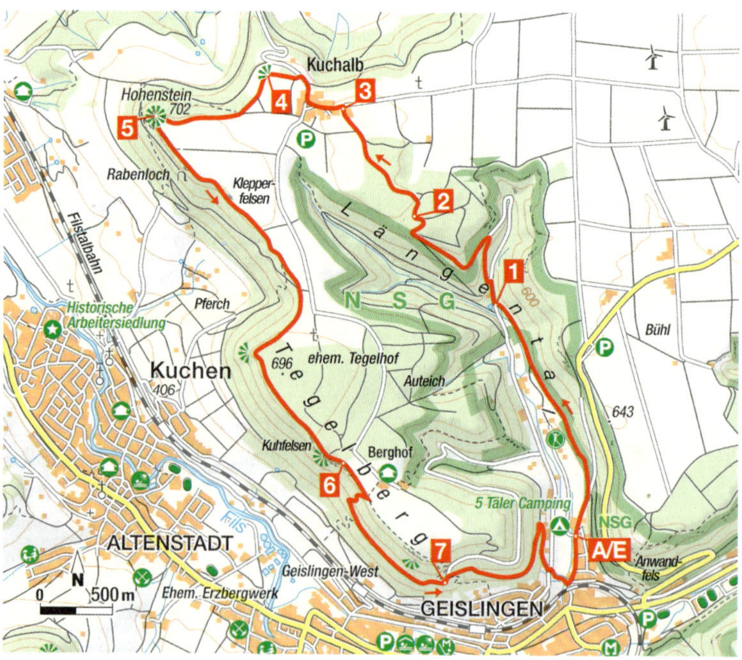

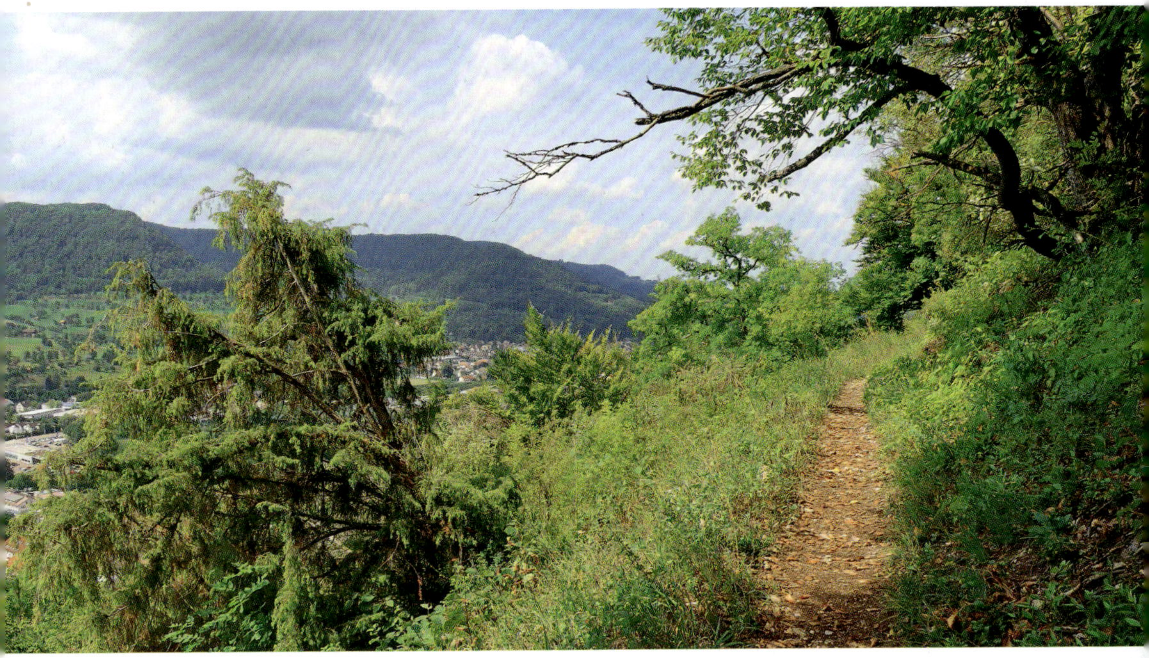

Bei manchen Wegstücken ist Vorsicht angebracht.

derzeichen der Löwenpfade den zwischen den breiten Wegen steil ansteigenden Pfad. Er kürzt den Forstweg ab, auf den wir später wieder stoßen. Dann biegen wir links ab.
Es steigt weiter an, stetig, aber nun recht moderat. Nach einer scharfen Rechtskurve biegen wir, bevor der Weg wieder fällt, links ab ❷. Nun wandern wir auf relativ ebener Strecke vorbei am Schild Eichhalde Heulauch (684 m) und verlassen etwas später den Wald. Nun halten wir uns rechts und kommen schließlich nach **Kuchalb**.

Vorbei an Aussichtsfelsen Dort biegen wir an der Querstraße am Schild **Kuchalb Ost** (669 m) ❸ links ab und spazieren durch den Weiler. Nach dem Gasthaus zur Mutter Franzl biegen wir am Schild Kuchalb (668 m) rechts ab und folgen dem Sträßchen etwas abwärts. Noch vor dem Bildstock halten wir uns am Schild Maierhalde (655 m) links. Am Zaun des Vereinsgeländes gehen wir links vorbei und kommen anschließend zum großen Kreuz auf der **Maierhalde** ❹. Es bietet sich uns nun die erste herrliche Aussicht der Wanderung: Wir können hier einen großen Teil der Ostalb überblicken. Danach folgen wir weiter dem Trauf, werden aber bald in den Wald geführt. Beim Schild Kretzenbühl (674 m) verlassen wir ihn und folgen weiter dem Waldrand bis zum Aussichtsfelsen **Hohenstein** (701 m) 5. Hier erklärt eine Tafel mit einem Foto, was es alles zu sehen gibt.

Am Schild Kucher Halde (661 m) überqueren wir einen Weg. Wie auf einem Schild zu lesen ist, müssen wir hier im Winter mit herabfallendem Eis von den Windrädern rechnen. Bald kommen wir an einem Aussichtspunkt vorbei, 100 Meter später erreichen wir den **Kuhfelsen** (658 m) 6. An beiden Stellen bietet sich uns ein wunderbarer Blick hinunter ins Filstal.

Hinab durch den Wald Wer will, kann sich hier 500 Meter nach links zur Einkehrmöglichkeit Tegelhof begeben. Alle anderen folgen weiter den Zeichen. Am Schild **Tegelberg Nord** (651 m) biegen wir rechts ab in Richtung Längental. Dann geht es auf einem schmalen Zickzackweg vorübergehend steil hinab bis zu einem querenden Pfad.

Auf ihm gehen wir nach links weiter. Es erwartet uns jetzt ein traumhafter Blick auf der rechten Seite hinab ins Filstal, nach Kuchen und auf Geislingen, außerdem auf die Berge der anderen Talseite. Der Weg ist schmal, und rechts von ihm fällt es steil ab, man sollte also vorsichtig und konzentriert wandern. Nach einem kurzen Anstieg verlassen wir den aussichtsreichen Weg und treffen auf einen breiten Forstweg.

Auf ihm gehen wir nach rechts bergab bis zu einer asphaltierten Straße 7. Dieser folgen wir nach rechts abwärts und erreichen schließlich wieder den Schützenweg, der uns zurück zum **Campingplatz** E bringt.

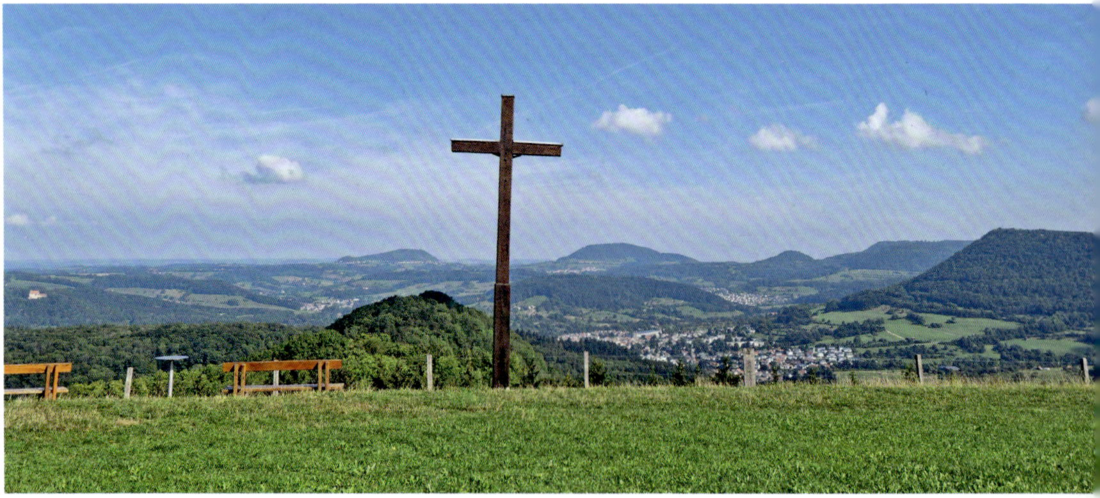

Blick von der Maierhalde

5 Täler Camping

Im stillen Längental

Der ganzjährig geöffnete Campingplatz liegt in einem stillen Seitental der Schwäbischen Alb. Obwohl er außerhalb von Geislingen an der Steige liegt, hat er dennoch eine gute Anbindung an die Stadt und ihre vielen Möglichkeiten.

Der familiär geführte Platz bietet mit einer Größe von 11 000 Quadratmetern viel Platz für Dauercamper und Gäste. Schnell erreichbar sind das Frei- und Hallenbad, Restaurants und Einkaufsmöglichkeiten sowie Ärzte und die Apotheke in Geislingen. Bei Schlechtwetter bieten sich die Geislinger Museen zu ausgedehnten Besuchen an. Rund um die Stadt gibt es viele Wandermöglichkeiten. Zu den schönsten Zielen gehört die Burg Hellenstein mit dem benachbarten Ödenturm.

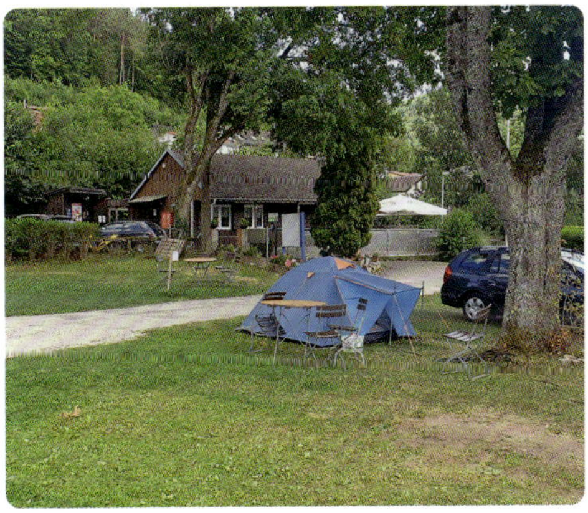

€€€

Geeignet für Wochenende, Urlaub, Familien, Singles, Senioren, Durchreisende

Adresse 5 Täler Camping Längental e. V, Längental 1, 73312 Geislingen an der Steige, Tel. 0163/1531267; 01573/1632100, www.5taelercamping.de, info@5taelercamping.de

GPS 48.634035, 9.841528

Besonderheiten Grillplatz (Holz kann gestellt werden), Sanitärgebäude bei den Plätzen für Durchreisende, Waschmaschinen, Wäschetrockner, Hunde erlaubt

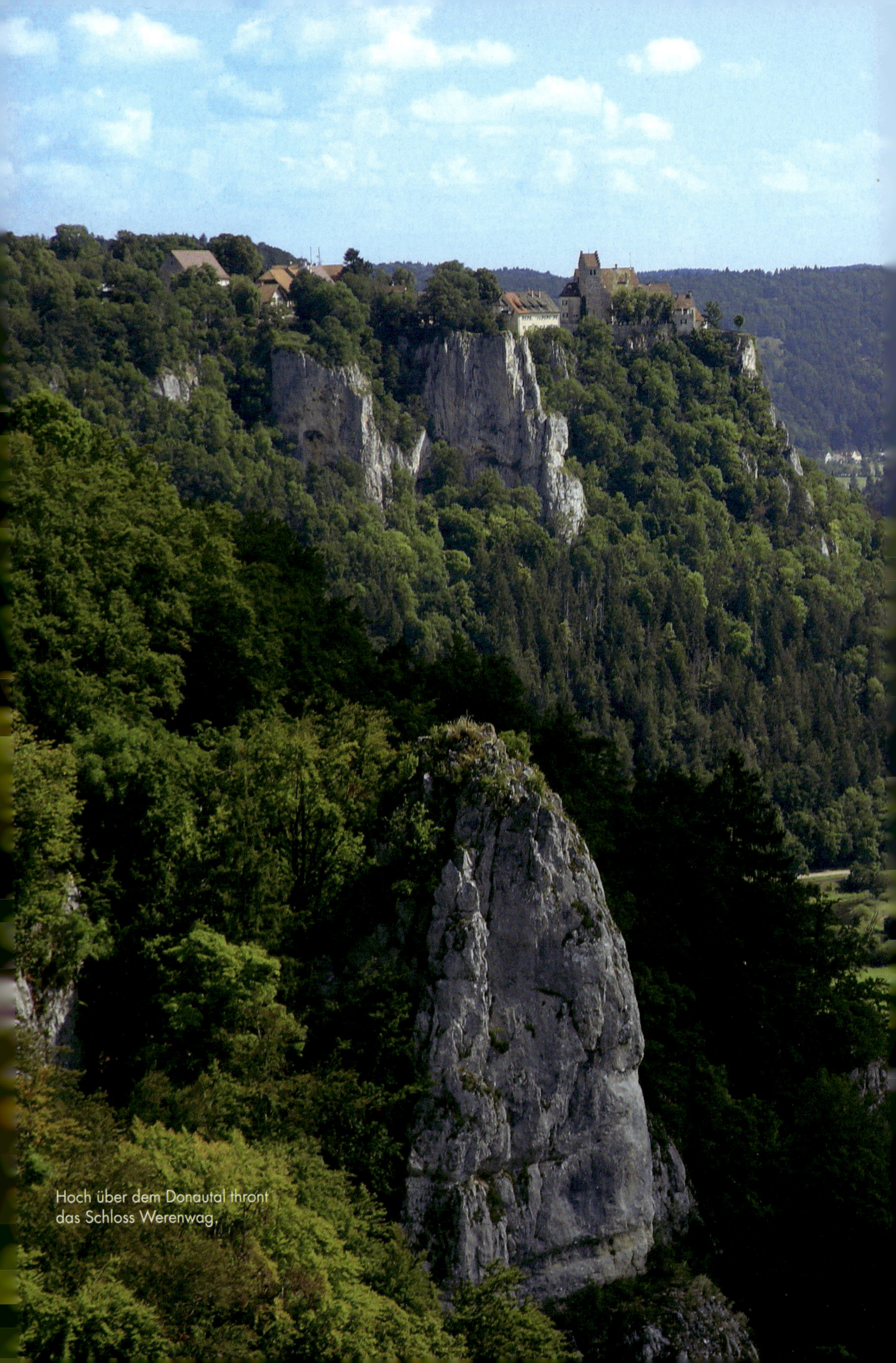

Hoch über dem Donautal thront
das Schloss Werenwag.

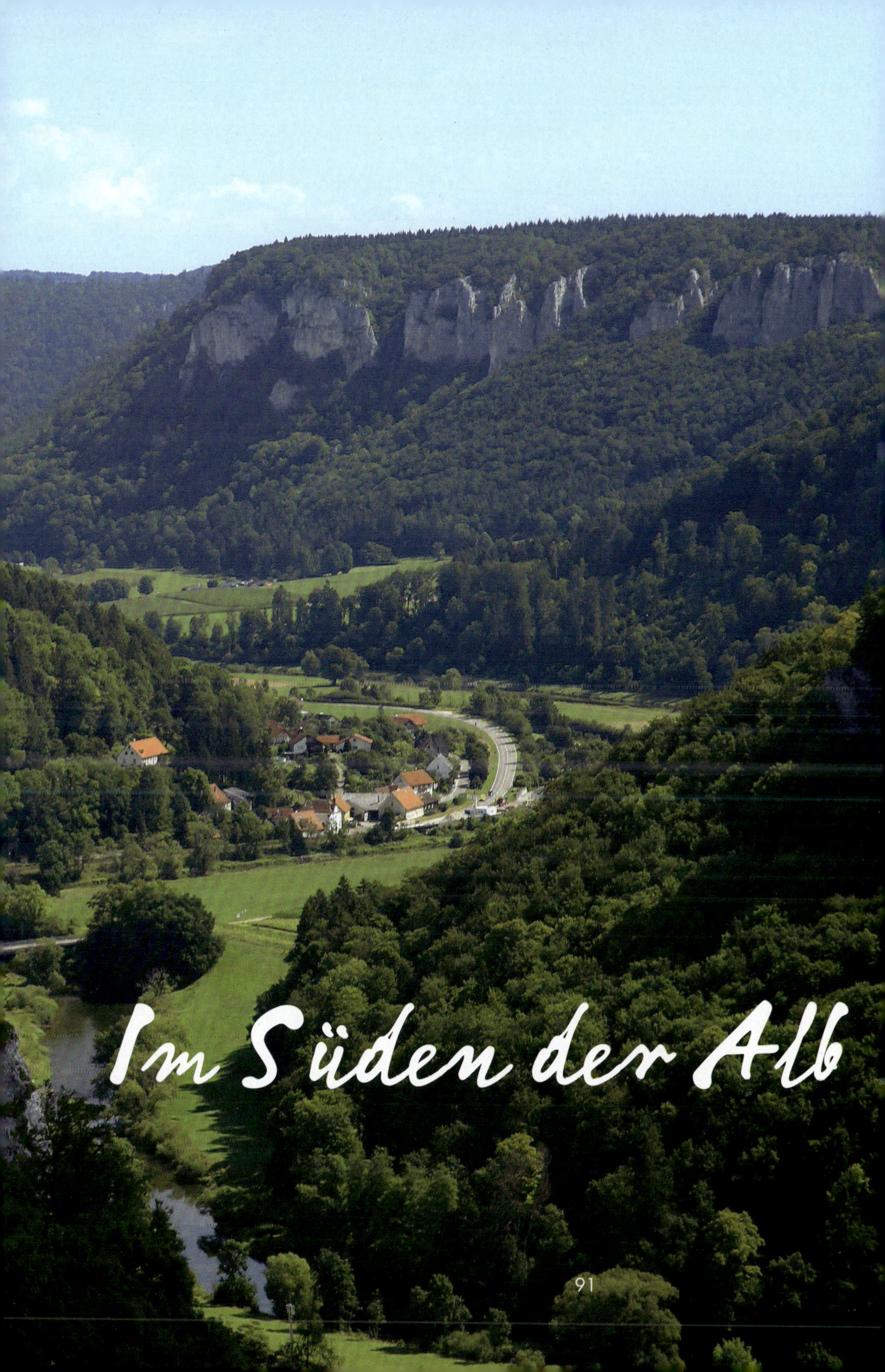

Im Süden der Alb

21 Hinauf zum Eichfelsen

Vom Donautal in die Höhe

schwer | 12,5 km | 500 Hm | 4 Std.

Tourencharakter
Auf Pfaden und festen Wegen; weitere Ausgangspunkte: die gebührenpflichtigen Parkplätze am Abzweig von der L277 nach Beuron sowie die Parkplätze in der Abteistraße und beim Wanderheim Rauher Stein. Teilstücke nach dem Donausteg zwischen den beiden Höhlen erfordern Schwindelfreiheit. Umgehung: vor dem Steg dem Radweg folgen. Im Frühjahr und nach Unwettern den Wegzustand erfragen.

Ausgangs-/Endpunkt
Beuron, Alter Bahnhof, Wolterstr. 16

GPS
48.048919, 8.972230

Karte
Wanderkarte W251 Albstadt, 1:25 000, Hrsg.: Schwäbischer Albverein e. V., Kartographie: Landesamt für Geoinformation und Landentwicklung Baden-Württemberg (LGL)

Anfahrt
Auto: Meßkircher Straße nach Buchheim, dann Beuroner Straße ins Donautal

Einkehr
Beuron

Information
www.beuron.de, www.donau-wellen.de

Die Tour »Eichfelsen-Panorama« gehört zu den Premiumwanderwegen der Donauwellen-Wanderungen. Höhepunkte sind Aussichtsfelsen wie Spaltfelsen, Rauher Stein und Eichfelsen sowie zwei Höhlen. Sehenswert ist auch der Ort Beuron mit seinem Kloster.

Über die Donau, hinauf zum Spaltfelsen Wir beginnen unsere Tour am **Parkplatz beim Alten Bahnhof** Ⓐ und gehen, vorbei am Haus der Natur, zur Abteistraße und dort nach rechts. Nach dem nächsten Parkplatz überqueren wir die Donau auf der überdachten 71 Meter langen, 5,4 Meter breiten und etwa 3,8 Meter hohen **Alten Donaubrücke** ❶ von 1803. Diese Holzbrücke verweist auf den guten finanziellen Status der einstigen Herrscher. An der bis heute erhaltenen historischen Holzkonstruktion ist immer noch der seinerzeitige Tarif angeschlagen. Die Vorgängerbrücke wurde 1558 erbaut und durch einen großen Eisgang am 2. Februar 1618 zerstört.
Hinter der L277 kommen wir in den Wald. Die Strecke steigt kurz an, dann folgen wir dem querenden breiten Weg nach rechts. Wo er breiter wird und rechts abknickt, halten wir uns links. Nun gehen wir hinauf zum Wanderschild **Irndorf Abzweig Alter Fahrweg** (761 m). Hier halten wir uns links, gehen ein Stück bergauf und kommen vor einer Wiese zum Schild Beuroner Steige (783 m). Wir biegen scharf rechts ❷ ab. Relativ eben weitermarschierend, erreichen wir das Schild Abzweig Spaltfels (768 m). Dort biegen wir erneut rechts ab und sind kurz darauf am **Spaltfelsen** ❸, von dem wir einen grandiosen Blick auf das Donautal und Beuron haben.

Über das Wanderheim zum Felsengarten Anschließend gehen wir etwas zurück und dann orientieren wir uns an der Verzweigung nach dem Felsen nach rechts. Wir steigen hoch zu einem Forstweg. Dort wenden wir uns am Schild **Irndorf Abzweig Spaltfels Ost** (775 m) nach rechts und erreichen kurz darauf ei-

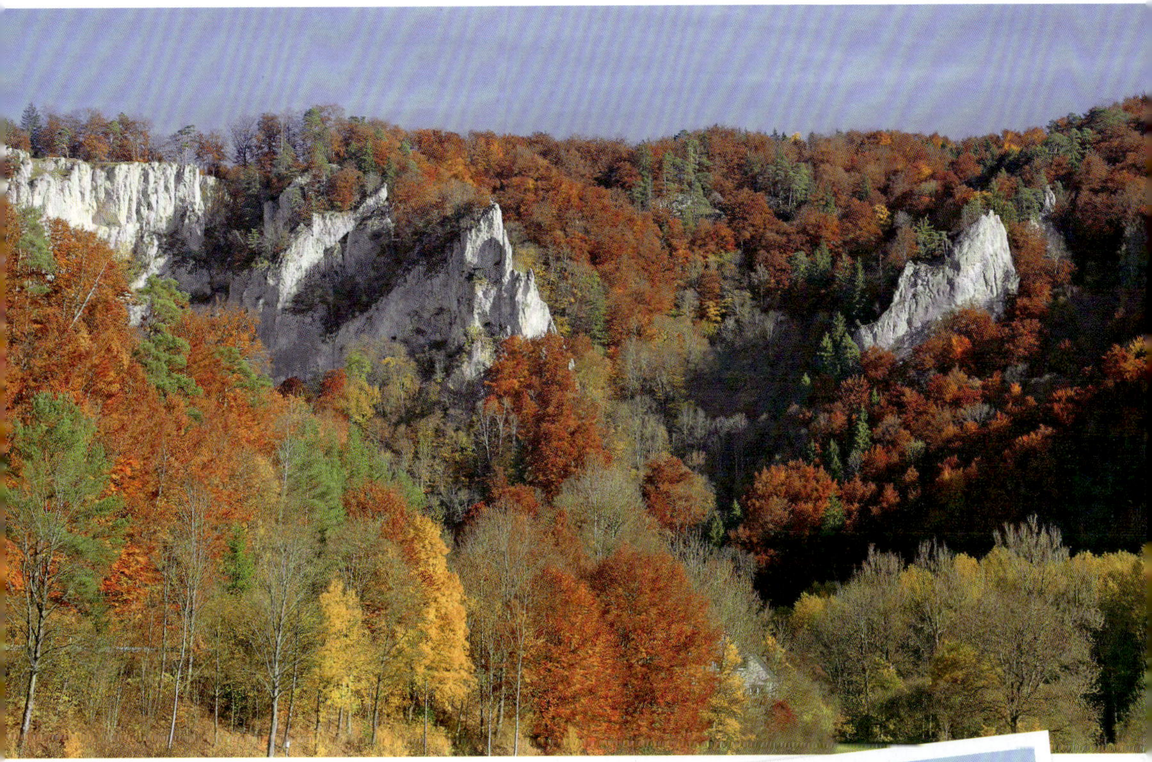

nen Aussichtspunkt, der einen prächtigen Blick zur Burg Wildenstein eröffnet. Danach halten wir uns rechts. Der unbefestigte steile Weg bringt uns hinab.
Nach dem Wald bietet sich uns ein schöner Blick auf Irndorf. Am Schild Irndorf Hirschental (774 m) überqueren wir die Straße, danach steigt es wieder etwas an und wir wandern im Wald weiter zum 1961/62 erbauten **Wanderheim Rauher Stein** des Schwäbischen Albvereins. Hier kann man nicht nur einkehren, sondern auch übernachten.
Vorbei am Schild Irndorf Wanderheim (794 m) gelangen wir nach rechts in den Wald. Dort lockt der **Aussichtspunkt Rauher Stein** 4. Von ihm aus können wir hinab ins Donautal nach Beuron sehen sowie zur Donauschleife bei St. Maurus und zur Burg Wildenstein. Zurück auf dem Weg orientieren wir uns kurz nach dem Aussichtsfelsen mit dem Zeichen nach

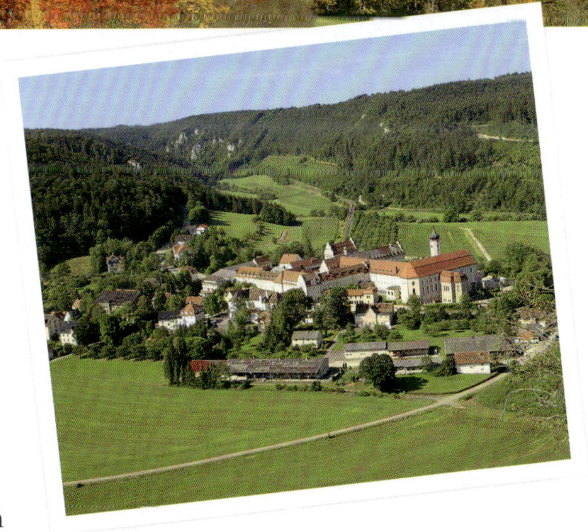

Aussicht auf Beuron

Ganz oben: Das Donautal ist von mächtigen Felskränzen umgeben.

rechts. Nun geht es durch die Wiesen zu einem querenden Weg beim Schild Räshalde (780 m). Wir behalten hier unsere Richtung bei, biegen aber kurz nach einem Linksknick rechts ab. Bald erreichen wir den **Felsengarten** (780 m) ❺. Er wurde 1997/98 von der Universität Tübingen und dem Naturpark Obere Donau angelegt. Hier kann man seltene und geschützte Pflanzen bewundern, die auf den Standorten Felsplateau, Felskopf, Felsband, Felswand, Felsschutthalde wachsen. Alle Pflanzenarten sind auf großen Tafeln erklärt.

Ganz unten: Moderne Brücken erleichtern das Freizeitvergnügen.

Felszahn über Beuron

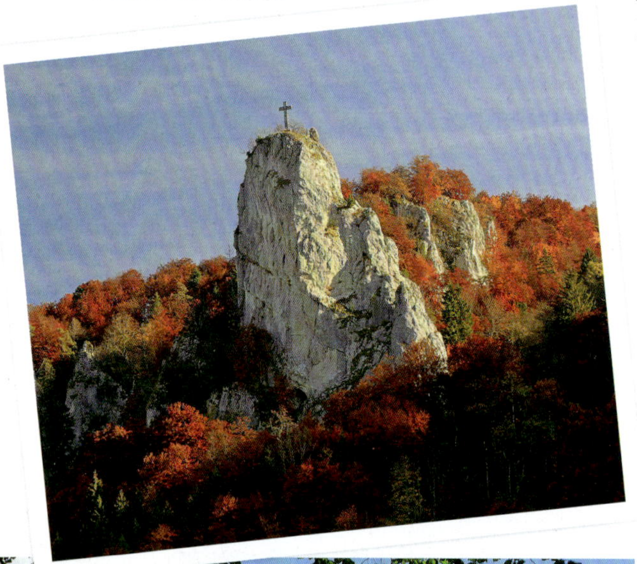

Vom Eichfelsen hinab ins Donautal

Danach machen wir einen 400 Meter langen Abstecher zum **Eichfelsen** (787 m) ❻. Er ist einer der schönsten Aussichtspunkte im Donautal und bietet einen Blick zur in einem beeindruckenden Felskranz liegenden Burg Wildenstein, zum Schloss Werenwag, zur Burg Wildenstein, zu

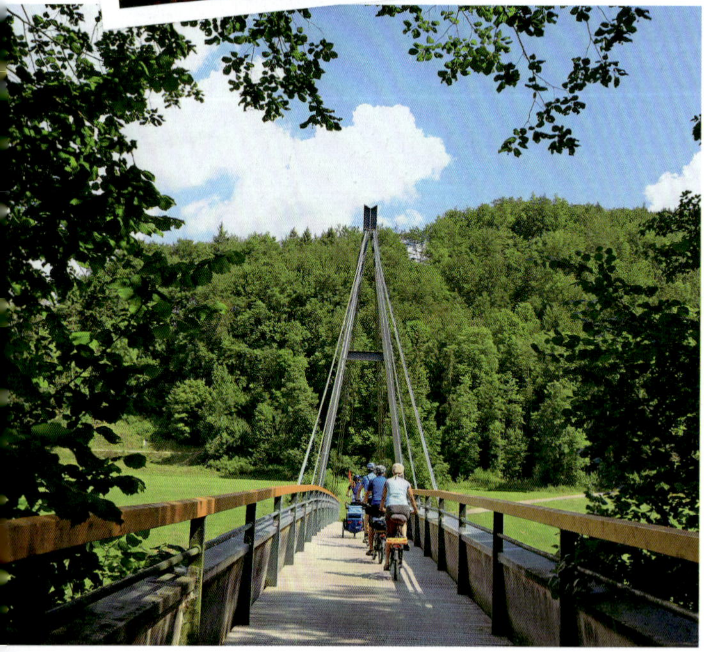

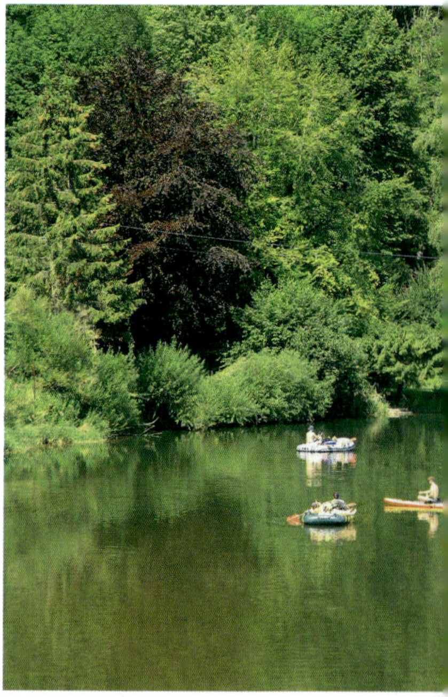

den Schaufelsen, zum Fachfelsen und zum Bandfelsen. Nach diesem Genuss gehen wir zurück zum Felsengarten, wo wir uns links halten und wieder bergab gehen. Wir passieren das Schild Oberhausener Weg Nord (708 m), danach halten wir uns am Schild **Oberhausener Weg Süd** (720 m) links. Bald verlassen wir den Wald und gehen am Schild Oberhausen (675 m) geradeaus über die Wiese zu einem Hügel. Hier weist ein Schild zum Aussichtspunkt Vögelesruhe. Anschließend wandern wir nach rechts hinab zur Straße.

Zur Kapelle St. Maurus Auf der anderen Straßenseite erwartet uns das Schild **St. Maurus-Abzweig** (640 m). Hier gehen wir links auf den Schotterweg, werden aber gleich darauf nach links auf einen schmalen Pfad verwiesen. Auf ihm wandern wir hinab ins Donautal, wo wir dem Forstweg kurz nach rechts folgen. Danach halten wir uns am Schild Donausteg (605 m) links. Nun überqueren wir die Donau. Hier kann man die Wanderung abkürzen, was sich empfiehlt, wenn man nicht schwindelfrei ist. Dann hält man sich an die Radwegschilder, die im Tal zurück nach Beuron leiten. Auch wer sich die interessante im Beuroner Kunststil errichtete **Kapelle St. Maurus** 7 ansehen will, macht hier einen Abstecher von etwa einem halben Kilometer.

Mitte: Paddler auf der Donau

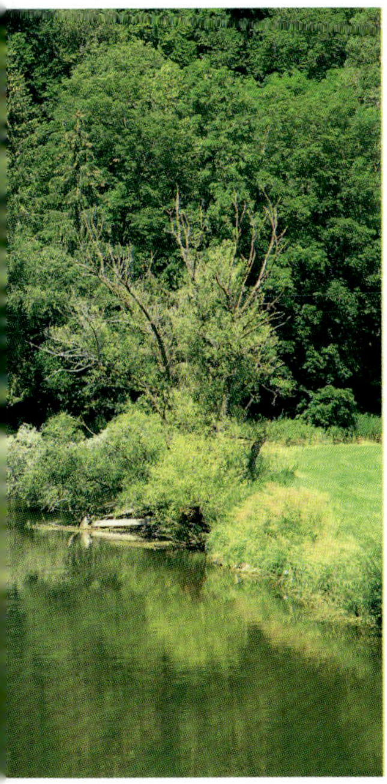

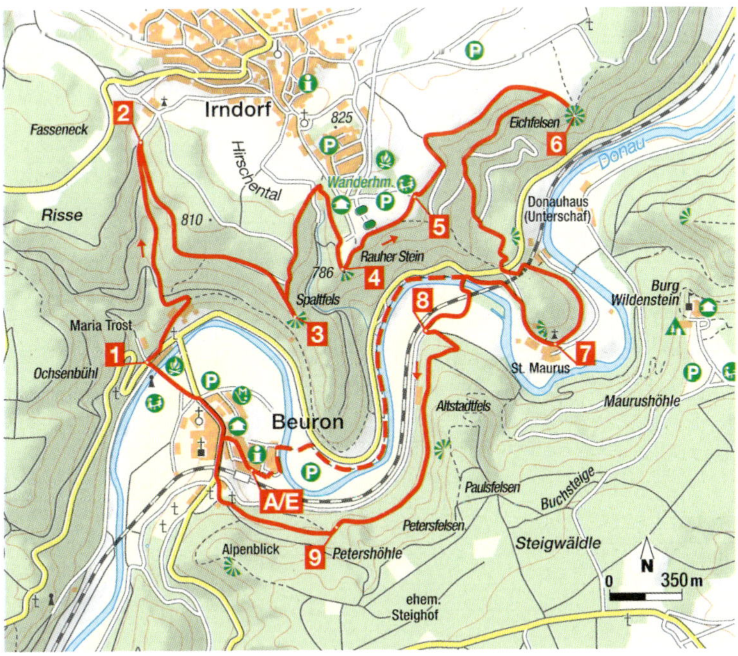

Die **Kapelle St. Maurus** wurde 1868 bis 1870 von Fürstin Katharina von Hohenzollern erbaut. Die Ausschmückung der Kapelle war der erste Auftrag an Pater Desiderius Lenz, den Gründer der Beuroner Kunstschule, der einen ganz eigenen Kunststil entwickelt hat. Oberhalb der Kapelle liegt die kleine, nach dem Vorbild der berühmten Höhle im italienischen Subiaco gestaltete, Benediktushöhle, in der sich der Hl. Benedikt drei Jahre lang aufgehalten hat. In ihr befindet sich eine lebensgroße Skulptur des Ordensgründers.

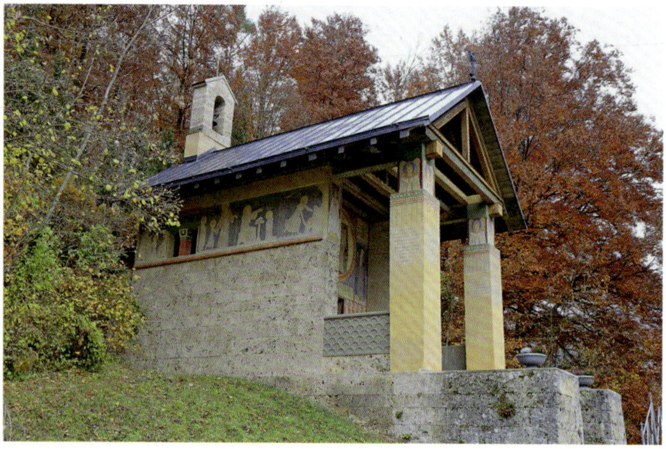

Die Kapelle St. Maurus ist im Beuroner Kunststil ausgemalt.

Höhlen begleiten unseren Rückweg Nach dem Steg erreichen wir auf der anderen Talseite das Schild Donauhaus Abzweig (610 m). Wir orientieren uns nach rechts, gehen am Abzweig des Radweges zur Burg Wildenstein geradeaus weiter und erreichen etwas später die **Rote-Brunnen-Höhle** 8. Sie wird auch Maurushöhle genannt. In ihr wurden durch Wasserausbrüche vorzeitliche Funde freigeschwemmt. So fand man Steinwerkzeuge aus dem Spätneolithikum und Keramik aus der La-Tène-Zeit.

Nun steigt der Weg in Serpentinen hinauf, dann folgen wir einem schmalen Pfad am Hang entlang bis zu einem Querweg. Wir halten uns kurz links, steigen etwas an und orientieren uns dann wieder nach rechts. Danach passieren wir einige Schuttreisen und da der schmale Weg teilweise direkt am Steilabfall entlangführt, ist für diesen Abschnitt Schwindelfreiheit nötig. Vorbei an mächtigen Felswänden erreichen wir einen Abzweig, von dem aus wir nach links in 200 Metern zur **Petershöhle** 9 kommen. In dieser Höhle fand man Keramikexponate, die aus der Bronze- und der Keltenzeit sowie dem Mittelalter stammen. Vielleicht war sie auch die letzte Zufluchtsstätte für die Mönche des Klosters Beuron in Kriegszeiten.

Bald wird der Weg breiter. Zuerst freuen wir uns über die Aussicht ins Donautal und nach Beuron, dann steigen wir nach rechts hinab zur Abteistraße in **Beuron**. Hier empfiehlt sich ein Bummel durch den Ort. Sehenswert sind die im Stil der Beuroner Kunstschule ausgemalte Klosterkirche sowie einige alten Häuser. Wir folgen der Abteistraße, dann biegen wir rechts ab in die Wolterstraße, die uns nach rechts zum **Bahnhof** E bringt.

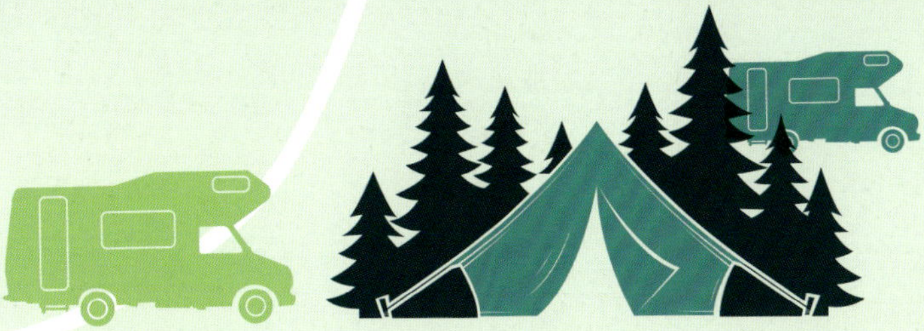

Campinggarten Leibertingen

Oberhalb des romantischen Donautals

Der familiär geführte Campingplatz liegt oberhalb des wilden Durchbruchstals der Donau in einer der schönsten und dramatischsten Landschaften Baden-Württembergs. Bemerkenswert ist auch die Aussicht in Richtung Bodensee und Alpen.

Der Platz weist 50 Ferien- und Dauerstellplätze sowie neun Reisemobil-Stellplätze und eine große Zeltwiese auf. Schul- und Jugendgruppen können auf einem großen separaten Zeltplatz in eigenen Zelten übernachten. Der Platz ist nicht besonders groß, aber nach Art eines Bauerngartens wunderschön mit schützenswerten und alten Staudensorten, heimischen Gehölzen, Blumenwiesen und Kräutern angelegt.

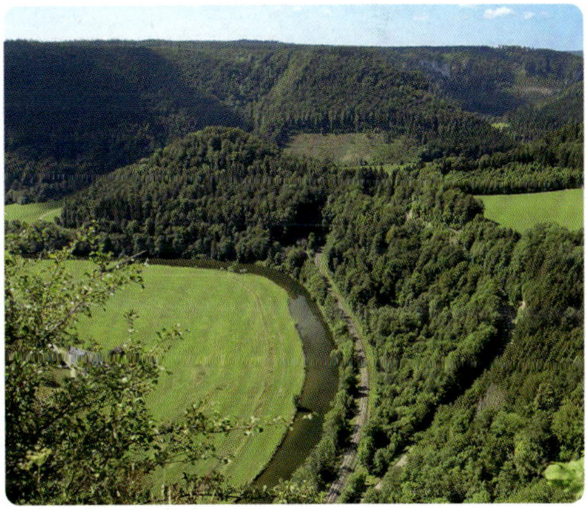

€€€

Geeignet für Wochenende, Urlaub, Familien, Singles, Senioren

Adresse Campinggarten Leibertingen, Tanja und Markus Klaus, Am Freibad 1, 88637 Leibertingen-Thalheim, Tel. 07575/209171, Fax 07575/924586, www.campinggarten-leibertingen.de, info@campinggarten-leibertingen.de

GPS 48.006340, 9.028819
Falls das Navigationssystem die Adresse nicht kennt, wird empfohlen, die Ortsbezeichnung Vogelsang bzw. den Ort Thalheim einzugeben.

Besonderheiten Schwimmbad, Kinderprogramm zum Thema Natur und Garten, im Lokal besondere Angebote der Saison (z. B. Spanferkelessen), samstags und sonntags frische »Dinnele« aus dem Steinbackofen

22 Durch den Fürstlichen Park

Seeidylle mitten im Wald

mittel | 12,9 km | 80 Hm | 3.10 Std.

Tourencharakter
Die Wanderung verläuft meist auf festen, teilweise auch auf unbefestigten Wegen.

Ausgangs-/Endpunkt
Krauchenwies-Ablach, Brunnenstraße, bei der Kirche. Ausweichparkplätze finden sich in der Gartenstraße an der Festhalle und am Friedhof.

GPS
48.020894, 9.226019

Karten
Wanderkarte W252 Sigmaringen, 1:25 000, Hrsg.: Schwäbischer Albverein e. V., Kartographie: Landesamt für Geoinformation und Landentwicklung Baden-Württemberg (LGL)

Anfahrt
Auto: Vom Campingplatz aus in der Ablacher Straße nach Ablach. Die Straße führt direkt zur Kirche.

Einkehr
Keine unterwegs

Information
www.krauchenwies.de

Der Fürstliche Wildpark Josefslust liegt nahe dem Campingplatz – der Ausgangspunkt der Tour ist also schnell erreicht. Sie führt uns durch einen alten Wald mit mächtigen Bäumen zum idyllischen Ablacher Weiher.

Über Zäune zum See Wir folgen ab den **Parkplätzen bei der Kirche** Ⓐ dem Schild Festhalle, wandern rechts am Rathaus vorbei und erreichen kurz darauf die Festhalle und den dahinterliegenden Friedhof. Bei beiden kann man auch parken. Dann gehen wir am Friedhof geradeaus vorbei auf den Feldweg, der links des Waldes verläuft. Später hört seine geschotterte Spur auf und wir wandern auf grasigem Untergrund weiter.

Bald zieht der Weg nach links ❶ und bringt uns zur Straße. Dieser folgen wir nach rechts. Sie beschreibt vor dem Wald eine scharfe Rechtskurve, wir bleiben noch eine kurze Weile auf der Straße, bis ein Waldweg kreuzt. Hier halten wir uns links. Der

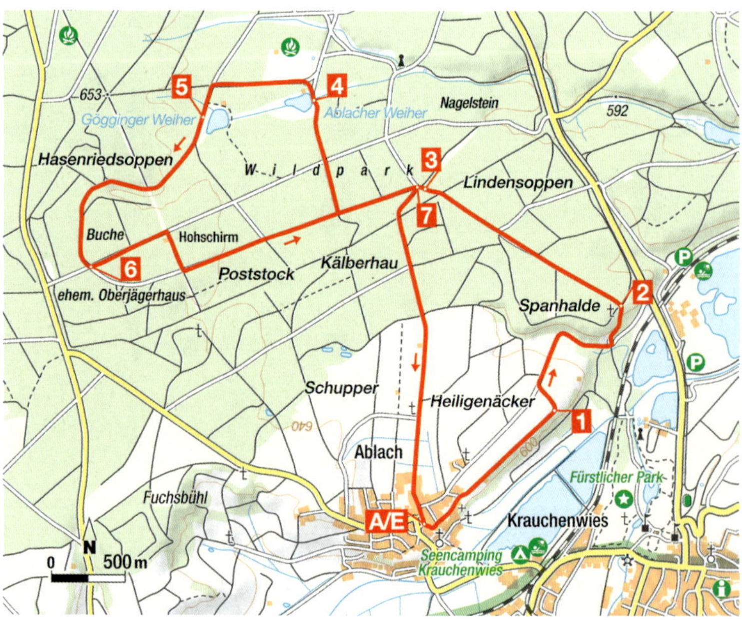

Weg zieht gleich darauf nach rechts und bringt uns vor einen Zaun und ein Tor 2. Ist es verschlossen, können wir die bockleiterähnliche Treppe benutzen, um über den Zaun zu kommen. Dahinter wandern wir immer geradeaus, erst vorbei an einem Bildstock von 1940, später folgt ein weiterer Zaun. Auch hier können wir vielleicht durch das Gattertor gehen, ansonsten müssen wir den Zaun übersteigen. Weiter geradeaus gehend, steht links bald die mächtige, abgestorbene Lutz-Eiche. Etwas später erreichen wir eine Wegspinne 3.

Wir biegen links ab und wandern geradeaus, bis der Wald lichter wird. Hier nehmen wir den rechts abgehenden Weg, der uns zum idyllischen Ablacher Weiher 4 bringt. Nach ihm folgen wir dem Weg noch ein wenig bis zu einer großen Lichtung. Hier biegen wir links ab. Wenn wir allerdings ein kurzes Stück geradeaus weitergehen, sehen wir einige uralte, mächtige Bäume, und auch tote Baumstämme liegen hier am Wegrand. Immitten der Wiese steht eine schöne Baumgruppe.

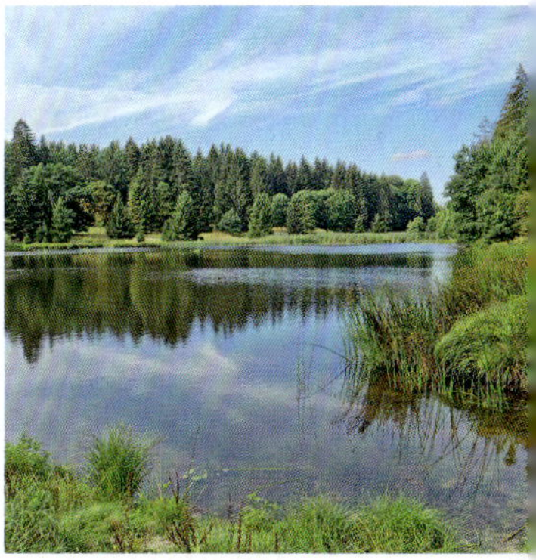

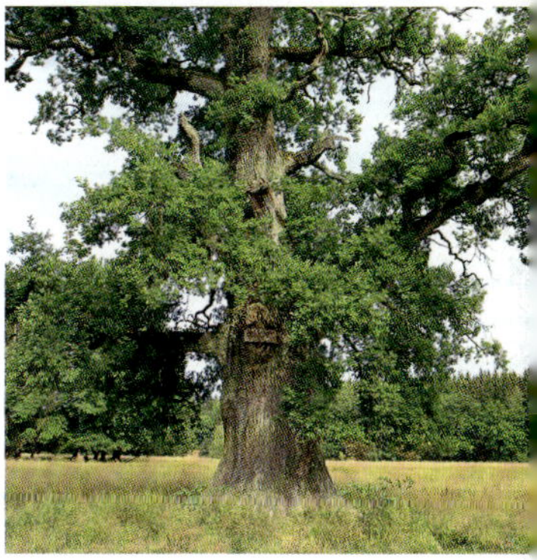

Die Fürstin-Margarita-Eiche

Ganz oben: Am Ablacher Weiher

Vorbei am nächsten Weiher zur Buche Wenn wir nach links weitergehen, sehen wir rechts in der Wiese die riesige Fürstin-Margarita-Eiche. An der Kreuzung danach biegen wir links ab. Links des Weges liegt der Gögginger Weiher 5, der jedoch nicht zugänglich ist und von dem man nur kurz einen Ausschnitt sieht. Wir folgen nun immer dem Weg, auch da, wo er nach links zieht. Den ersten links abgehenden Weg ignorieren wir und erreichen bald eine Kreuzung. Dort steht links eine uralte Buche 6, die schwer zu kämpfen hat, aber immer noch austreibt.

Über den Hohschirm zurück Hier biegen wir links ab. Bald sehen wir vor uns ein kleines Türmchen, den 3,5 Meter großen Hohschirm. Er diente im Forst als Feuerwache. An ihm biegen wir rechts ab, an der nächsten Kreuzung links. Auch jetzt geht es immer geradeaus weiter, nach einiger Zeit auf bekanntem Weg. Kurz vor der Wegspinne, die wir noch vom Herweg kennen, biegen wir scharf rechts ab 7. Wo dieser Weg kurz darauf eine sanfte Rechtskurve beschreibt, gehen wir links auf den Grasweg und kommen wieder zu einem Zaun, den wir auf der metallenen Bockleiter überklettern müssen.

Danach wandern wir geradeaus zum Waldrand und auf der Straße weiter geradeaus nach Ablach. Wir gehen in das Dorf hinein, dann stoßen wir vor der Kirche auf die **Parkplätze** E.

23 Zum Zielfinger See

Typisch Oberschwaben

mittel	12,7 km	70 Hm	3.30 Std.

Tourencharakter
Die Tour verläuft auf festen Wegen.

Ausgangs-/Endpunkt
Mengen, Bahnhof

GPS
48.053308, 9.337121

Karten
Wanderkarte W252 Sigmaringen, 1:25 000, Hrsg.: Schwäbischer Albverein e. V., Kartographie: Landesamt für Geoinformation und Landentwicklung Baden-Württemberg (LGL)

Anfahrt
Auto: Auf der B311 zum Bahnhof Mengen

Einkehr
Mengen, Zielfinger See

Information
www.mengen.de, www.krauchenwies.de

Die Wanderung führt durch eine typisch oberschwäbische Landschaft mit geringem Höhenunterschied, dafür aber mit einem weiten Himmel. Ziel ist der Zielfinger See, an dem wir uns ausruhen, um daraufhin die Szenerie an der Ablach und ihrem Kanal zu genießen.

Durch die Stadt zum Kanal Vom **Bahnhof** Ⓐ kommend, gehen wir zum Kreisverkehr. Dort halten wir uns am Wanderschild Mengen Bahnhof (552 m) rechts und folgen der Hauptstraße zum nächsten Kreisverkehr. Wir verlassen ihn in der zweiten Ausfahrt und spazieren in der Alten Straße weiter. An der nächsten Kreuzung halten wir uns links in die Eisenbahnstraße, anschließend biegen wir rechts in die Reischachstraße ein.
Vor dem Kruzifix und dem Fachwerkhaus orientieren wir uns nach rechts. Nun wandern wir parallel zum Stadtgraben, dem Ablachkanal, nach links weiter. Die nächste Brücke nutzen wir, um den Kanal zu überqueren. Gleich danach wenden wir uns nach links. Etwas später passieren wir das Freibad, dann halten wir uns in der querenden **Mühlgasse** ❶ rechts zur anderen Seite des Freibads. Dort überqueren wir nach links die Brücke, danach unterqueren wir die Ablachtalstraße.

Entlang der Ablach zum See Am Schild Mühlstraße (561 m) halten wir uns links, nun geht es entlang der Bahnlinie weiter bis zu einem Wehr. Jetzt folgen wir der Ablach bis zu einem **Pegelhäuschen** ❷. Wir gehen über den Bach und weiter in Richtung des am Waldrand stehenden Hauses, biegen allerdings nach der Bahnlinie und noch vor dem Haus links ab. Kurz danach passieren wir das Schild Waldhof (568 m). Immer parallel zur Bahnlinie folgen wir nun weiter dem Weg bis zum Schild **Bahnübergang Neuseeland** (572 m) ❸.
Dort orientieren wir uns nach links, gleich anschließend gehen wir nach rechts. Wir folgen dem Weg, der zwischen dem Restaurant und dem Schild Zielfinger See Neuseeland (570 m) ver-

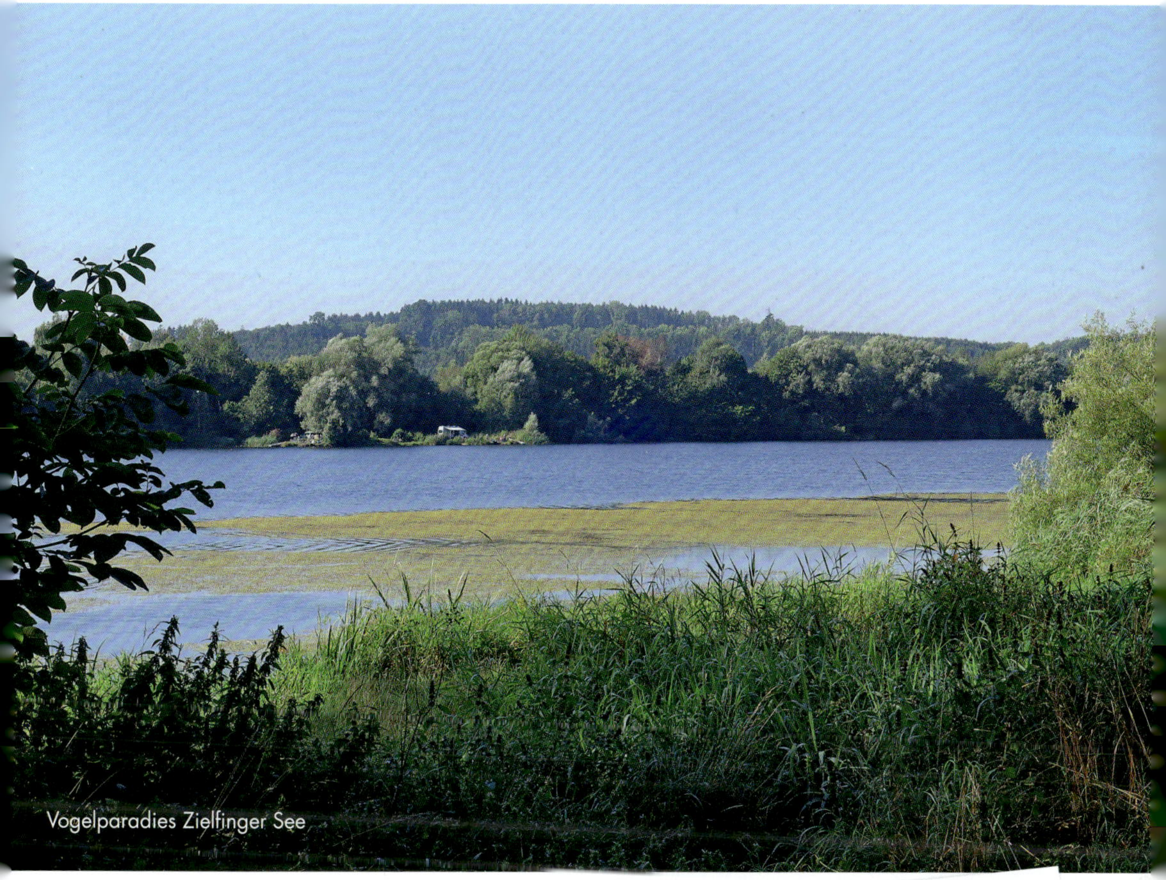

Vogelparadies Zielfinger See

läuft. Links liegt der See, dessen Ufer man an einigen Stellen erreichen kann. Nach einem Waldstück treffen wir auf das Schild Zielfinger See Zugang Zielfingen (573 m). Hier biegen wir rechts ab und erreichen **Zielfingen** 4. Dort folgen wir der Sigmaringendorf Straße nach links. Nach dem Dorf können wir auf dem Radstreifen am Straßenrand weiterwandern. Bald sind wir im Wald, wo wir bei nächster Gelegenheit rechts abbiegen 5.

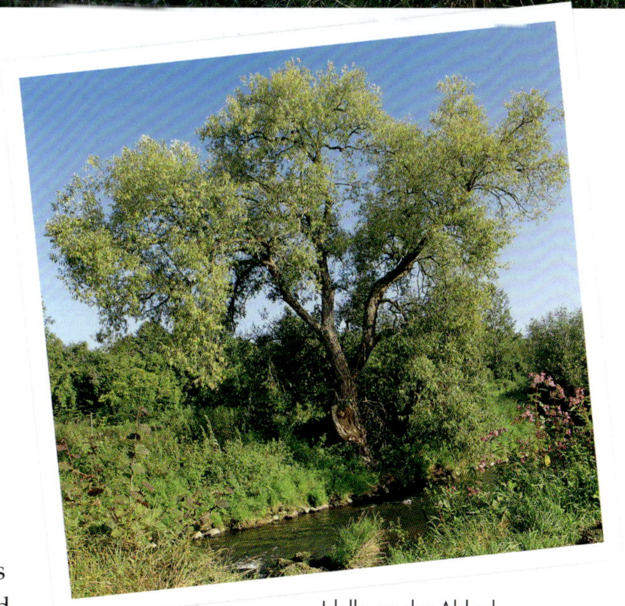

Idylle an der Ablach

Zurück durch den Wald Nun geht es zwischen Waldstücken, dem Waldrand

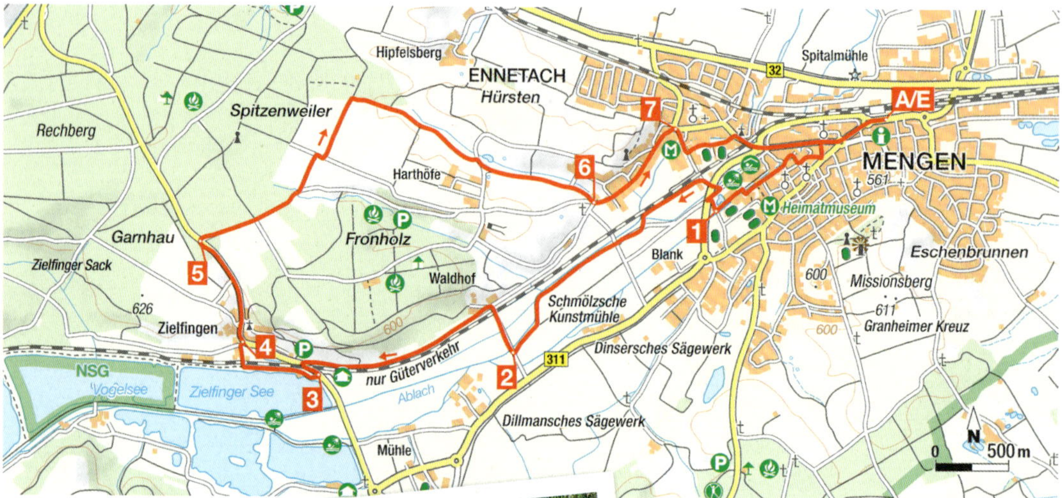

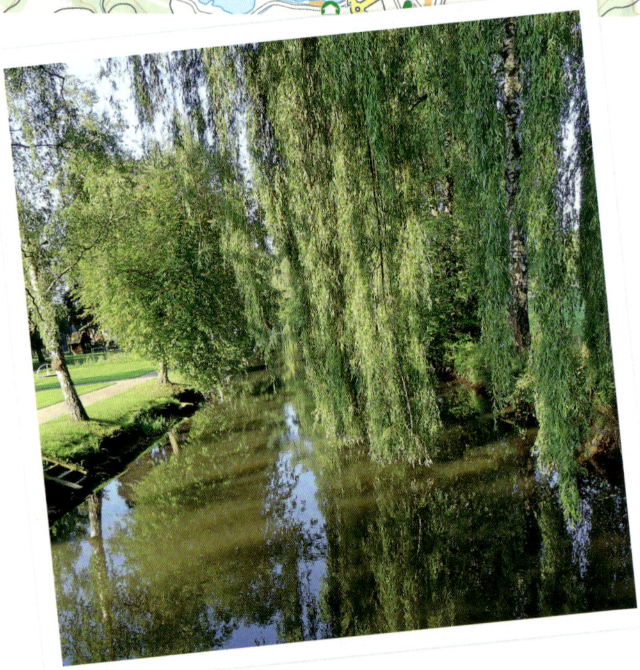

Am Ablachkanal

und Wiesen weiter. An einer Verzweigung vor Feldern nehmen wir den linken Weg. Er bringt uns zu einem querenden Asphaltweg. Wir halten uns rechts, dann gleich wieder links und wandern bis zum Waldrand. Dort biegen wir rechts ab.

Nun folgen wir diesem Weg eine Weile, bis wir am Schild Brändlesäcker (566 m) nach **Ennetach** 6 hineinkommen. Wir folgen der Straße treu, dann passieren wir das Schild Ennetach Holzstraße (564 m). An der Kreuzung vor der **Kirche** biegen wir rechts ab 7. Vor der Nudelfabrik und der Ablach biegen wir links ab und wandern auf einem schmalen Weg entlang der wundervollen Ablach.

An der nächsten Querstraße überqueren wir den Kanal auf einer Brücke und gehen nach rechts bis zum **Kreisverkehr**. Von dort aus wandern wir praktisch geradeaus, passieren das Ortschild Mengen und spazieren auf der Alten Straße in den Ort. Ab dem nächsten Kreisverkehr gehen wir auf bekanntem Weg zum **Bahnhof** E.

Seencamping Krauchenwies

Zwischen Park und See

Gelegen im schönen Oberschwaben, bietet dieser Campingplatz viele abwechslungsreiche Möglichkeiten. Er besitzt einen Badesee, in dem geangelt werden kann, und ist Ausgangspunkt vieler Wanderungen und Radtouren.

Der Platz Seencamping Krauchenwies wurde von ADAC und BVCD als 3- bzw. 4-Sterne-Camping zertifiziert und zählt zu den 141 Top-Plätzen für Reisemobilstellplätze in Deutschland und Europa. Er besitzt 100 Stellplätze für Wohnmobile und Caravans, zwei Zeltwiesen und zahlreiche Übernachtungsmöglichkeiten vom Schlaffass über ein Ferienhaus bis zum Mietzelt für Gäste ohne eigene Übernachtungsmöglichkeit.

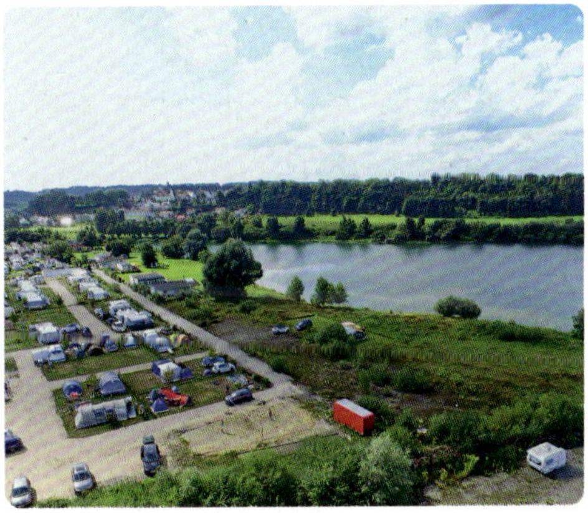

€€€

Geeignet für Wochenende, Urlaub, Familien, Singles, Senioren

Adresse Seencamping Krauchenwies, Ablacher Str. 4, 72505 Krauchenwies, Tel. 07576/961 57 06; 0174/101 3478, www.seencamping.de, info@seencamping.de

GPS 48.019067, 9.233850

Besonderheiten Schlaffass, Ferienhaus, Mietzelt, Badesee, Angeln, Hunde erlaubt, Indoor-Aufenthaltsraum, Spielplatz, Beachvolley, Basketball, Fußball, Boules, Riesentrampolin, Tischtennis, WLAN

24 Hoch über dem Donautal

Aussichtstour zum Lenzenfelsen

leicht | 8 km | 280 Hm | 3 Std.

Tourencharakter
Die Wanderung verläuft erst auf Forstwegen und Pfaden. Auf dem Rückweg dann auf einem asphaltierten Weg.

Ausgangs-/Endpunkt
Beuron-Neidingen, Fallstraße, Parkplatz unterhalb der Kapelle

GPS
48.094308, 9.059230

Karten
Wanderkarte W251 Albstadt, 1:25 000, Hrsg.: Schwäbischer Albverein e.V., Kartographie: Landesamt für Geoinformation und Landentwicklung Baden-Württemberg (LGL); Wanderkarte Oberes Donautal Blatt 51-532, NaturNavi

Anfahrt
Auto: Durch das Donautal nach Osten nach Neidingen

Einkehr
Keine

Information
www.beuron.de

Die Lenzenfelsen begrenzen das Durchbruchstal der Oberen Donau und bieten einen tollen Blick ins Tal und auf die Felsen der anderen Seite. Sie zu erreichen, ist oft mit viel Anstrengung verbunden. Wessen Sache das nicht ist, kann sich an diese einfachere Tour halten.

Hinauf zu den Felsen Wir gehen vom Parkplatz und der kleinen **Kapelle** Ⓐ zur Landstraße, überqueren sie und spazieren auf dem Sträßchen zum Waldrand. Dabei passieren wir das Wanderschild Neidingen Bahnübergang (595 m), überqueren den Fluss und treffen am Waldrand auf das Schild **Donaubrücke Neidingen** (595 m) ❶. Nun halten wir uns rechts in Richtung Lenzenfelsen.

Etwas später beim Schild Grillstelle Brunnäckerle (605 m) ❷ orientieren wir uns mit dem Wanderzeichen rote Raute nach links.

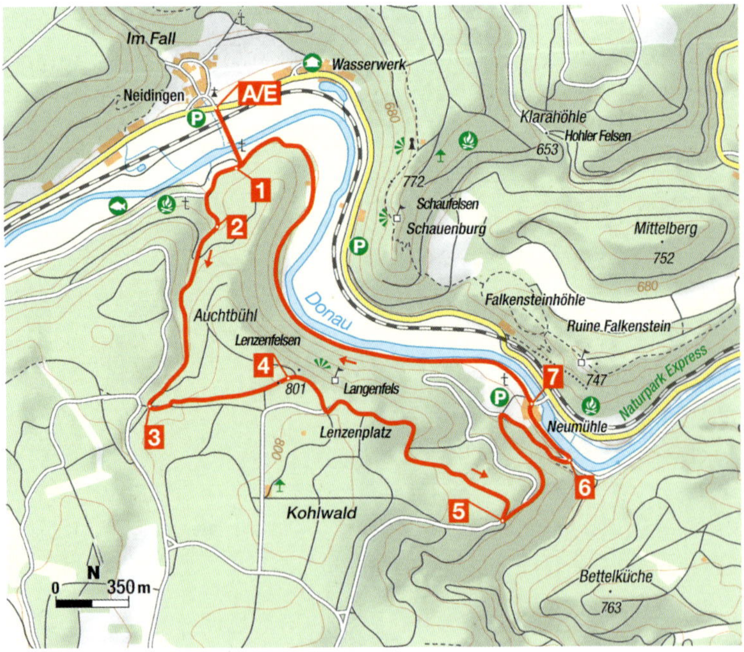

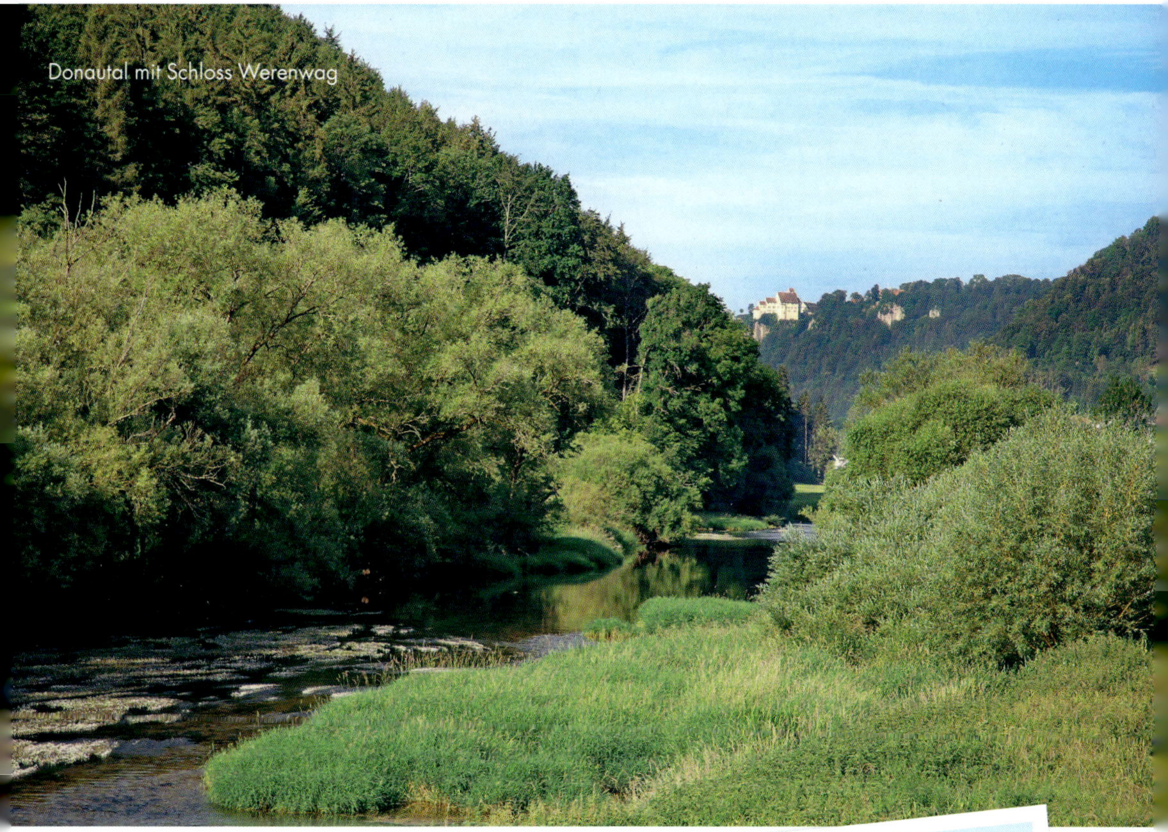

Wir steigen eine Weile auf einem Forstweg an bis zum Schild Köhlerjörgle (738 m) 3, wo wir uns mit dem Wanderzeichen rote Gabel nach links wenden. Nun folgen wir erst einem Pfad und bald einem weichen, grasbewachsenen Weg bis zum **Lenzenfelsen** 4. Hier finden wir nicht nur eine Bank zum Rasten, sondern es bietet sich uns auch ein grandioser Blick hinunter ins Donautal und auf der anderen Talseite zum mächtigen Massiv der Schaufelsen.

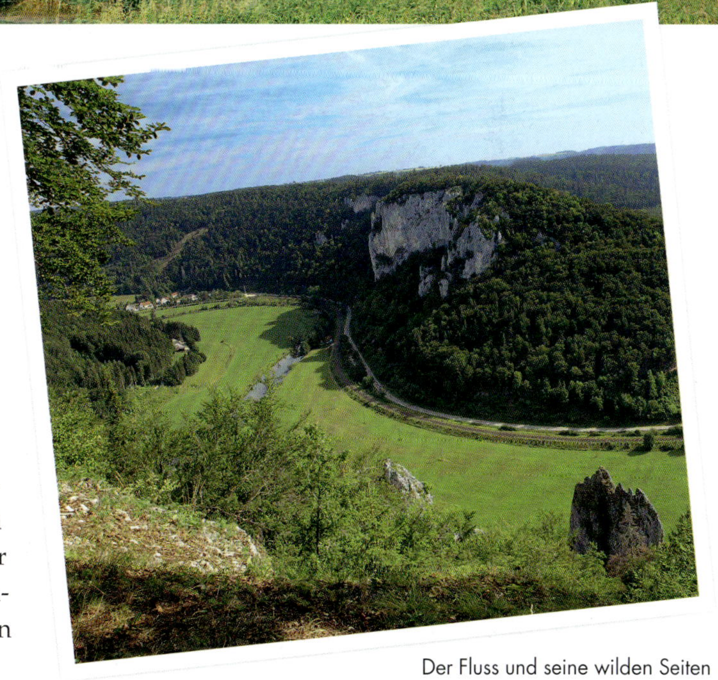

Der Fluss und seine wilden Seiten

Über die Ruine Lenzenberg Wenn wir nach einer Rast weiterwandern, sehen wir bald linker Hand etwas unterhalb des Weges einen Hügel. Hier thronte einst die **Burg Lenzenberg**. Kurz danach richten wir uns am Schild Beim Lenzenfelsen (792 m) nach links in einen querenden Forstweg aus, der uns zum Schild **Oberer Lenzenberg** (736 m) führt ❺. Der prächtige Blick hier reicht zu den dicht bewaldeten Hängen des Donautals und zum vor uns liegenden Raintal.

Hier halten wir uns links, zweigen aber mit dem Rundwegzeichen gleich danach rechts ab auf einen Pfad. Dieser fällt nun ab und geht in einen breiten Weg über. Etwas später erblicken wir rechts die Mauern der Ruine Falkenstein sowie hell leuchtende Felsen.

Rückweg durch das Donautal Am folgenden Querweg gehen wir nach rechts hinab ins Donautal, wo wir bei dem Schild Am Lenzenberg (587 m) ❻ links abbiegen. Bald spazieren wir durch das Gelände der **Neumühle** ❼. Anschließend folgen wir dem asphaltierten Weg, der uns einen dauerhaften Blick auf die Felsumrahmung des Donautals bietet. Wir gelangen zu der Brücke, die wir noch vom Anfang kennen. Wir biegen rechts ab und kommen zurück zum **Ausgangspunkt** Ⓔ.

Immer wieder sieht man markante Felsnadeln.

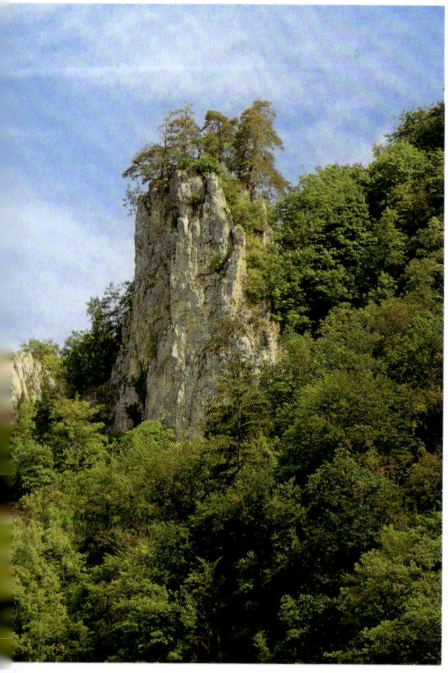

Die kleine **Kapelle St. Agatha** ist 1839 an der Stelle einer barocken Vorgängerkapelle erbaut worden. Diese war ein Jahr davor bei einem Unwetter durch einen Wasserschwall zerstört worden. Die Kapelle ist mit einem Marienaltar und Heiligenfiguren ausgestattet.

Vermutlich im 12. Jahrhundert wurde die **Burg Lenzenberg**, auch Linzenberg genannt, von den Grafen von Montfort erbaut und gehörte im 13. Jahrhundert Angehörigen der Herren von Linzenberg. Die Anlage wurde 1348 vermutlich durch ein Erdbeben zerstört und 1390 an die Herren von Falkenberg verkauft. Heute ist praktisch nichts mehr von der einstigen Burg zu erkennen, dafür ist die ehemalige Anlage aber von einer wilden Felsszenerie umgeben. Die Aussicht reicht hinab ins Donautal sowie zum Schaufelsen auf der anderen Talseite.

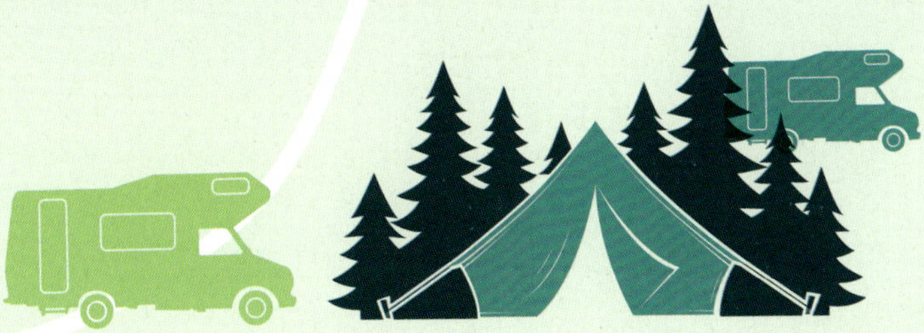

Camping Wagenburg

Im idyllischen Donautal

Das Durchbruchstal der Oberen Donau um den Campingplatz Wagenburg ist von mächtigen Felsen umgeben. Die Möglichkeiten um ihn herum sind vielfältig: Wandern, Boot fahren, Rad fahren, Klettern, Angeln oder die Sehenswürdigkeiten des Tals besichtigen.

Der kleine, einfache Campingplatz bietet etwa 100 Touristenplätze, wird in familiärer Atmosphäre geführt und liegt idyllisch direkt am Ufer der Donau. Geöffnet ist er von Anfang Mai bis Mitte September. Er besitzt keine parzellierten Plätze und wird gerne als Wochenendplatz auch von Gästen aus der Region genutzt. Hier campt man fernab von streng reglementierten Plätzen, wobei freie Plätze am besten unter der Woche zu finden sind.

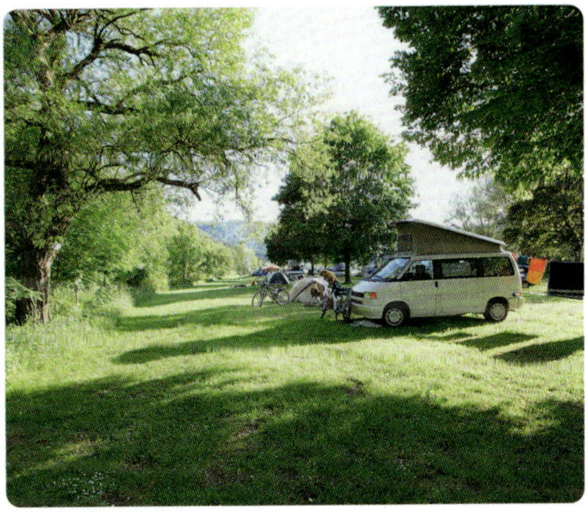

€€€ ✕

Geeignet für Wochenende, Urlaub, Familien, Singles, Senioren

Adresse Camping Wagenburg, Kirchstr. 24, 88631 Beuron-Hausen im Tal, www.camping-wagenburg.de, info@camping-wagenburg.de

GPS 48.084750, 9.040496

Besonderheiten Mietunterkünfte in Wagen, einige parzellierte Plätze, sonntags nach Absprache auch Abreise nachmittags möglich, an Wochenenden und Feiertagen größerer Andrang, wochentags Unterkunft problemlos zu bekommen, Rezeption ist zugleich Touristinfo, Einzelwaschkabinen, Waschmaschine, Trockner, WLAN in Kiosknähe, nur Barzahlung möglich, Hunde erlaubt

25 Felsenreiches Inzigkofen

Kloster in prächtiger Natur

schwer | 13 km | 560 Hm | 5 Std.

Tourencharakter
Die Tour verläuft auf Pfaden und Forstwegen. An den Steilabstürzen ist Vorsicht angebracht.

Ausgangs-/Endpunkt
Laiz, Parkplatz Turnhalle, Hauptstraße.
Alternative Parkmöglichkeiten finden wir am Kloster Inzigkofen und am Parkplatz Alte Donau, direkt an der L277.

GPS
48.076916, 9.194719

Karten
Wanderkarten W251 Albstadt und W252 Sigmaringen, 1:25 000, Hrsg.: Schwäbischer Albverein e. V., Kartographie: Landesamt für Geoinformation und Landentwicklung Baden-Württemberg (LGL); Wanderkarte mit Radwegen Oberes Donautal 51-532, 1:25 000, NaturNavi

Anfahrt
Auto: Auf der L277 durch das Donautal in Richtung Beuron nach Laiz

Einkehr
Laiz, Inzigkofen

Information
www.sigmaringen.de

Diese Premiumwanderung gehört zu den DonauFelsen-Läufen und ist als Kloster-Felsenweg markiert. Ab Kloster Inzigkofen folgt eine Attraktion der nächsten: Amalienfelsen, Teufelsbrücke, Ruine Gebrochen Gutenstein, Zigeunerfelsen, Erratischer Stein, Gespaltener Felsen.

Entlang der Donau zum Amalienfelsen Wir gehen vom **Parkplatz** Ⓐ aus zur Brücke, überqueren sie und halten uns dann rechts. Stets entlang der Donau marschierend, verlassen wir Laiz, wobei wir uns immer an den Wanderschildern Parkplatz Turnhalle Laiz orientieren. Etwas später biegen wir rechts in den Wendelinsweg ein. Gleich nach dem letzten Häusern und dem kleinen Backsteingebäude des **Pumpwerks** bietet sich die Möglichkeit, anstatt auf dem Feldweg auf dem parallel verlaufenden Damm zu wandern. Am Waldrand orientieren wir uns am Wanderschild Donautal (582 m) nach links, dann halten wir uns am

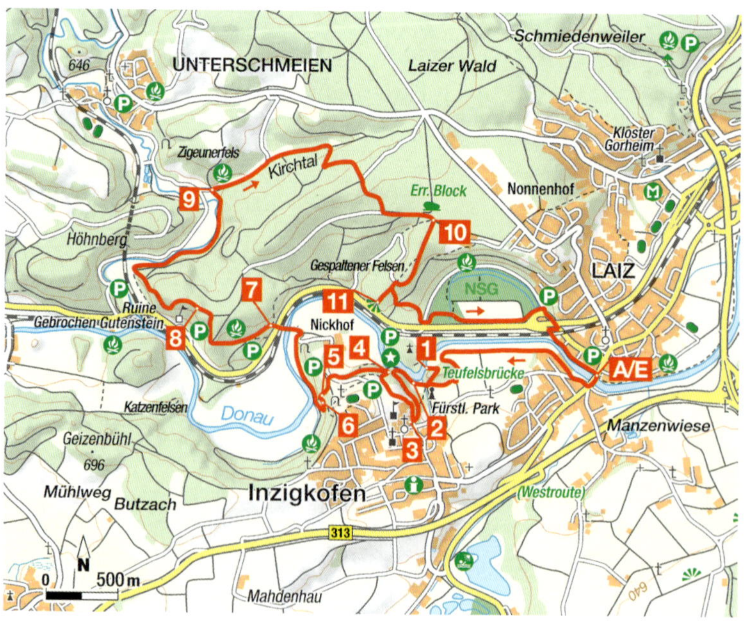

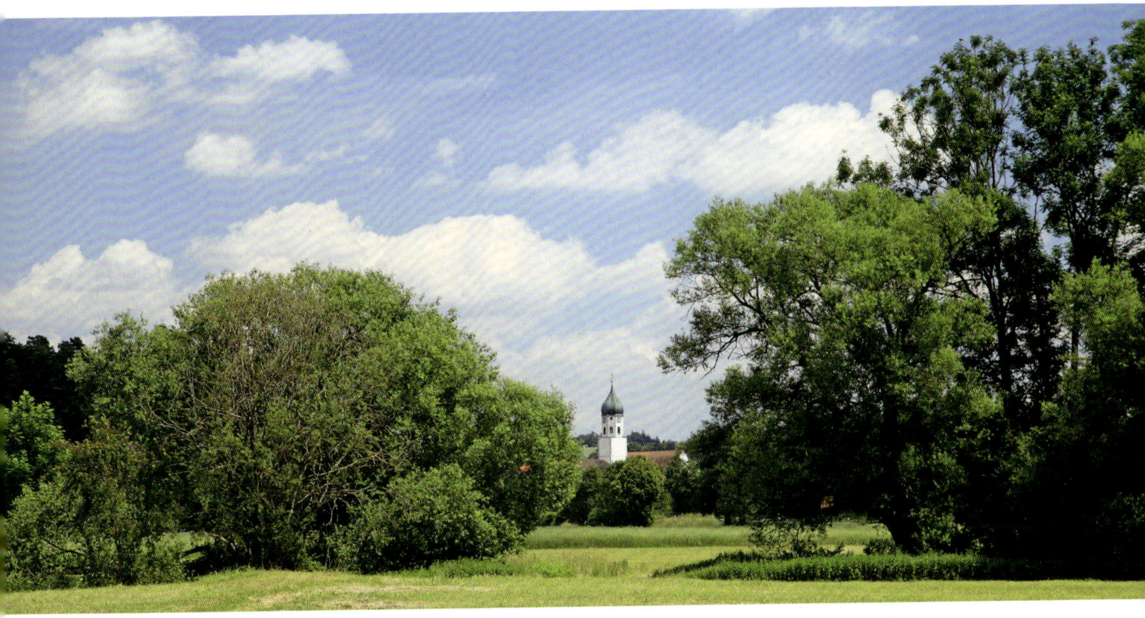

Blick zum Kirchturm von Laiz

Schild Östlicher Amalienfelsen (586 m) gleich danach rechts und gehen zum Schild Amalienfelsen (580 m). Hier sollten wir einen Abstecher zu diesem Felsen machen. Dazu gehen wir nach rechts hinauf und folgen dem Weg bis zu einer Bank vor dem oberen Rand des Amalienfelsens (Vorsicht!) 1; von hier aus bietet sich uns ein einmaliger Blick hinab zu einem idyllischen Donauarm. Danach gehen wir wieder zurück zum Abzweig.

Durch die Klosteranlage Kurz nach dem Wanderschild, aber vor der Lichtung, halten wir uns rechts und kommen zum Fuß des Amalienfelsens. Hier knickt der Weg links ab; wir überqueren eine Brücke und spazieren am Wasser entlang; dabei liegt rechts hinter der Donau der **Amalienfelsen** 2, ein etwa 30 Meter hoher Fels mit der Inschrift »Andenken an Amalie Zephyrine 1841« und dem Allianzwappen der Fürstin. Am Schild Bootslände Amalienfelsen (575 m) am gegenüberliegenden Waldrand orientieren wir uns nach links und gehen hinauf zum Klostereingang. Empfehlenswert ist eine Kirchenbesichtigung. Auch der erwähnte Ersatzparkplatz liegt hier.

Über das Känzele zu den Grotten Nun halten wir uns rechts und durchqueren geradeaus die Klosteranlage 3. Nach dem Tordurchlass sollten wir uns den linker Hand liegenden Kräutergarten

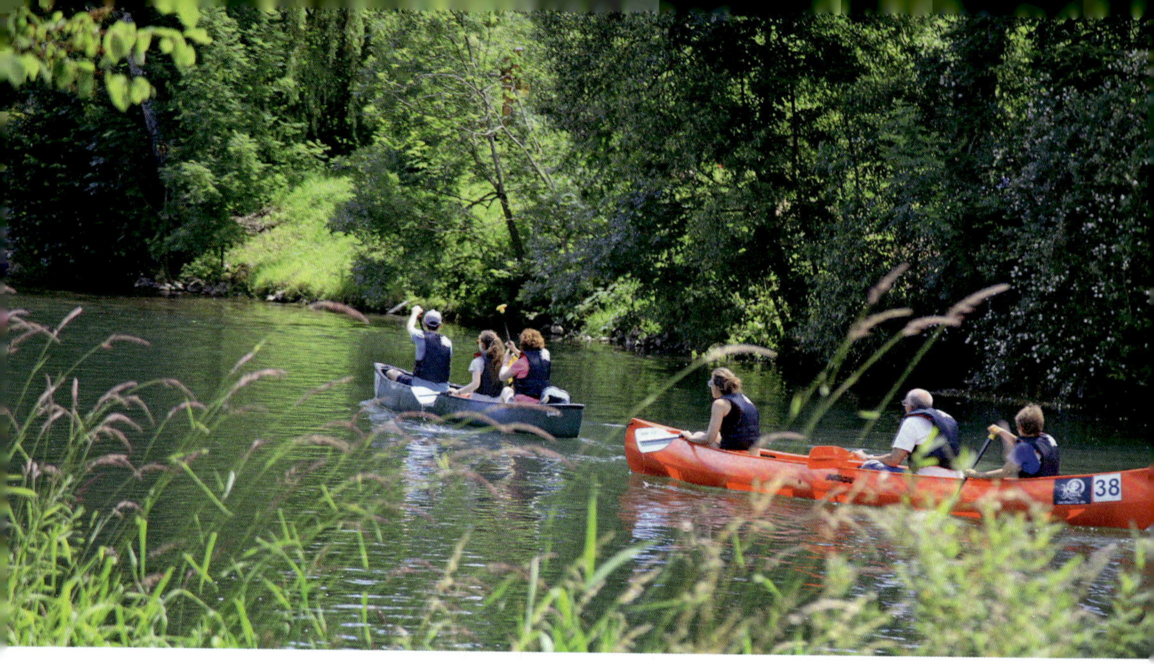

Wasservergnügen an der Donau

ansehen. Danach geht es weiter geradeaus und wir verlassen das Klostergelände durch ein Tor in der mächtigen Mauer. Kurz danach halten wir uns rechts in Richtung Teufelsbrücke. Zu dieser, über einer wilden Schlucht errichteten Brücke 4, geht es in Serpentinen hinab. Nach ihr orientieren wir uns an der Beschilderung in Richtung Känzele Grotten. Wir passieren einige mächtige Felsen und kommen zur Zufahrtsstraße. Dort wandern wir über eine Wiese in den Wald und zum **Aussichtspunkt Känzele** 5. Er liegt direkt über der Donau und man kann hier nicht nur die Landschaft bewundern, sondern sieht vielleicht auch Paddler im Fluss.

Jetzt halten wir uns in Richtung Grotten scharf links und steigen etwas empor zum Waldrand. Dann wenden wir uns nach rechts und folgen dem Steilabfall, etwas später auf Stufen, steil hinab zu den **Grotten** 6 und mächtigen Felsen. Dort halten wir uns am Schild Inzigkofen Grotten (611 m) links und erreichen bald das Donautal. Weiter geht es nach rechts und zur Zufahrtsstraße. Nach links überqueren wir die Gleise und die Donau und kommen zum ehemaligen Bahnhof 7, wo wir uns links halten.

Ruine Gebrochen Gutenstein und Zigeunerfelsen Dann nehmen wir den gegenüber des Bahnhofsgebäudes nach rechts ansteigenden Pfad, der später in einen breiten Weg übergeht. Er bringt uns zum Schild Gebrochen Gutenstein (675 m), wo wir nach links weitergehen. Linker Hand sehen wir Pfadspuren, die zum Aussichtsplatz direkt gegenüber der **Ruine Gebrochen Guten-**

stein 8 führen. Wir aber gehen weiter auf dem Weg zum Schild Gebrochen Gutenstein (665 m). Hier wandern wir später rechts entlang weiter, vorher sollten wir aber zuerst kurz geradeaus zu einem Aussichtsfelsen gehen. Dann geht es hinab zum Schild **Schmeietal** (600 m), wo wir uns links und gleich darauf am Schild Bahnlinie (600 m) rechts halten. Der Weg führt uns nun entlang der idyllischen Schmeie und wir erreichen den **Zigeunerfelsen** 9. Dieser Fels war in der Nacheiszeit ein Lagerplatz für Jäger und Sammler. Aus dieser Zeit bis zur frühen Mittelsteinzeit stammen neun Siedlungsschichten, die in den 1970er-Jahren ausgegraben worden waren. Man fand Tierknochen, Steinwerkzeuge und Harpunen aus Hirschgeweih.

Erratischer Block und Gespaltener Felsen Am Schild Zigeunerfelsen (598 m) halten wir uns rechts in das etwas ansteigende **Kirchtal**. Nach den Schildern Kirchtal West (631 m) und Kirchtal (660 m) kommen wir in den Wald. Am Schild Kirchtal (697 m) sehen wir links zwar die Straße, biegen aber rechts ab und gehen über die Hochfläche zum Schild Himmelberg (700 m). Nun halten wir uns links. Am Schild Scheererhau (681 m) wenden wir uns nach links und wandern zum **Erratischen Block** 10 – dies ist ein aus Gneis bestehender Fels aus der Rißeiszeit. Gletscher verfrachteten ihn von der Silvretta hierher.

1354 wurde das **Kloster Inzigkofen** als Augustinerchorfrauenstift gegründet. Die Frauen lebten wie Beginen in absoluter Armut und besaßen nicht einmal Mäntel, sondern hüllten sich bei Kälte in ihre Leintücher. Das Kloster gab in den Jahren 1770/71, einer Zeit großer Teuerungen, täglich an bis zu 400 Personen Almosen und Brot ab. Durch diese karitative Tätigkeit wurde es 1782 nicht wie andere rein kontemplative Klöster von dem reformfreudigen Kaiser Joseph II. aufgehoben. Sein Ende kam jedoch 1803. Die Kirche St. Johannes Baptist, die ehemalige Klosterkirche, war 1780 von Christian Großbayer auf der 1665 von Michael Beer erbauten Kirche errichtet worden. Die das Kloster umgebende Mauer ist noch heute rund 900 Meter lang. In der Klosteranlage hat die Ortsgruppe Inzigkofen des Schwäbischen Albvereins ein Bauernmuseum mit rund 500 landwirtschaftlichen Maschinen und Geräten eingerichtet. Interessant ist auch der nach altem Muster angepflanzte Klostergarten. Die 1354 erstmals genannte **Ruine Gebrochen Gutenstein** wurde im 12. oder 13. Jahrhundert erbaut. Sie war ein Lehen von Herzog Albert von Österreich und kam danach an die Gundelfinger. Nachdem sie ab 1546 als Burgstall bezeichnet wurde, bürgerte sich die Bezeichnung Gebrochen Gutenstein ein.

Danach halten wir uns am Schild Erratischer Block (681 m) rechts und wandern zum Schild Nördlich Gespaltener Felsen (647 m). Dort gehen wir nach links weiter. Gleich anschließend am Schild Nördlich Gespaltener Felsen (639 m) führt der Weg zwar nach links abwärts weiter, vorher sollten wir aber noch einen kurzen Abstecher nach rechts zum **Gespaltenen Felsen** 11 machen. Von ihm aus haben wir noch einmal eine schöne Aussicht hinab ins Donautal, nach Laiz, auf das Känzele und zum Nickhof.

Nun führt uns der Pfad abwärts zum Schild Östlich Gespaltener Felsen (624 m). Wir überqueren einen Weg, dann kommen wir zu einem Asphaltweg. Rechts steht das Schild **Alte Landstraße** (586 m), darunter verläuft die L277. Nun halten wir uns links und kommen gleich danach aus dem Wald hinaus. Wir wandern geradeaus über eine Wiese direkt auf die Zwiebelturmkirche von Laiz zu. Nachdem unser Weg nach rechts gezogen ist, verläuft er parallel zur Landstraße zum **Parkplatz Alte Donau** (581 m). Wir folgen nun kurz der Landstraße, dann halten wir uns unter der Straßenbrücke rechts. Jetzt gehen wir neben der Donau zurück nach **Laiz** E.

Rechts: Bauerngarten im Kloster Inzigkofen

Ruine Gebrochen Gutenstein

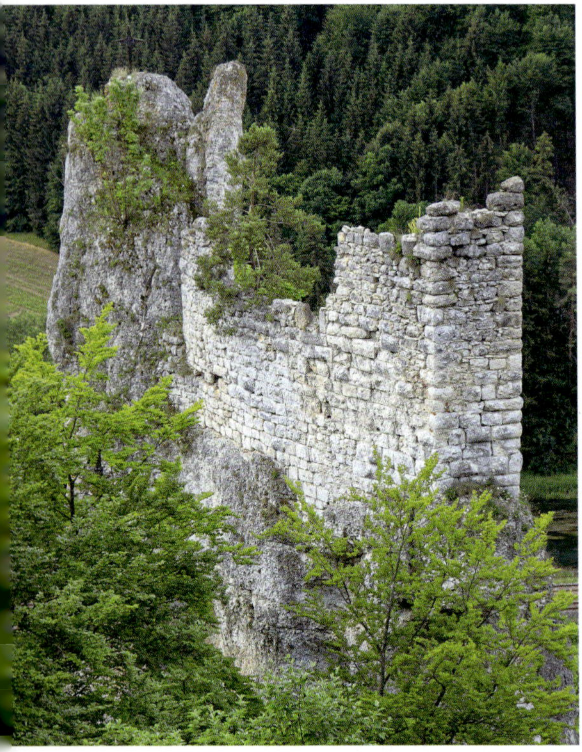

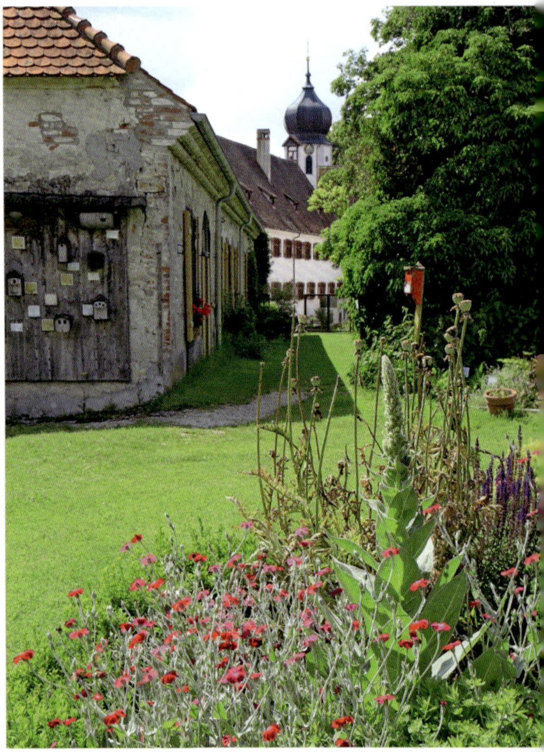

Out & Back

Sport, Events und Wandern

Der eher für jüngere, sportlich interessierte Camper geeignete Platz ist von der Donau nur durch einen Fußgängerweg getrennt. Es gibt in der Umgebung zahlreiche Wandermöglichkeiten, darunter viele Premiumwanderwege. Zudem eignet sich das Donautal bestens für Radtouren.

Der Platz bietet verschiedene Stellplatzgrößen von 50 bis über 100 Quadratmetern. Das sehenswerte Zentrum mit Einkaufs- und Einkehrmöglichkeiten sowie das bekannte Zollernschloss in Sigmaringen sind in wenigen Minuten erreichbar. Wer nicht auf eigene Faust wandern oder Rad fahren möchte, kann das große Aktivprogramm des Campingplatzes nutzen.

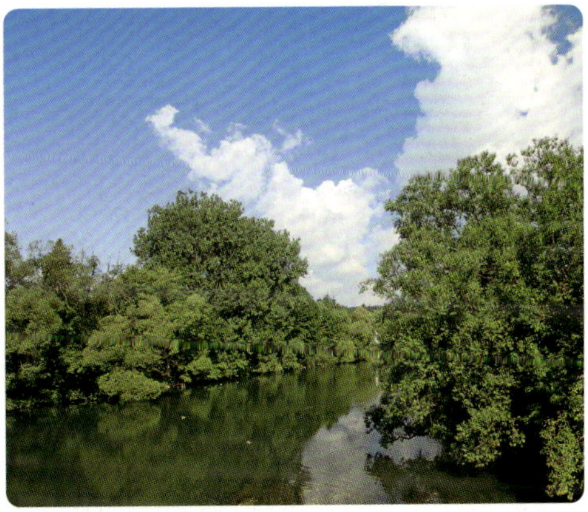

€€€

Geeignet für Wochenende, Urlaub, Familien, Singles, Sportinteressierte

Adresse Out & Back, Georg-Zimmerer-Straße 6, 72488 Sigmaringen, Tel. 07571/504 11, www.outandback.de, info@outandback.de

GPS 48.083820, 9.208624

Besonderheiten Waschkabinen, Duschkabinen, Geschirrspülstelle, Grillstellen, Kanutouren, Klettern, Fahrradvermietung, Minigolf, Bogenschießen, Human Table Soccer (riesiger Menschen-Kicker), Hochseilgarten, Niederseil-Parcours, Erlebnispädagogik, Camp Team Events (ab 20 Personen), Outdoor Team Events (ab 10 Personen), Zeltwiese, Hütten, Blockbohlenhäuser, Campingfässer, Wäscheservice

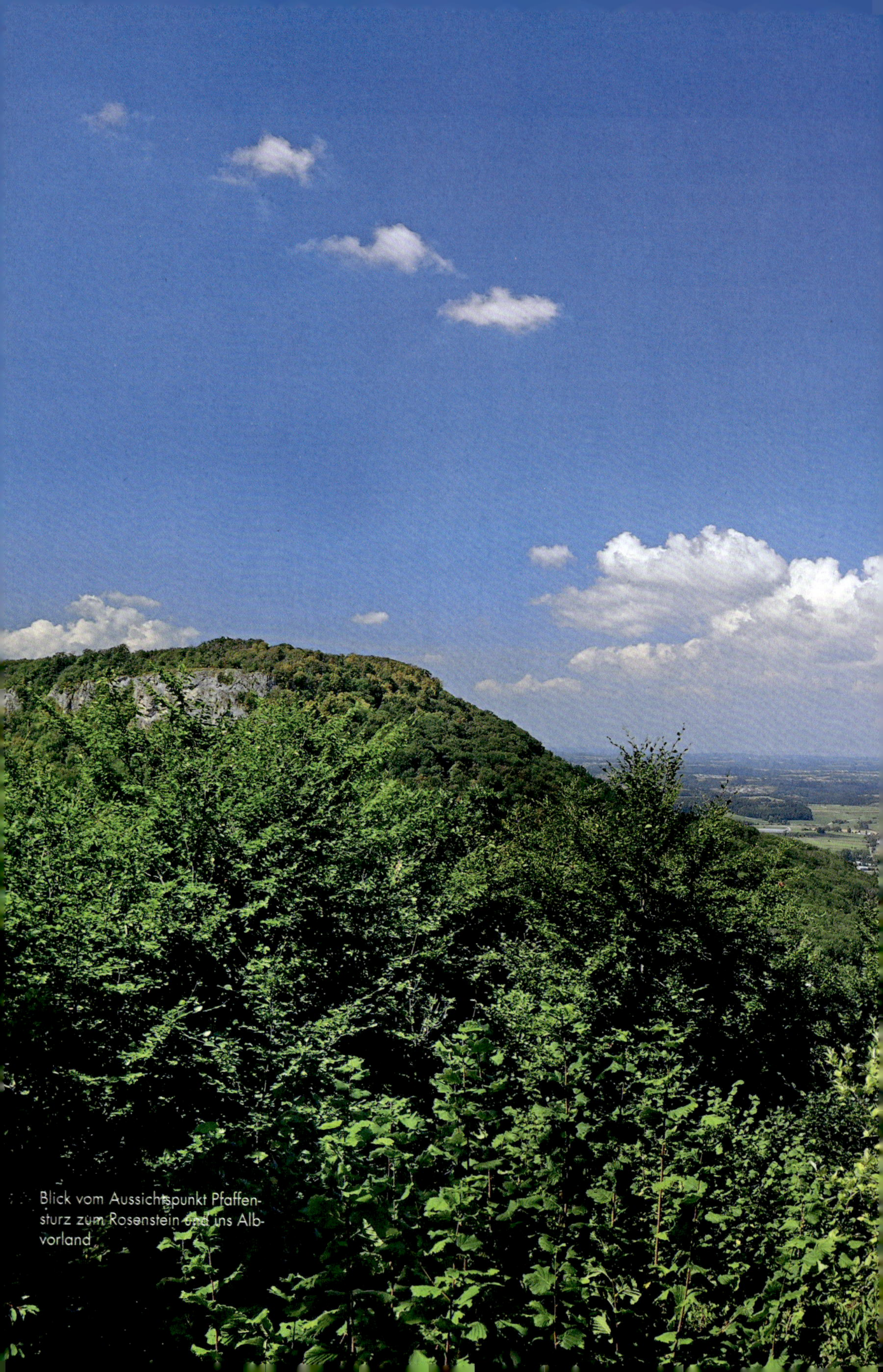

Blick vom Aussichtspunkt Pfaffensturz zum Rosenstein und ins Albvorland

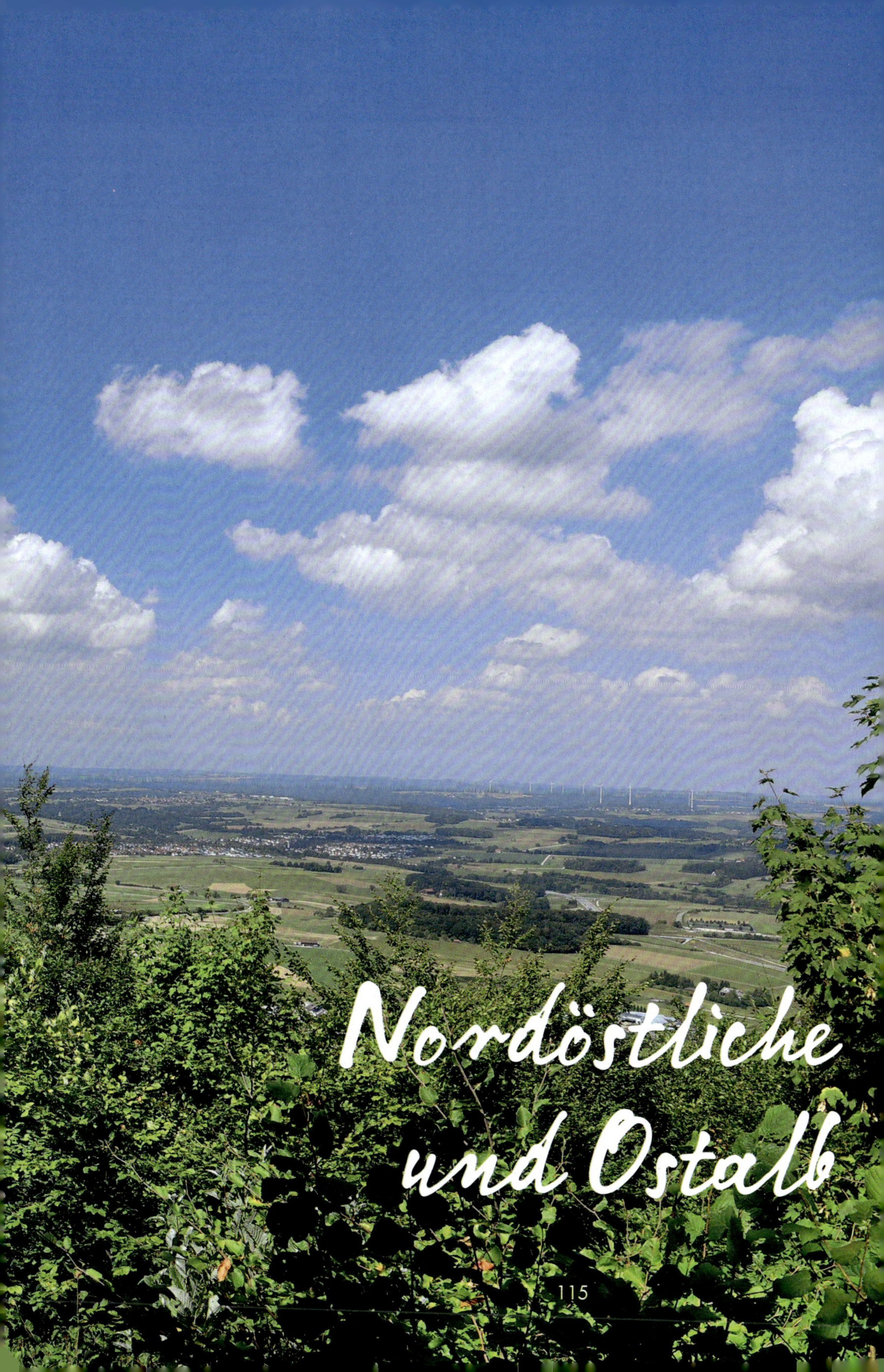

Nordöstliche und Ostalb

26 Zu Hohenstaufen und Rechberg

Durch die Kaiserberge

schwer	16,2 km	400 Hm	4.45 Std.

Tourencharakter
Die Tour verläuft zu großen Teilen auf asphaltierten Wegen, streckenweise auch auf Naturwegen.

Ausgangs-/Endpunkt
Campingplatz

GPS
48.727841, 9.771109

Karte
Wanderkarte W229 Göppingen, 1:25000, Landesamt für Geoinformation und Landentwicklung Baden-Württemberg (LGL) in Zusammenarbeit mit dem Schwäbischen Albverein e. V.

Anfahrt
keine

Einkehr
Burgschänke Hohenrechberg; Hohenstaufen, Burg und Ort

Information
www.loewenpfade.de

Diese Wanderung ist eine Kurzversion des wesentlich längeren und anspruchsvolleren Löwenpfades »3-Kaiserberge-Tour«. Sie führt zu zwei der bekanntesten Burgruinen der östlichen Schwäbischen Alb und bietet prächtige Ausblicke.

Aussichtsreich zum Rechberg Ab dem **Campingplatz** Ⓐ folgen wir der Römerstraße nach links und durchqueren die Ansiedlung Schurrenhof. Danach haben wir einen schönen Blick nach rechts auf den Stuifen. Er gehört zwar zu den drei Kaiserbergen, ist aber von keiner Ruine gekrönt.

Am Schild Brunnenhalde (538 m) wandern wir geradeaus weiter. Wir kommen am Schild Sportplatz Rechberg (570 m) vorbei und wandern mit schönem Blick zur Ruine Rechberg in der Staufeneckstraße in den Ort **Rechberg** ❶ hinein. Wo wir auf die

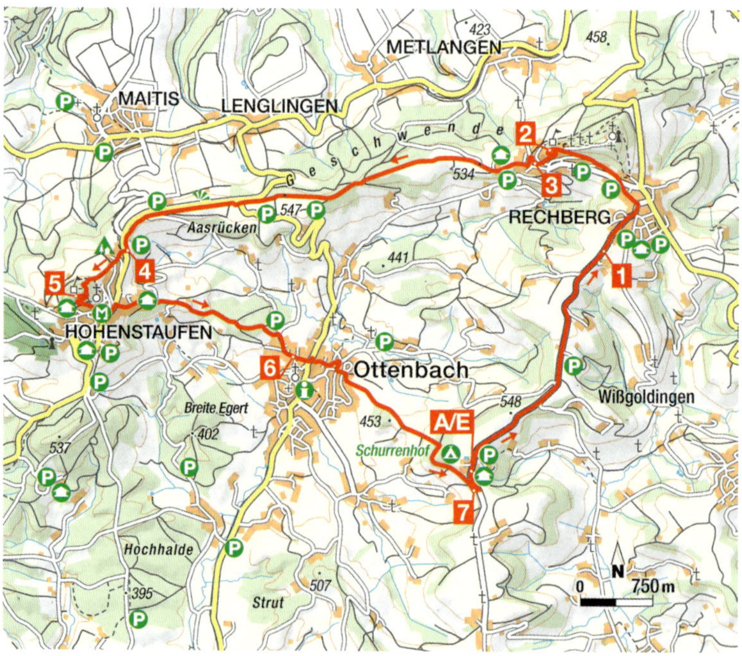

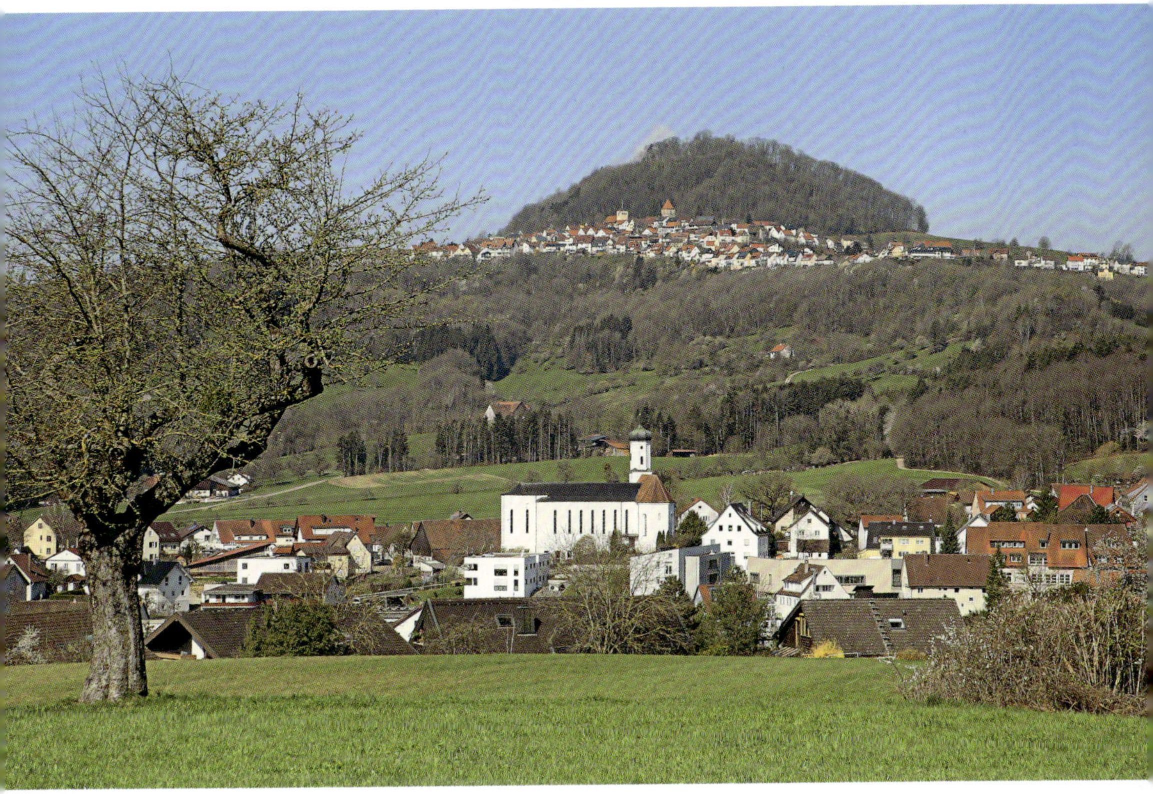

Blick zum Hohenstaufen

querende Rehgebirgsstraße treffen, orientieren wir uns nach links. An der querenden Hohenstaufenstraße folgen wir dem Wanderschild in Richtung Burgruine. Wir steigen auf dem rechts der Straße ansteigenden Weg aufwärts bis zum Schild Rechberg Graf-Ulrich-Straße (Ost) (599 m) – nach rechts geht es hier zur Wallfahrtskirche. Auch von ihr aus könnte man zur Burgruine gelangen. Allerdings ist der Weg weiter und es ist ein größerer Höhenunterschied zu überwinden. Wir hingegen wandern weiter geradeaus und gelangen zur **Burgruine** 2, indem wir geradeaus über die Brücke gehen. Auch vor der Brücke besteht die Möglichkeit, nach rechts einen Abstecher zur Wallfahrtskirche zu unternehmen.

Über den Höhenrücken Wir machen uns auf den Rückweg und gehen vor der Brücke rechts ab, danach gleich nach links auf einer Treppe steil hinab. Unten am Fuß der Burgbrücke wandern wir nach links unter ihr hindurch und gehen auf einem schmalen Pfad zu einigen Häusern. Dann folgen wir dem schmalen,

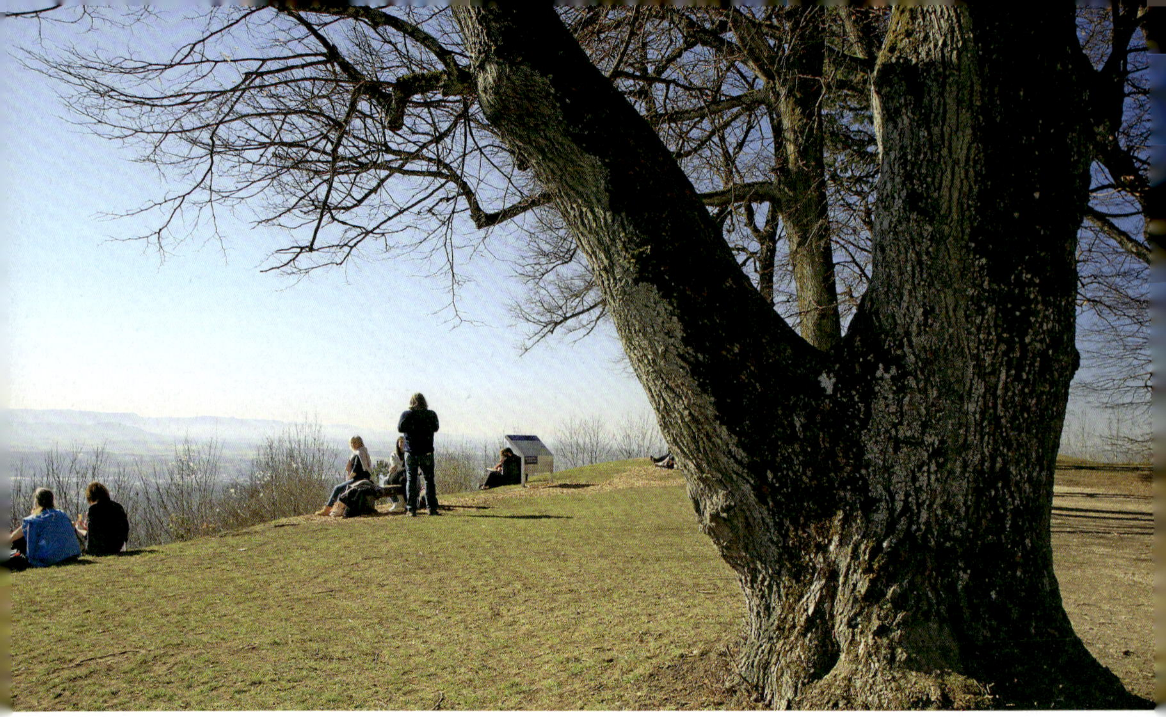

Aussicht von der Ruine Hohenstaufen

asphaltierten und ansteigenden Pfad durch die Häuser zum querenden Gießbachweg. Auf diesem gehen wir nach rechts zum Schild **Rechberg Schloßbühlweg** (584 m).

Wir folgen dem Schloßbühlweg hinunter zur querenden Hohenstaufenstraße, wo wir uns nach rechts orientieren. Danach gehen wir aus Rechberg hinaus ❸ und wandern mit schöner Aussicht geradeaus zwischen Wiesen und Feldern sowie durch Waldstücke. Wir passieren das Schild Gschwende nördl. Strudelhof (528 m) und kommen zum Schild L1075/L1405 (528 m). Hier überqueren wir die Straße, behalten unsere Richtung bei und wandern über den Aasrücken. Dort, wo man beiderseits der Straße **Parkplätze** sieht, empfiehlt es sich zur Straße gehen. Denn von hier bietet sich ein herrlicher Blick ins Albvorland. Danach stoßen wir schließlich auf den Parkplatz Hohenstaufen ❹ in der Schottengasse.

Hinauf zur Ruine Hohenstaufen Wir steigen nun in der Schottengasse kurz aufwärts, halten uns aber nach der Jugendherberge mit den Wanderzeichen an den steil ansteigenden Weg. Oben zeigt uns ein Schild geradeaus die Richtung zur Ruine Hohenstaufen an. Zu ihr führt ein steiler Pfad. Nachdem wir die ehemalige **Burganlage** ❺ mit der Ruine besichtigt sowie die Aussicht und eventuell die Einkehrmöglichkeit genossen haben, steigen wir auf der anderen Seite des Berges wieder hi-

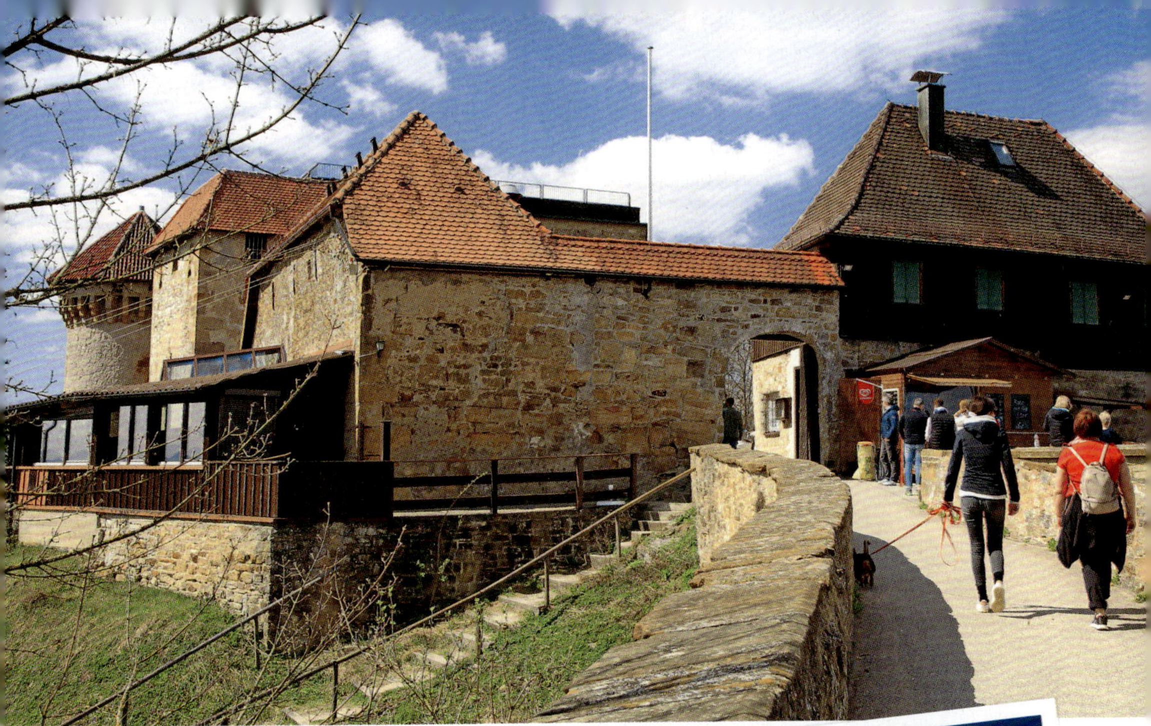

nab in Richtung Ortsmitte. Am Schild Barbarossakirche/Aufgang Burgruine Hohenstaufen (Süd) (611 m) nehmen wir die Treppe zwischen den beiden Kirchen. Am Schild Barbarossakirche/Staufermuseum (598 m) orientieren wir uns nach links, spazieren aber danach bei den öffentlichen Toiletten rechts in die Pfarrgasse. Gleich danach geht es nach links in die Straße Bruckhölzer. Es folgt eine Verzweigung, an der wir uns rechts halten. Bald erreichen wir die Reichsdorfstraße, orientieren uns nach links, biegen aber gleich rechts ab in die Ottenbacher Straße.

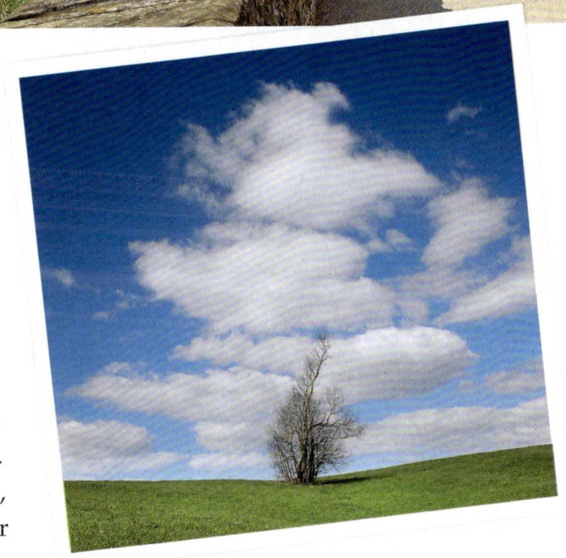

Gleichklang: Wolke und Baum

Ganz oben: Ruine Rechberg

Lebhaft strukturierte Landschaft Nun gehen wir eine Zeitlang durch das Wohngebiet abwärts. Nach den letzten Häusern und dem Schild Hohenstaufen, Ottenbacher Straße (530 m) wandern wir an der Verzweigung geradeaus weiter. Die Straße zieht am Schild Ottenbacher Straße/Oberer Merzenhof (498 m) nach rechts in Richtung dieses Hofes. Wir gehen hier geradeaus weiter und folgen erst einem breiten Wanderweg, danach einem schmalen und steil abfallenden Pfad zum Schild Waldspielplatz Eichholz (West) (403 m).

Kurz nach diesem kommen wir aus dem Wald. Wir wandern nach rechts nach **Ottenbach** 6, wo wir links in die Schulstraße abbiegen. Nach dem Schild Ottenbach Kirchbühlstraße/Schulstr. (400 m) kommen wir zum Schild Ottenbach Schulstraße/Hauptstraße (389 m). Dort wenden wir uns kurz nach links, gleich danach steigen wir auf einer Treppe nach rechts hinab. Wir überqueren den Bach und wandern nun auf dem Erlenweg bis zur vorfahrtsberechtigten Strutgasse.

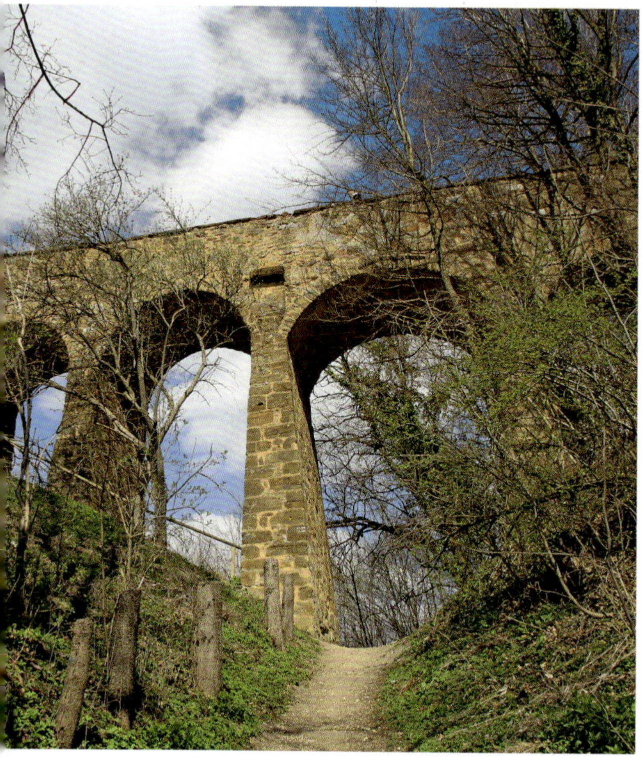

Brücke zur Ruine Rechberg

Aussichtsreicher Rückweg Auf ihr gehen wir nach links weiter. Wir passieren das Schild Ottenbach, Strutgasse/Buchenweg (384 m) und erreichen einen **Kreisverkehr**. Dort folgen wir der rechts abgehenden Adlerstraße, orientieren uns aber gleich nach links in den Fasanenweg und kommen zu einer **Dreiergabelung**. An dieser Stelle wandern wir geradeaus weiter, gehen aber an der nächsten Verzweigung nach rechts und verlassen den Ort. Jetzt bietet sich uns eine herrliche Aussicht über die Landschaft und zum Rechberg sowie im Rückblick zum Hohenstaufen. Danach geht es kurz am Waldrand entlang, dann nach rechts in den Wald. Vor dem Waldende weist uns das Zeichen nach rechts. Wir verlassen nach einem kurzen Anstieg den Wald nach links und schlendern jetzt wieder mit viel Aussicht durch Wiesen.

Nach dem Schild Östl. Kitzhölzle steigen wir weiter an und kommen in den Wald. Dort schickt uns das Schild nach rechts und wir passieren etwas später das »Kreuz im Wald«, eine Station des Ottenbacher Glaubensweges; hier sehen wir ein traditionelles Flurkreuz, das von einer modernen Installation begleitet wird. Wir folgen weiter dem Waldrand, wobei wir wieder eine einladende Aussicht über die Landschaft haben und kommen schließlich zum Schild Abzweig Haldenhof (526 m). Kurz darauf erreichen wir das Schild **Römerstraße/Schurrenhof** (538 m) 7, hier geht es nach links zurück zum **Campingplatz** E.

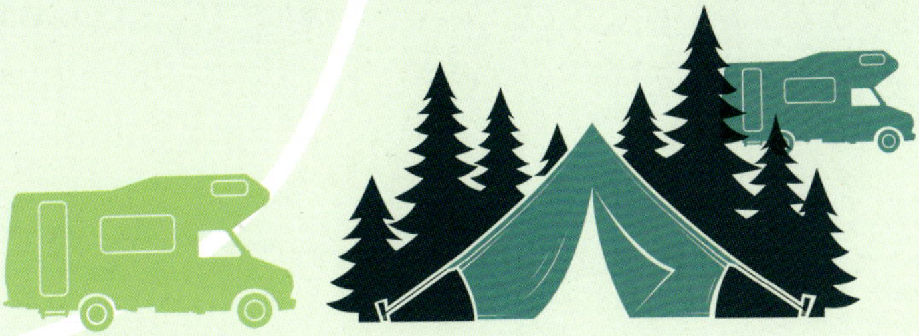

Campingplatz Schurrenhof

Inmitten der Kaiserberge

Der Platz liegt im Naherholungs- und Landschaftsschutzgebiet des Stauferlands zu Füßen der drei Kaiserberge – sie sind Wanderziele erster Klasse. Durch das angeschlossene Islandpferdegestüt ist er ein idealer Urlaubsort für die ganze Familie.

Der ganzjährig geöffnete Campingplatz besitzt alles, was seine Gäste für einen gelungenen Urlaub benötigen: Vom Supermarkt über ein Freibad und eine Gaststätte bis hin zu zahlreichen Möglichkeiten der Kinderunterhaltung. Wanderfreunde kommen in diesem Bereich der Schwäbischen Alb voll auf ihre Kosten. Für alle, die sich für Sehenswürdigkeiten und Geschichte interessieren, ist ebenfalls viel geboten.

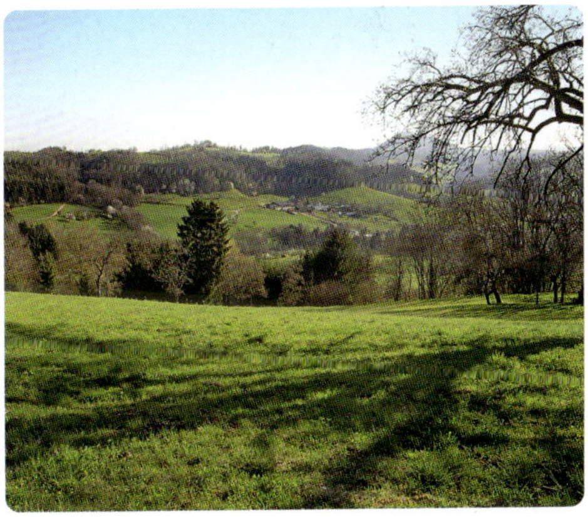

€€€

Geeignet für Wochenende, Urlaub, Familien, Singles, Senioren, Reiter

Adresse Campingplatz Schurrenhof, Schurrenhof 4, 73072 Schwäbisch Gmünd-Schurrenhof, Tel. 07165/92 85 85; 017330/099 90, Fax 07165/16 25, www.schurrenhof.de, info@schurrenhof.de

GPS 48.727841, 9.771109

Besonderheiten Freibad, Fahrradverleih, Kegelbahn, Tischtennis, Wildgehege, Grillplatz, Miniscooter, Minigolf, Minieisenbahn, Trampolinanlage, Pit-Pat, Einzelwaschkabinen, Spülgelegenheiten, Waschmaschinen, Trockner, Reiterferien mit Reiten auf Islandpferden für Kinder und Erwachsene, Reitkurse in den Schulferien, Hunde erlaubt

27 Durch das Wental

Uriger Wald und wilde Felsen

mittel | 11,8 km | 90 Hm | 3 Std.

Tourencharakter
Die Wanderung verläuft auf festen und Naturwegen. Der Wegverlauf der ersten Hälfte ist relativ kompliziert.

Ausgangs-/Endpunkt
Bartholomä, Wanderparkplatz Wental, L1165 gegenüber Hotel. Von hier Zugang zum Felsenmeer. Südlich des Hotels kleiner Parkplatz, hier schneller Zugang zum Spitzbubenstadel

GPS
48.733942, 10.014745

Karte
Wanderkarte W231 Heidenheim a. d. Brenz, 1:25000, Hrsg.: Schwäbischer Albverein e.V., Kartographie: Landesamt für Geoinformation und Landentwicklung Baden-Württemberg (LGL)

Anfahrt
Auto: Auf der Steinheimer Straße/L1165 kurz nach Süden bis zu den Parkplätzen beim Landhotel fahren.

Einkehr
Landhotel Wental

Information
www.bartholomae.de, www.steinheim.com, www.albuch.de

Das Wental ist eine der großen Natursehenswürdigkeiten der Schwäbischen Alb. Diese Tour nimmt ihren Weg durch das felsdurchsetzte Tal und urige Wälder. Zwei kürzere Varianten führen entweder nur durch das Tal oder nur zu Felsenmeer und Spitzbubenstadel.

Nach Bibersohl Wir gehen vom **Parkplatz** Ⓐ aus zum Wegweiser Parkplatz Wental (614 m) südlich des Hotels. Dort biegen wir rechts in Richtung Bibersohl ein. An der nächsten Verzweigung halten wir uns mit dem Wanderzeichen für Rundweg links. Wo der Schotterweg endet, gehen wir geradeaus auf einem grasbewachsenen Naturweg weiter. An einer Kreuzung halten wir uns mit dem Rundwegzeichen links und kommen zum Wanderschild Rauheck (625 m). Hier ignorieren wir den nach rechts abzweigenden Weg und wandern geradeaus weiter.
Bald überqueren wir einen Grasweg und behalten unsere Richtung bei, bis wir auf das Zufahrtssträßchen nach Bibersohl stoßen ❶. Wir biegen links ab und erreichen bald eine große Lichtung. Hier gehen wir links zwischen Feld und Waldrand geradeaus weiter. Nach einiger Zeit sehen wir rechts das Gebäude Bibersohl. Vor der großen gemauerten **Scheune** sollten wir rechts

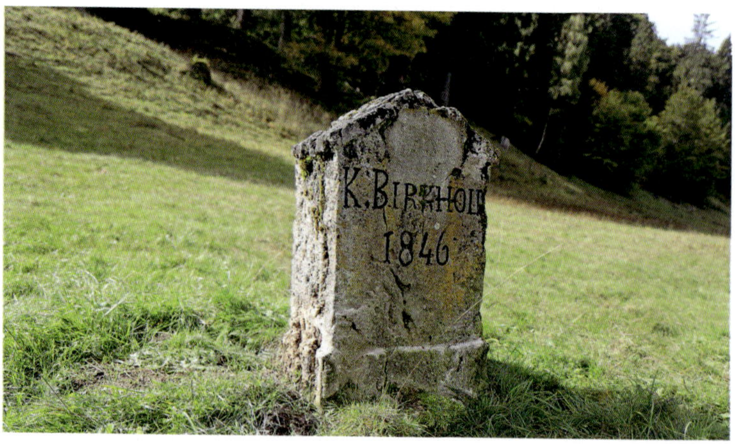

Gedenkstein im Wental

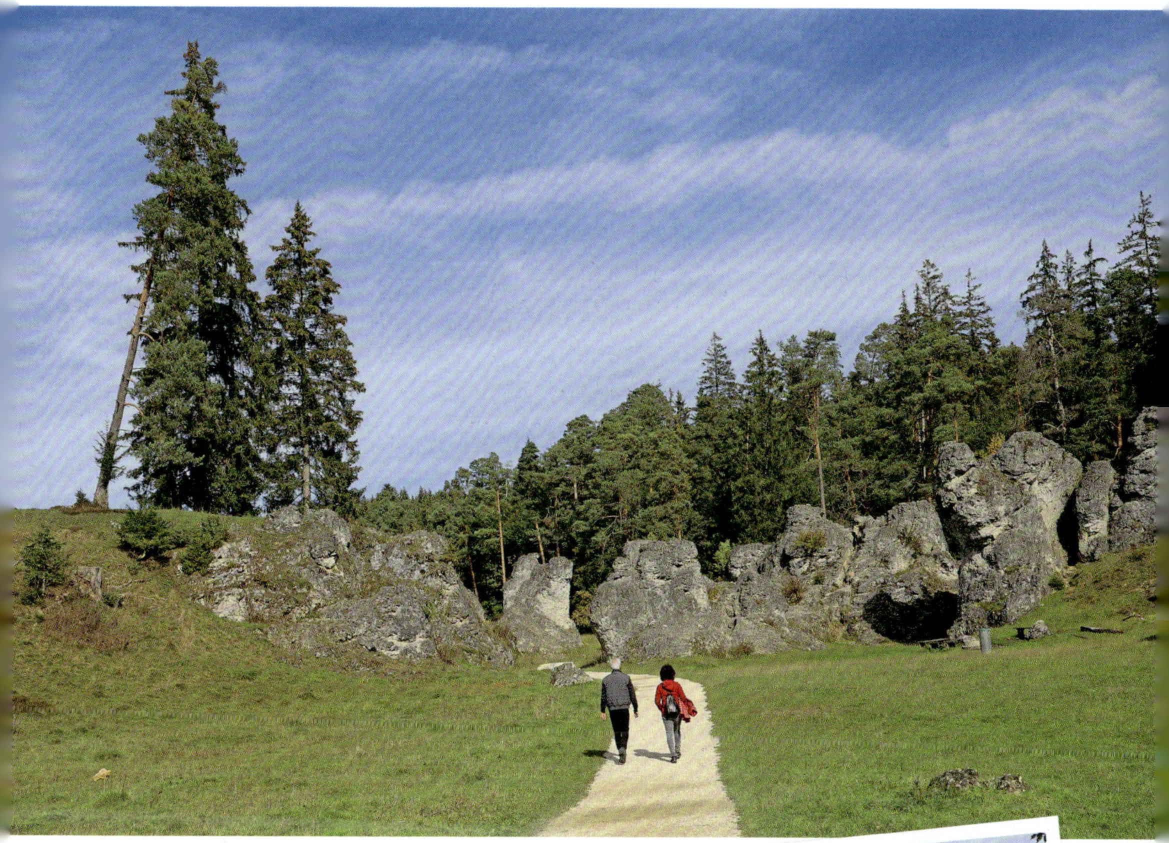

die als Naturdenkmal geschützte mächtige **Linde** ❷ beachten. Anschließend folgen wir dem Weg immer geradeaus.

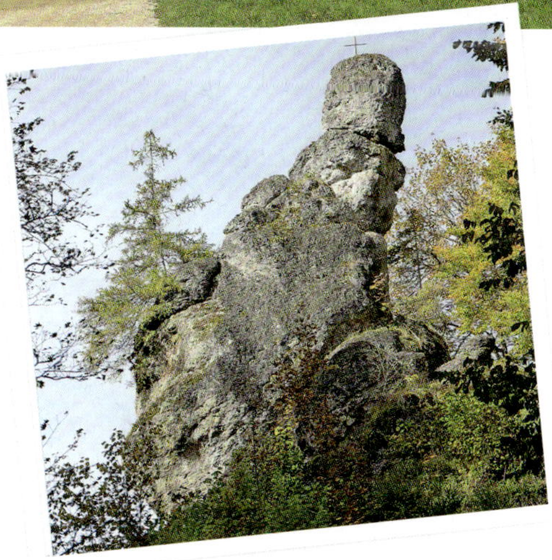

Die Felsenformation »Wentalweible«

Ganz oben: Im Wental

Durch urigen Wald Wir passieren die Schilder Bibersohl Südost (642 m) und Bibersohl Südost (643 m). Danach kommen wir in den Wald. An einer Verzweigung folgen wir mit dem Rundwegschild geradeaus dem **Tannäckerweg** weiter. An einer Kreuzung geht der Rundweg geradeaus weiter, wir wandern aber auf dem breiten, nach links ziehenden geschotterten Klösterlesträßle weiter.
Etwas später biegen wir nach einer ausgeprägten Linkskurve rechts in den Schotterweg ein ❸. Nach einem von links einmündenden Weg kommen wir bei einer Art **Verkehrsinsel** zu einem querenden Weg, dem Hombergsträßle. Ihm

folgen wir nach links. Nach einiger Zeit liegt rechts ein mit grünen Wasserlinsen märchenhaft bewachsener Weiher, das Naturdenkmal **Homberghülbe** 4.

Durch das Gnannental Danach gelangen wir zu einer **Wegspinne** 5. Hier halten wir uns in Richtung Kohlsteige links. Nach einer Rechtskurve geht es in der Kohlsteige steil hinab ins **Gnannental** 6. Dort biegen wir links ab und wandern bald auf einem Grasweg. Nach einiger Zeit sehen wir links einen großen **Spielplatz** mit Grillstelle, Tischen und Bänken 7. Danach passieren wir an die erste Informationstafel des Wentallehrpfads.

Das **Wental** ist ein typisches Trockental. Der Teil oberhalb der Straße besteht aus einem Felsenmeer inmitten von Grasflächen, der Teil unterhalb der Straße hingegen verläuft im Wald – hier gibt es einzelne Felsen zu bestaunen. Entstanden ist das Tal aus einem Flussbett. Als das Jurameer abzog und die Alb vor etwa 150 Millionen Jahren zu verkarsten begann, hat sich der Fluss immer tiefer ins Gestein gefressen, bis er schließlich ganz versickerte. Die freistehenden Felsengebilde im unteren Teil besitzen fantasievolle Namen wie Nilpferd, Sphinx, Spitzbubenstadel, Wentalweible oder Hirschfelsen. Besonders das sagenumwobene Wentalweible ist ein markanter Felszahn. Bemerkenswert ist auch die Flora des Tals mit den für die Alb typischen Wacholderheiden und Trockenrasengesellschaften.

Durchs felsenreiche Wental Am Schild **Drei Täler** (567 m) 8 folgen wir, praktisch geradeaus, dem Schotterweg. Nun sind wir im Wental und kommen immer wieder an den typischen Felsen vorbei. Wir passieren eine Schutzhütte und erreichen etwas später die markante und sagenumwobene Gestalt des **Wentalweibles** 9. Im Anschluss folgen wir an einer Verzweigung den verschiedenen Wanderzeichen nach links und erreichen eine Kreuzung mit dem **Schild Mühlgrund** (602 m). Wir gehen geradeaus weiter, passieren einen großen Grill- und Rastplatz, dann das Schild Mühlgrund Felsen mit Loch (609 m) und daraufhin eben diesen Felsen – seine Umrisse ähneln einer Burgruine. Es folgen riesige Felsbrocken, der **Spitzbubenstadel** 10. Gleich danach sind wir am **Parkplatz südlich des Hotels** E angelangt.
Jetzt lohnt es sich, das **Felsenmeer** aufzusuchen. Es liegt rechts der Straße hinter dem Schild Am Wental (616 m) und ist etwa 400 Meter lang. Wir folgen einfach dem Schotterweg, der durch das Gewirr wie von Riesenhand hingeworfenen Felsblöcken führt 11. Beachten sollte man gleich am Anfang die Hinweise auf einer Tafel, welche Flächen man betreten bzw. wo man rasten darf.

Hinweis Zu dieser Tour gibt es zahlreiche Varianten: Einfacher ist es etwa, wenn man dem Schotterweg durch das Wental folgt und auf demselben Weg zurückkehrt – oder man fährt die Strecke mit dem Fahrrad. Mit Kindern wiederum ist es empfehlenswert, bis zu dem schönen Spielplatz im Gnannental zu gehen. Die kürzeste Variante besteht darin, dass man vom Parkplatz aus nur das Felsenmeer besucht und auf der anderen Seite der Straße ab dem dortigen Parkplatz kurz in das Wental hineingeht bis zum Spitzbubenstadel. Auch dort können Kinder viel entdecken.

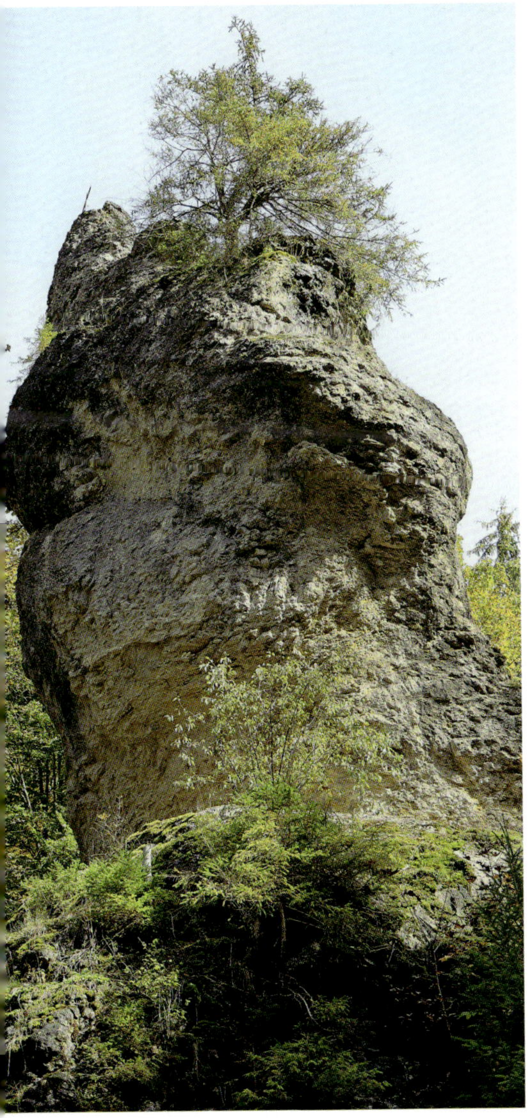

Um das »Wentalweible« rankt sich eine Sage.

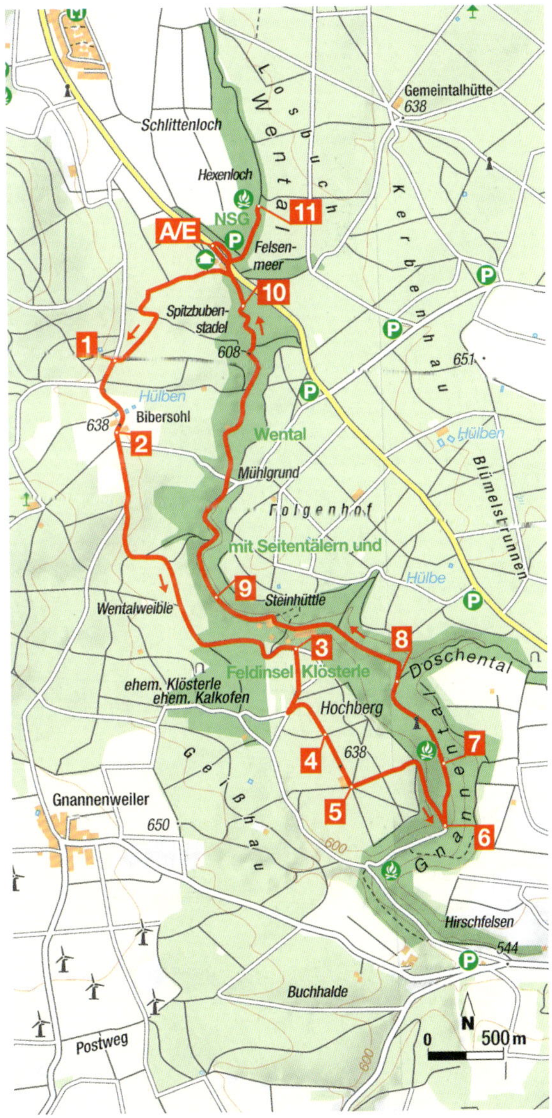

28 Um das Steinheimer Becken

Die Spuren eines Meteorits

leicht | 6,6 km | 100 Hm | 1.50 Std

Tourencharakter
Anfangs felsiger Pfad mit Steilabfällen, später feste Wege

Ausgangs-/Endpunkt
Steinheim-Sontheim im Stubental, Parkplatz am Wirtshäusle; Ausweichparkplätze gibt es beim Meteorkrater-Museum und beim Friedhof bzw. gegenüber bei der Wentalhalle/Sportzentrum.

GPS
48.673562, 10.068435

Karte
Wanderkarte W231 Heidenheim a. d. Brenz, 1:25 000, Hrsg.: Schwäbischer Albverein e.V., Kartographie: Landesamt für Geoinformation und Landentwicklung Baden-Württemberg (LGL)

Anfahrt
Auto: L1165 nach Steinheim, danach bis kurz vor die B466
ÖPNV: Bus bis Sontheim im Stubental, Haltestellen Sontheimer Wirtshäusle oder Burgstall

Einkehr
Steinheim im Stubental

Information
www.bartholomae.de, www.steinheim.com, www.steinheimer-becken.de, www.albuch.de

Zu Beginn der Tour wandern wir auf dem Kraterrand und bekommen einen Eindruck von der Wucht des Meteoriteneinschlags, der sich einst im Steinheimer Becken zutrug. Ein Abstecher ins Museum und auf den Klopfplatz rundet diesen Ausflug ab.

Felsiger Weg auf dem Kraterrand Am **Parkplatz beim Sontheimer Wirtshäusle** Ⓐ wenden wir uns nach Norden in Richtung Ort, biegen aber gleich darauf rechts in den Burgstallweg ab. Am Wanderschild Sontheim im Stubental Stubentalstraße (521) gehen wir rechts auf den schmalen Pfad. Das Zeichen des Meteoritenwegs bringt uns hinauf auf das kleine Felsmassiv **Burgstall** ❶. Hier befinden wir uns auf dem südlichen Rand des Meteorkraters. Von hier aus bietet sich uns eine prächtige Aussicht über das Steinheimer Becken.

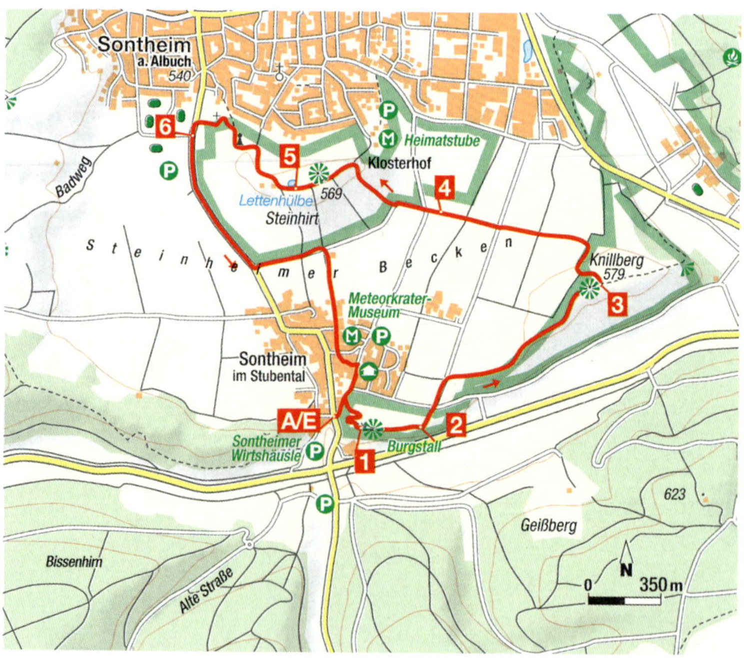

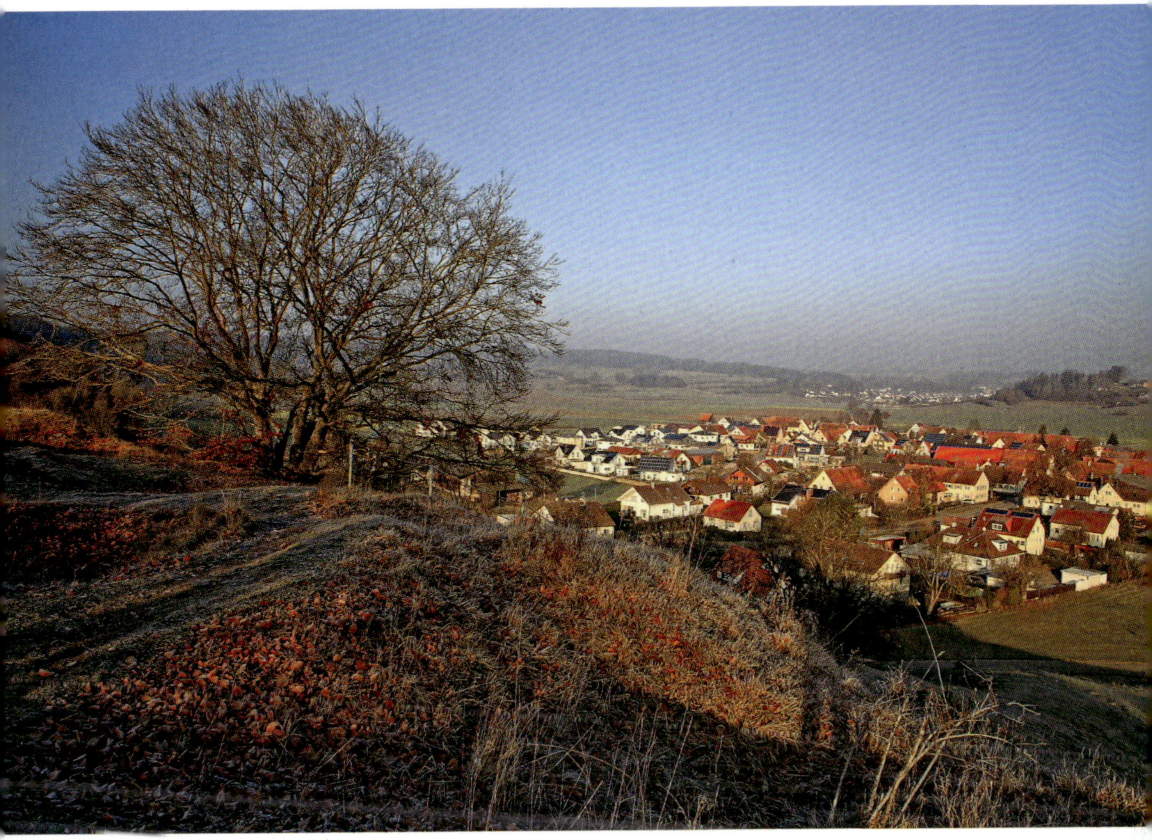

Blick auf Sontheim im Stubental

Der Pfad führt uns nun wieder abwärts, zieht nach links und bringt uns hinab ins Tal. Wir passieren die Infotafel Hohe Beet und werden kurze Zeit später nach links verwiesen ❷. Nach einem kurzen Stück auf einem Asphaltweg biegen wir nach rechts in Richtung des spitzen Hügels ab.

Auf dem Knillberg Der Weg führt uns nun wieder über den Kraterrand, wobei es nach rechts steil hinab ins Tal und zur Straße geht. Wir passieren die Spitze des Hügels, die wir bereits am letzten Abzweig erblickt haben, und gehen auf das originelle Knillwäldchen mit seinen licht stehenden und knorrigen Buchen zu. Danach erreichen wir das Schild **Knillberg** (575 m) ❸, hier halten wir uns links in Richtung Steinhirt.

Hinauf zum ehemaligen Kloster Wir wandern etwas abwärts, dann führt uns der Wanderweg in den Feldern erst nach rechts und gleich danach wieder nach links. Wir gehen weiter auf einem

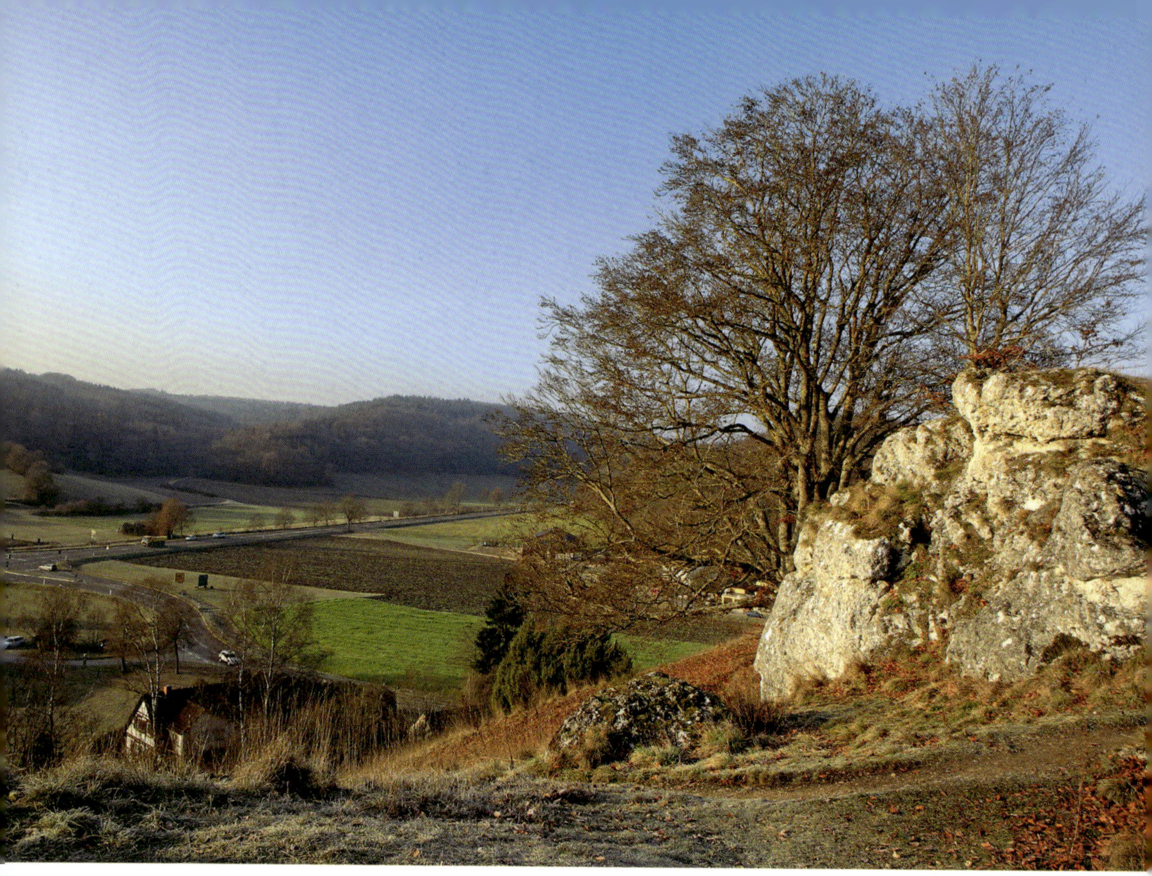

Blick vom Kraterrand

Asphaltweg durch die Felder bis zum Wanderschild **Steinheimer Ried** (526 m) ❹ vor einem Gehölz. Eine Infotafel bietet interessante Erklärungen zum Ried. Nun gehen wir auf dem Zentralhügel des Kraters hinauf zum Schild **Klosterhalde** (575 m). Eine Tafel hält Informationen bereit, über den sich rechts befindenden Klosterhof mit dem zugehörigen Heimatmuseum. Wir halten uns nun links und wandern auf einem unbefestigten Weg über den Steinhirt. Hier steht linker Hand der **Wäldlesfels**, ein acht Meter hoher **Algenkalkfelsen** ❺. Auf einer Infotafel können wir lesen, dass es hier einst zahlreiche Algenriffe gab. Sie wurden aber 1860 zur Schottergewinnung für den Eisenbahnbau abgebaut. Nur dieser eine Felsen blieb übrig. Seine Retter, Ludwig Schäffer und dessen Schwester Louise, sind neben ihm begraben.

Die **Heimatstube auf dem Klosterhof** zeigt Trachten, Werkzeuge und Erinnerungsstücke aus der einstmals von Deutschen besiedelten Ortschaft Neudorf – heute Novo Selo in Serbien. Die Vertriebenen haben in Steinheim eine neue Heimat gefunden. Außerdem sieht man eine vollständig erhaltene alte Schmiede und die Klosterküche.

Info: Terminvereinbarung über Gemeindeverwaltung, Tel. 07329/960 60.

Danach gehen wir an der Lettenhülbe vorbei – auch die Bedeutung dieses künstlich angelegten Teichs erklärt eine Tafel – und erreichen die Berghütte Kraterblick. Wir orientieren uns nach rechts und wandern an der Hütte vorbei. Auf der rechten Seite eröffnet sich uns eine herrliche Aussicht nach Steinheim und zum nördlichen Kraterrand.

Nun geht es nach rechts weiter. Wir werden aber noch vor dem Steilabfall linksherum nach Steinheim verwiesen. Bergab gehend passieren wir eine Gedenkstätte für die Gefallenen des Ersten Weltkriegs und die Toten durch die Vertreibungen während des Zweiten Weltkriegs und erreichen bald eine **Sammelstelle für Fossilien.**

Etwas später kommen wir zum Schild Sandgrube (549 m), wo wir uns links halten. Wir passieren die große Sandgrube und erreichen danach den **Friedhof** und den Parkplatz (6). Nun wenden wir uns nach links. Gleich rechts liegt der Parkplatz an der Wentalhalle/Sportzentrum.

Weiter gehen wir auf dem Weg neben der Straße zur Infotafel über die Bohrung im Ried. Dort orientieren wir uns nach links. Vor der hölzernen **Feldscheune** biegen wir rechts ab und kommen nach Sontheim. Hier gehen wir vor der Gaststätte nach links, dann am Brunnen rechts in den Hochfeldweg. Linker Hand steht bald das empfehlenswerte **Meteorkrater-Museum.** Danach wenden wir uns nach rechts in den Burgstallweg und sind bald zurück am **Ausgangspunkt** (E).

Auf dem **Klopfplatz** dürfen sich Kinder Versteinerungen zur Erinnerung aus den Steinen klopfen. Wer ihnen dieses Vergnügen bieten will, sollte sicherheitshalber außer einem Hammer auch Lederhandschuhe zum Schutz der Hände mitbringen – denn Fehlschläge lassen sich nicht vermeiden. Eine Schutzbrille gegen absplitternde Steinteile ist außerdem ratsam, ebenso wie ein Rucksack zum Tragen der Steine. Parkt man am unterhalb der Klopfstelle liegenden Parkplatz beim Friedhof, müssen die Funde nicht mehr weit getragen werden. In diesem Fall beginnt man die Wanderung dort.

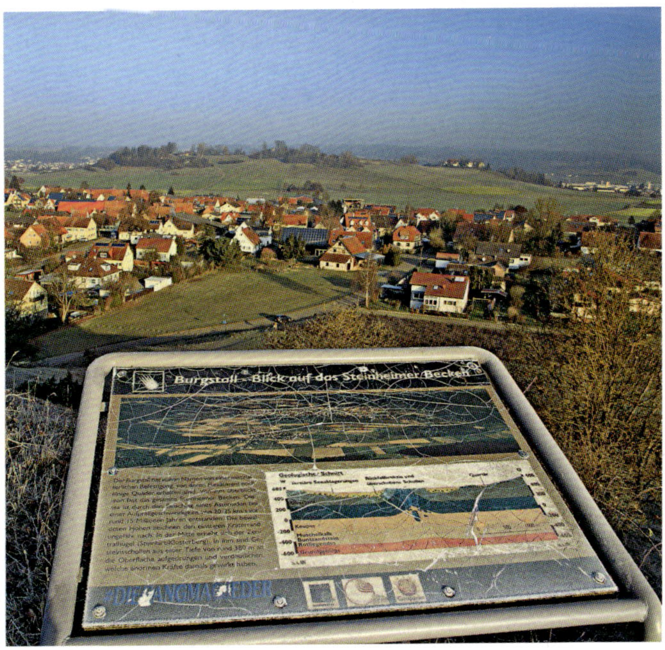

Tafeln informieren über die Landschaft.

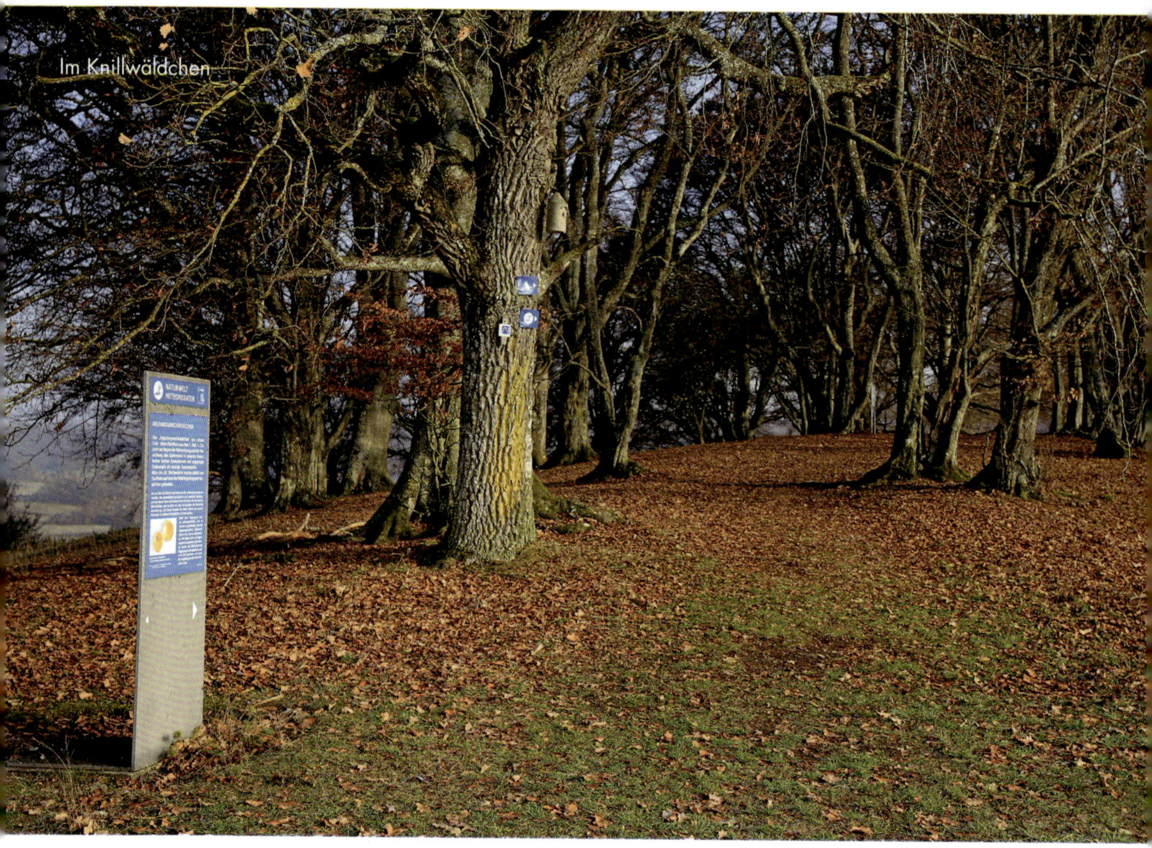
Im Knillwäldchen

Meteoriteinschlag im Steinheimer Becken

Das **Steinheimer Becken** ist ein bestens erhaltener Meteoritenkrater. Im Tertiär vor etwa 15 Millionen Jahren schlug der Meteorit hier ein. Der zentrale Kegel ist der Klosterberg. Durch den Einschlag wurde alles Leben im Becken vernichtet, bald entstand jedoch ein Kratersee mit neuem Leben. Deshalb finden sich in den Ablagerungen Versteinerungen von etwa 230 Tier- und 90 Pflanzenarten. Das Gebiet ist 426 Hektar groß und wurde wegen seiner Besonderheiten wie Wacholderheiden, Magerrasen, Trockenrasen, reich strukturierten Gehölzbeständen, Waldinseln, naturnahen Laubwälder, Weidbäumen und Felsbiotopen als Naturschutzgebiet ausgewiesen.

Die reiche Vergangenheit dieser Landschaft lässt sich im **Meteorkrater-Museums** gut nachvollziehen. In dessen geologischer Abteilung wird der Meteoriteneinschlag verständlich erklärt. Das Museum ist zugleich Geopark-Infostelle des Geoparks Schwäbische Alb. Interessant sind die Versteinerungen von Pflanzen und Tieren aus den Ablagerungen des Kratersees. Kinder werden sich sicher auch für den Animationsfilm interessieren.

Amalienhof

Auf dem herrlichen Albuch

Auf dem Albuch inmitten wundervoller Landschaften mit Natursehenswürdigkeiten liegt der Campingplatz Amalienhof. Auch zu den beliebten Bädern Aquarena in Heidenheim oder nach Aalen zu den Limes-Thermen und dem Limes-Museum ist es nicht weit.

Der Platz mit seinen 80 Stellplätzen, Mietwohnwagen und angeschlossenen Ferienhäusern bietet sich ganzjährig an für Camper, die gerne in wunderschöner Landschaft wandern oder Rad fahren. Campinggäste erwarten viele Einrichtungen, wie ein Badesee oder Plätze für verschiedene Arten von Ballspielen. Für Kinder gibt es einen Spielplatz. Zu Ausflügen und Wanderungen auf dem Albuch locken Heidenheim, Aalen, das Kalte Feld und das Brenztal mit den Steinernen Jungfrauen bei Herbrechtingen.

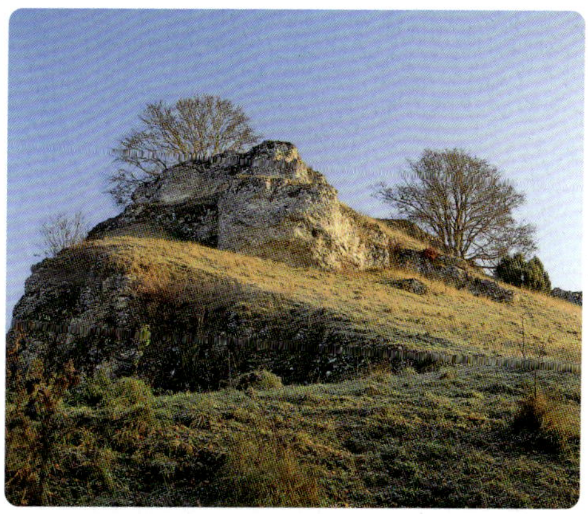

€€€

Geeignet für Wochenende, Urlaub, Familien, Singles, Senioren

Adresse Amalienhof, Familie Sadlowski, Haflinger Str. 15, 73566 Bartholomä, Tel. 07173/7542, Fax 07173/71300, www.campingplatz-amalienhof.de, amalienhof-camping@t-online.de

GPS 48.748474, 9.998780

Besonderheiten Ferienhäuser, Mietwohnwagen, Mietzelt, Badesee, Angeln, Indoor-Aufenthaltsraum, Spielplatz, Beachvolley, Basketball, Fußball, Boules, Riesentrampolin, Tischtennis, WLAN, Hunde erlaubt

29 Von Lauterburg nach Essingen

Remsquelle und Pfaffensturz

mittel	10,4 km	250 Hm	3 Std

Tourencharakter
Die Wanderung verläuft überwiegend auf festen Wegen, kurze Stücke auf Pfaden.

Ausgangs-/Endpunkt
Lauterburg, Parkplatz Friedhof an der L1165, gegenüber vom Campingplatz Hirtenteich

GPS
48.786194, 9.983698

Karte
Wanderkarte W222 Ellwangen (Jagst), 1:25000, Landesamt für Geoinformation und Landentwicklung Baden-Württemberg (LGL) in Zusammenarbeit mit dem Schwäbischen Albverein e.V.

Einkehr
Biergarten Remsgärtle, am Anfang von Essingen

Information
www.essingen.de

Wer den Unterlauf der Rems kennt, den wird ihre bescheidene Quelle erstaunen. Dort angelangt, erwartet die Kinder eine Kugelbahn – für den Kauf einer Holzkugel sollte man Kleingeld bereithalten. Dann geht es nach Essingen und zum Aussichtspunkt Pfaffensturz.

Hinab zur Remsquelle Wir gehen vom **Campingplatz zum Parkplatz beim Friedhof** (691 m) Ⓐ und folgen danach dem durch die Wiesen führenden Pfad bis zu einem festen Feldweg. Auf ihm gehen wir nach rechts bis zum Bergwachthaus, wo wir am Schild **Lauterburg Reutestraße** (690 m) ❶ links abbiegen. Nun geht es mit den Wanderzeichen blaues Dreieck und Remstal Höhenweg steil hinab. Vor der Straße biegen wir am Schild **Tonnenwang West** (550 m) ❷ links ab. Ab jetzt begleiten uns eine Kugelbahn und verschiedene für Kinder gedachte Tafeln, deren

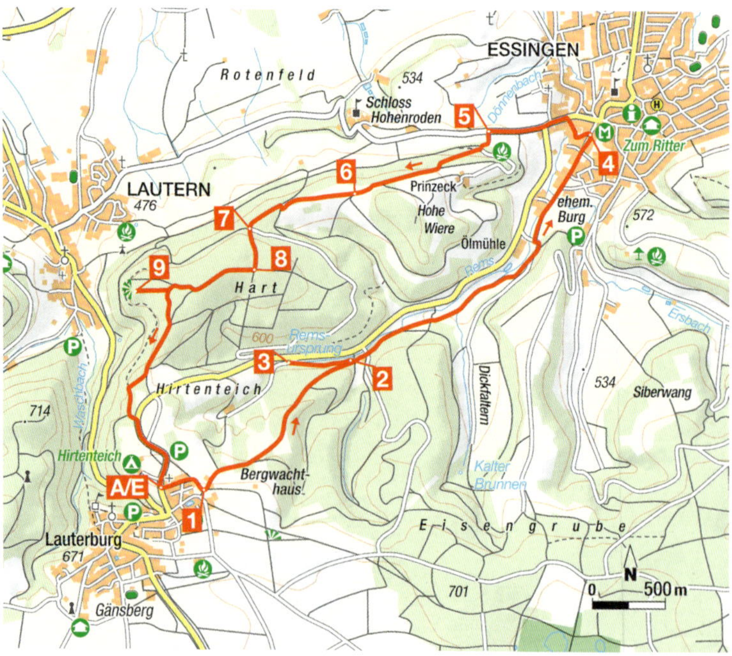

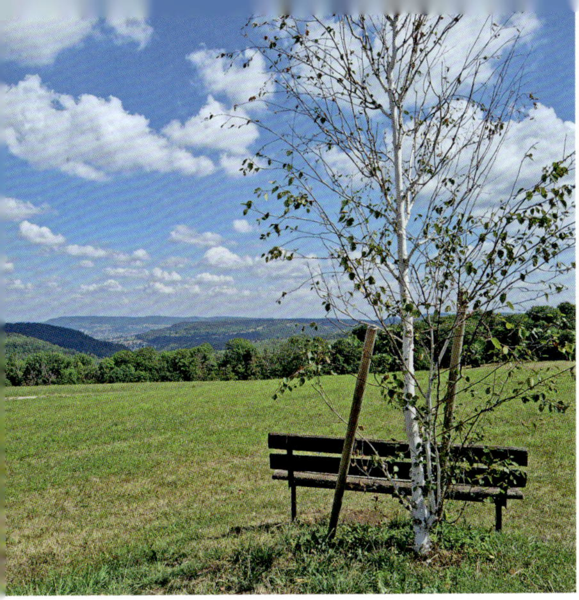
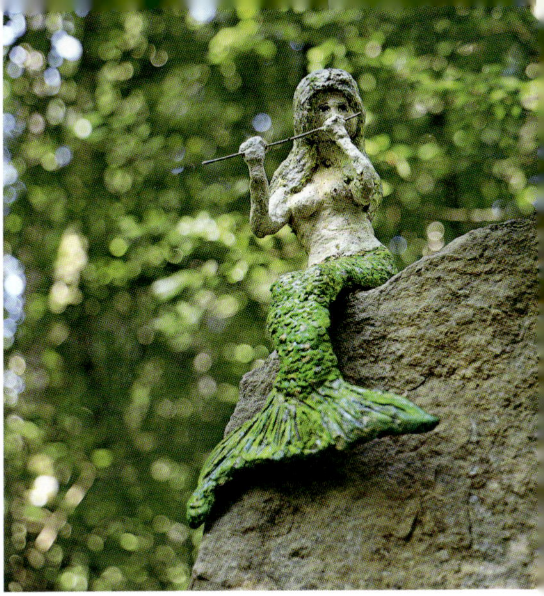

Sagengestalt an der Remsquelle

Links: Blick über die Albhöhen

Sinn sich uns aber vorerst nicht erschließt. Nach knapp einem halben Kilometer haben wir die **Remsquelle** 3 erreicht. Hier gibt es verschiedene Informationstafeln für Erwachsene, aber auch für Kinder, unter anderem über eine Sage. Danach gehen wir zurück; nun haben die Kinder den Inhalt der Tafeln verstanden und können ihre Holzkugel bis zum Abzweig rollen lassen.

Ein Schild an der Remsquelle vermittelt grundlegendes Wissen über den Fluss:
Rems-Ursprung:
Höhe der Quelle: 551 m ü. NN
Höhe der Mündung: 203 m ü. NN
Gesamtlänge: 80 km
Gesamtgefälle: 348 m
Durchschnittsgefälle: 4,35 m/km

Über Essingen in die Höhe Am Schild Tonnenwang West (550 m) halten wir uns rechts und gehen am Zaun für den Spielplatz, die Kläranlage und danach für die Fischzucht entlang bis zu einem kleinen Parkplatz. An ihm vorbei marschieren wir parallel zur Rems. Wir sehen immer wieder Tafeln mit Sinnsprüchen, dann kommen wir zum **Kinderspielplatz Weinberg** (534 m). Vorbei an einem weiteren Spielplatz erreichen wir das Schild Ölmühle (500 m). Der Weg beschreibt eine Linkskurve, dann biegen wir rechts ab und gehen am Biergarten vorbei nach **Essingen** hinein.

Nach **Hausnummer 12** 4 wenden wir uns nach links auf einen schmalen Weg. Nach einer Wiesenfläche gehen wir rechts über die Brücke und danach in der Bachstraße bis zur querenden Hauptstraße. Auf ihr verlassen wir nach links ansteigend den Ort. Nach den Häusern ignorieren wir die rechts abzweigende Straße zum Friedhof und die nach links ziehende Straße Richtung Lauterburg, wir gehen hingegen auf der Straße nach Lautern Hohenroden geradeaus weiter, den Berg hinauf.

Über den Aussichtspunkt zurück Nach einem kurzen Anstieg biegen wir am Schild **Helenenhalde** (532 m) **5** links ab und kommen in den Wald. Wo das Sträßchen eine scharfe Linkskurve beschreibt, nehmen wir den zweiten Weg von links, der auch mit Wanderzeichen markiert ist. Auf ihm gehen wir nun weiter bergauf.

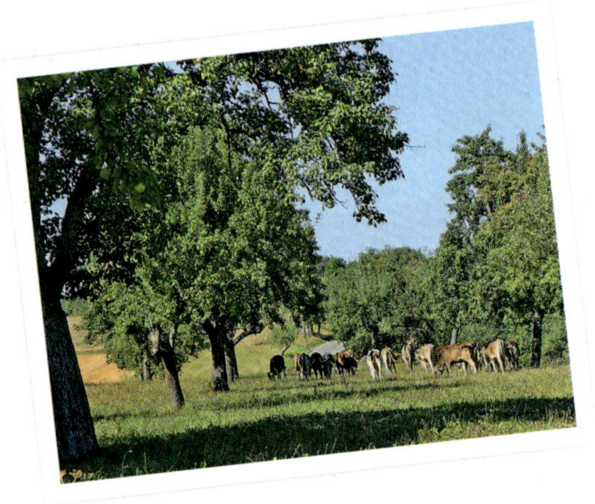

Weidende Kühe

Am Waldrand orientieren wir uns nach rechts und gehen auf einem Wiesenweg zwischen Weiden und Wald bis zu einem breiten Feldweg. Er bringt uns nach rechts in den Wald. Dort halten wir uns an einer Verzweigung rechts, verlassen bald darauf den Wald und kommen auf eine weite Wiesenfläche. Wir gehen kurz geradeaus bis zu den Bäumen **6**. Dort zweigen wir rechts ab und wandern links von der Gehölz- und Baumreihe weiter, bis wir wieder in den Wald kommen.

Dort halten wir uns am Schild Tannenreute (632 m) links auf einen Querweg. Am folgenden Schild **Hart** (642 m) **7** gehen wir geradeaus weiter. Der Weg zieht gleich darauf nach links und bringt uns zu einer **Kreuzung** **8**. Dort nehmen wir den rechts abgehenden Weg. An der nächsten Verzweigung orientieren wir uns nach rechts in Richtung des Aussichtspunkts Pfaffensturz.

Zum Pfaffensturz Nach einem Linksknick kommen wir zum Schild Pfaffenberg (691 m). Hier geht es später nach links weiter, zuerst aber halten wir uns rechts und wandern vorbei an einem alten Grenzstein zum **Aussichtspunkt Pfaffensturz** **9**. Von hier aus hat man einen schönen Blick zum felsigen Rosenstein und hinab ins Albvorland.

Danach gehen wir zurück zum Schild Pfaffenberg (691 m) und biegen rechts ab. Etwas später quert ein breiter Forstweg. Ihm folgen wir nach rechts. Bald verlassen wir rechts über eine großen Wiesenfläche den Wald, gehen aber gleich darauf mit den Wanderzeichen nach rechts wieder in ihn hinein. Nach einer Linkskurve folgen wir einem Querweg nach rechts, das Wanderzeichen sehen wir kurz danach. Wir ignorieren die nächste Abzweigung nach rechts und kommen bald aus dem Wald. Rechts liegt schon der Campingplatz. Wir gehen rechts des Waldes auf dem Wiesenweg bis zur Straße und zum Friedhof und von dort nach rechts zum **Campingplatz** **E**.

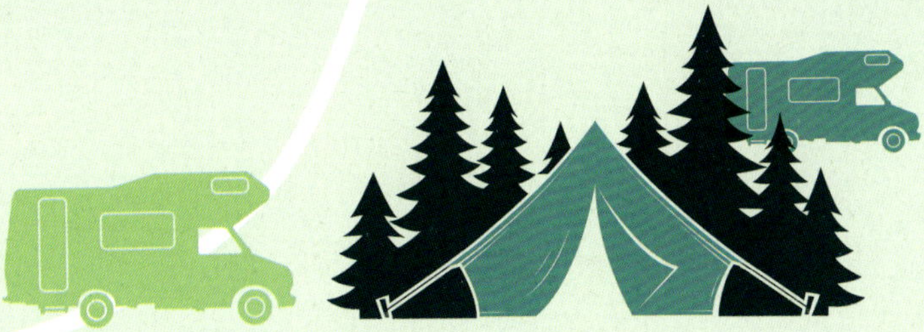

Campingplatz Hirtenteich

Übernachten mit Aussicht

Der gepflegte Campingplatz befindet sich auf einem Hochplateau im GEO-Park Schwäbische Alb. Er bietet eine schöne Sicht zum Rosenstein, um ihn herum gibt es unzählige Möglichkeiten zum Wandern und Radfahren.

Der großzügig gestaltete Campingplatz Hirtenteich liegt auf einem fünf Hektar großen Gelände auf der Ostalb. Er lässt keine Camperwünsche offen, denn er besitzt moderne, barrierefreie Sanitärgebäude, einen Kiosk, eine Gaststätte mit Sonnenterrasse, einen Pool und eine Sauna, einen Kinderspielplatz, einen Grillplatz und kostenloses WLAN. Im Winter findet man gleich hinter der Dorfstraße einen Skilift und den Einstieg zur Loipe.

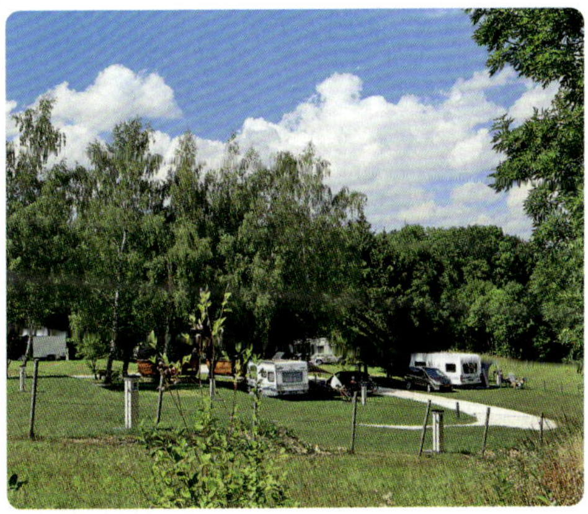

€€€

Geeignet für Wochenende, Urlaub, Familien, Singles, Senioren

Adresse Campingplatz Hirtenteich, Hasenweide 2, 73457 Essingen, Tel. 07365/296, www.campingplatz-hirtenteich.de, info@hirtenteich.camp

GPS 48.786508, 9.981517

Besonderheiten Befestigte Reisemobilstandplätze, Zeltwiese, Pool (12 x 6 m), barrierefreie und rollstuhlgerechte Sanitäranlage, Babybad mit Wickeltisch, Sauna, Campingfässer, Kinderspielplatz, Grillplatz, Hundeduschen, WLAN

30 Von der Seenplatte in die Höhe

Idyllische Tour mit Ausblick

mittel | 8,4 km | 120 Hm | 2.10 Std.

Tourencharakter
Die Wanderung verläuft überwiegend auf festen Wegen, teilweise auch auf Pfaden.

Ausgangs-/Endpunkt
Abtsgmünd-Pommertsweiler, Hammerschmiede

GPS
48.945439, 9.975778

Karte
Wanderkarte W221 Schwäbisch Gmünd, 1:25 000, Hrsg.: Schwäbischer Albverein e. V., Kartographie: Landesamt für Geoinformation und Landentwicklung Baden-Württemberg (LGL)

Anfahrt
Die Tour startet am Campingplatz.

Einkehr
keine

Information
www.abtsgmuend.de

Die Tour beginnt am Campingplatz und führt am größten See der kleinen Seenplatte, dem Eisenweiher, vorbei. Danach wandern wir durch eine idyllische Landschaft mit Wäldern, Wiesen, Streuobstwiesen und Feldern. Immer wieder bieten sich schöne Ausblicke.

Durch den Wald nach Hinterbüchelberg

Wir gehen vom **Campingplatz** Ⓐ zur Straße Hammerschmiede und dort nach rechts. Dann folgen wir dem Sträßchen in Richtung Straßdorf leicht bergauf. Die Ziegelhütte lassen wir links liegen, verlassen bald den Wald und gehen zwischen Wiesen und einzelnen Obstbäumen bis zu einer **Verzweigung** vor dem Wald ❶.
Auf dem linken, geradeaus führenden Weg kommen wir später zurück. Jetzt halten wir uns aber rechts und wandern mit dem Zeichen rotes Kreuz am Waldrand entlang in Richtung Hinterbü-

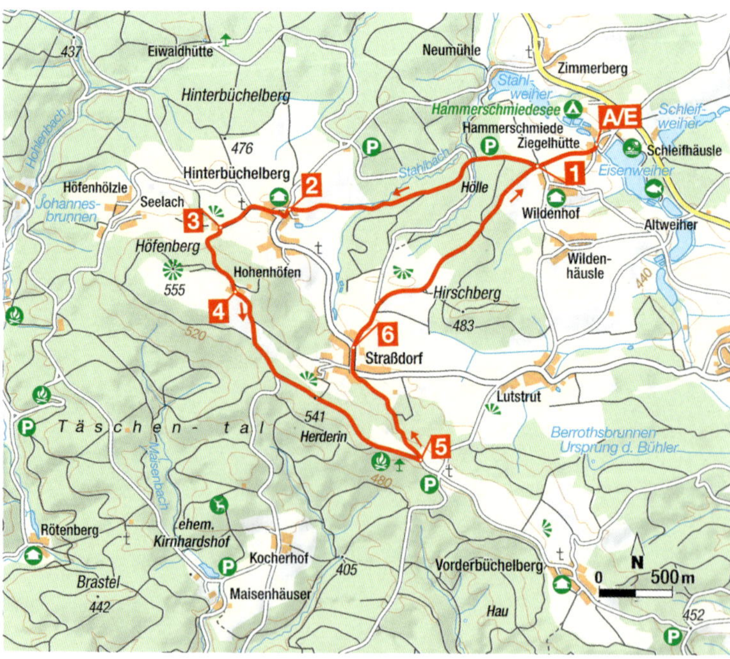

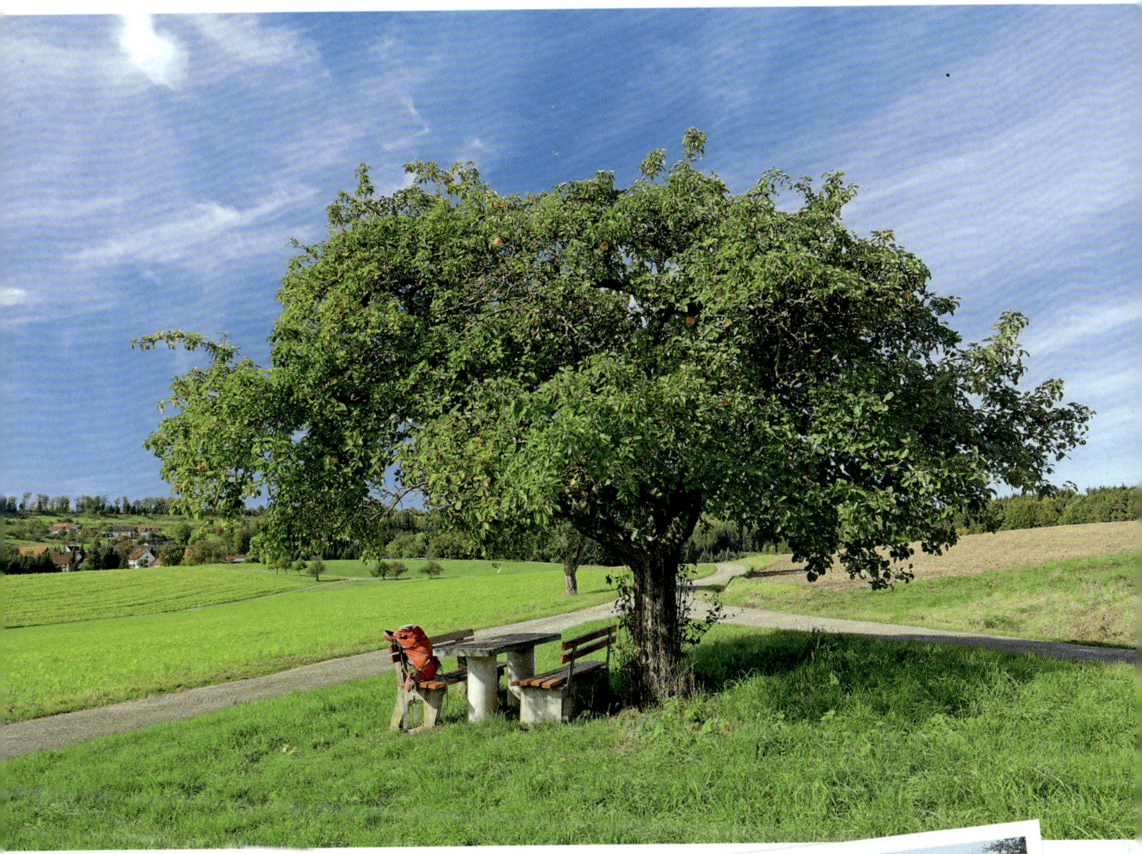

chelberg. Kurz danach kommen wir in den Wald, wo wir bald links des Weges als Kleindenkmal einen alten Grenzstein mit einer württembergischen Hirschstange sehen. Wir folgen dem roten Kreuz immer geradeaus, wobei der Weg bald in einen Pfad übergeht.

Schließlich verlassen wir den Wald nach rechts und gehen über eine Wiese nach **Hinterbüchelberg** ❷. Dort stoßen wir auf die Durchgangsstraße. Ihr folgen wir nach links, dann halten wir uns an der Verzweigung rechts in Richtung Untergröninge.

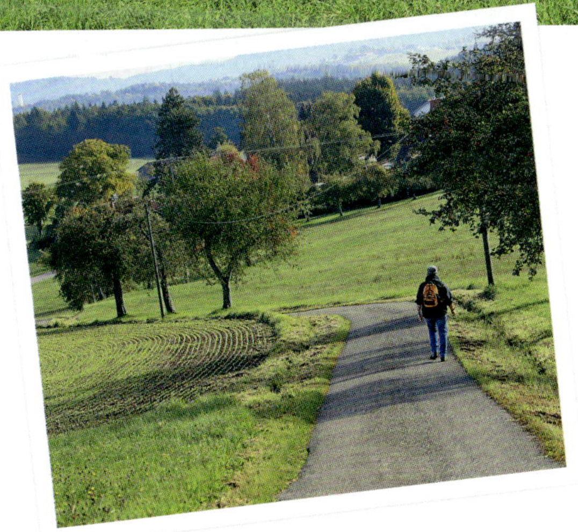

Die Wanderung führt auf und ab.

Ganz oben: Idyllischer Rastplatz

Auf den Berg Nach dem Ort können wir in der Ferne den Aussichtsturm auf dem Altenberg sehen. An der nächsten Abzweigung halten wir uns links in Richtung Spiegelrain. Vor

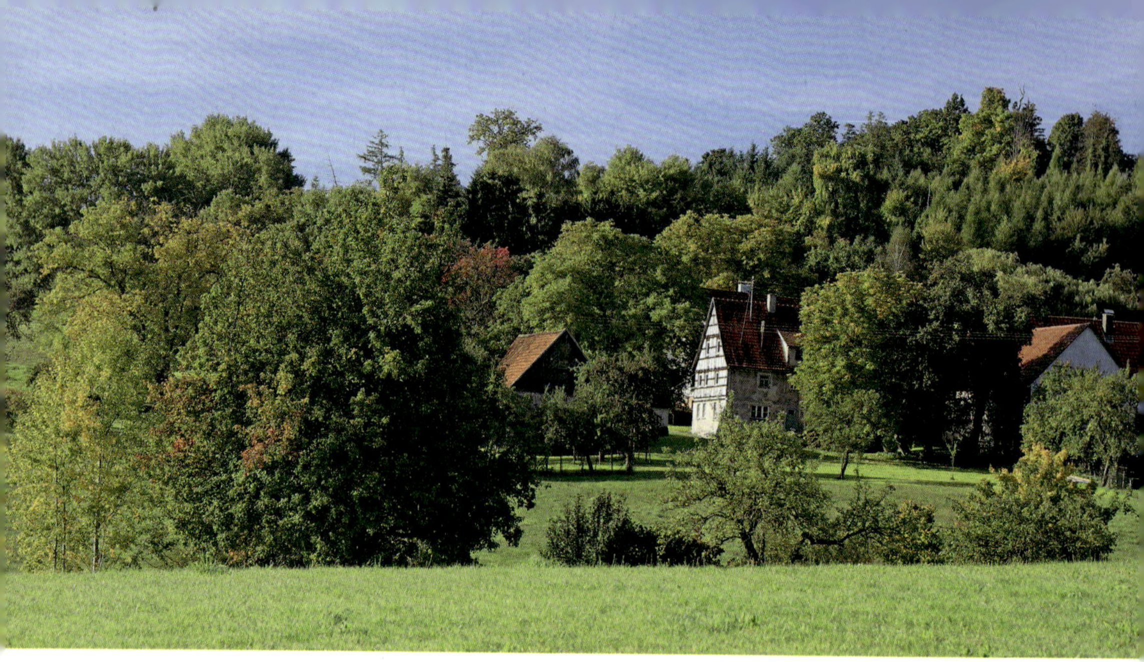

Blick auf Hinterbüchelberg

dem Hof ❸ folgen wir dem Weg nach links. Wir kommen in den Wald, dies ist der letzte Anstieg dieser Wanderung. Nach dem Wald geht es nach links weiter nach **Hohenhöfen.** Hier befinden wir uns auf der höchsten Stelle der Tour.

Von der Höhe bergab zurück Wir gehen zwischen den Gebäuden ❹ hindurch, wandern danach zwischen Wiesen und Feldern zum gegenüberliegenden Waldrand. Hier halten wir uns links. Bald erreichen wir eine Verzweigung, bei der es auf einem Sträßchen nach links weitergeht. Links befinden sich Tannenbaumplantagen. Zweimal kann man zwischen ihnen zum Steilabfall gehen, von wo man eine prächtige Aussicht hinab nach Hinterbüchelberg und weit ins Land hat.

Nach den Plantagen wandern wir zwischen Waldrand und Wiesen bis zu einem **Rastplatz** mit Schutzhütte und Grillstelle ❺. Hier biegen wir in spitzem Winkel links ab in Richtung Straßdorf. Nun führt der Weg abwärts, anfangs durch den Wald, danach mit freier Sicht zwischen Wiesen bis **Straßdorf** ❻.

Dort behalten wir unsere Richtung bei und durchqueren den Ort, bis wir uns zwischen den Häusern 13 und 6 rechts in Richtung Hammerschmiede halten. Wir verlassen das Dorf und wandern zwischen Feldern und mit weiter Aussicht zum Wald. Wir durchqueren ihn, bleiben danach am Waldrand und kommen bald zu der Stelle, wo sich die Wege gleich zu Anfang der Tour verzweigt haben ❶. Nun geht es auf bekanntem Weg hinab zum **Ausgangspunkt** Ⓔ.

Camping Hammerschmiedesee

Urlaub inmitten ländlicher Idylle

An der Bühler, an einer kleinen, idyllischen Seenplatte und inmitten ruhiger ländlicher Umgebung gelegen, bietet sich der Platz für einen erholsamen Urlaub und schöne Wanderungen in prächtiger Landschaft an. Er ist von Mai bis September geöffnet.

Der direkt am Hammerschmiedesee liegende und naturnah gestaltete Campingplatz besitzt einen Jahrescampingplatz für Dauercamper, einen Gruppenzeltplatz mit Feuerstellen und einen Familienplatz direkt am See. Für Durchgangs- und Feriencamper sind etwa 100 Stellplätze vorhanden. Die von einem Wäldchen umschlossenen 160 Jahresstellplätze sind terrassiert. Im See können die Gäste baden, surfen und Boot fahren.

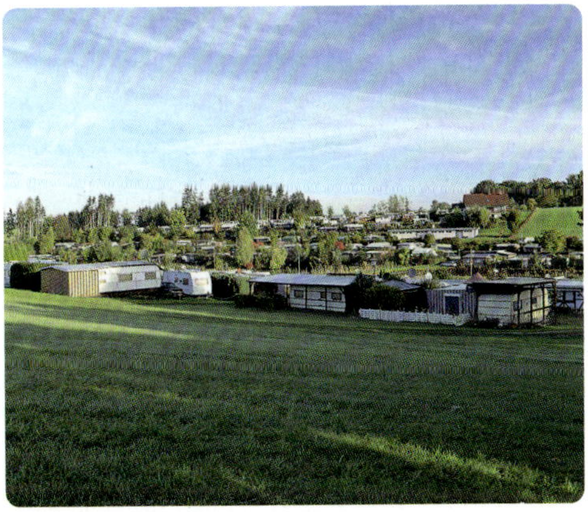

Geeignet für Wochenende, Urlaub, Familien, Singles, Senioren, Kurzurlauber, Tagesgäste, Gruppen, Zeltlager, für Dauercamper ganzjährig geöffnet

Adresse Camping Hammerschmiedesee, Familie Joachim Hug, Hammerschmiede 2, 73453 Abtsgmünd-Pommertsweiler, Tel. 07963/369, www.hug-hammerschmiede.de, hug.hammerschmiede@t-online.de

GPS 48.946187, 9.977115

Besonderheiten Wasch- und Trockenautomaten, Geschirrspülraum, Gasflaschentausch, WLAN beim Kiosk, Tretboot- und Ruderboot-Verleih, Hunde erlaubt, separates Gelände für Gruppen und Zeltlager

31 Vom Bühlertal auf den Altenbergturm

Urlaubsparadies von oben

mittel | 15,3 km | 270 Hm | 4.10 Std.

Tourencharakter
Wir wandern auf geschotterten und asphaltierten Wegen und Sträßchen.

Ausgangs-/Endpunkt
Bühlerzell, Parkplätze um Rathaus und Kirche, Heilbergerstraße/Kirchgasse. Ausweichparkplätze gibt es unterhalb des Aussichtsturmes.

GPS
49.002622, 9.918634

Karte
Freizeitkarte 519 Crailsheim, 1:50 000, Landesamt für Geoinformation und Landentwicklung Baden-Württemberg (LGL)

Anfahrt
Auto: Auf der K2627 nach Nordwesten (Adelmannsfelder Straße), dann nach Südwesten nach Bühlerzell (Kammerstatter Straße)

Einkehr
Bühlerzell, evtl. sonntags einfache Einkehrmöglichkeit beim Altenbergturm

Information
www.sulzbach-laufen.de

Auf abwechslungsreichem Weg führt uns die Tour zum Altenbergturm, einem der markantesten Aussichtstürme des Landes. Auf der höchsten Stelle im Umkreis gelegen, bietet er einen herrlichen Rundumblick über den Schwäbisch-Fränkischen Wald und zur Kette der Albberge.

Durch Wiesen und Wald Wir starten nördlich der **Kirche am Fischerplatz** Ⓐ. Hier folgen wir der Straße in Richtung Geifertshofen Mittelfischbach. Wir überqueren die Bühler und biegen danach links ab in den Mühlweg in Richtung Trögelsberg. Nun wandern wir auf dem Sträßchen, das uns mit einigen Windungen durch ein liebliches Tal hinauf zu diesem Weiler ❶ führt.

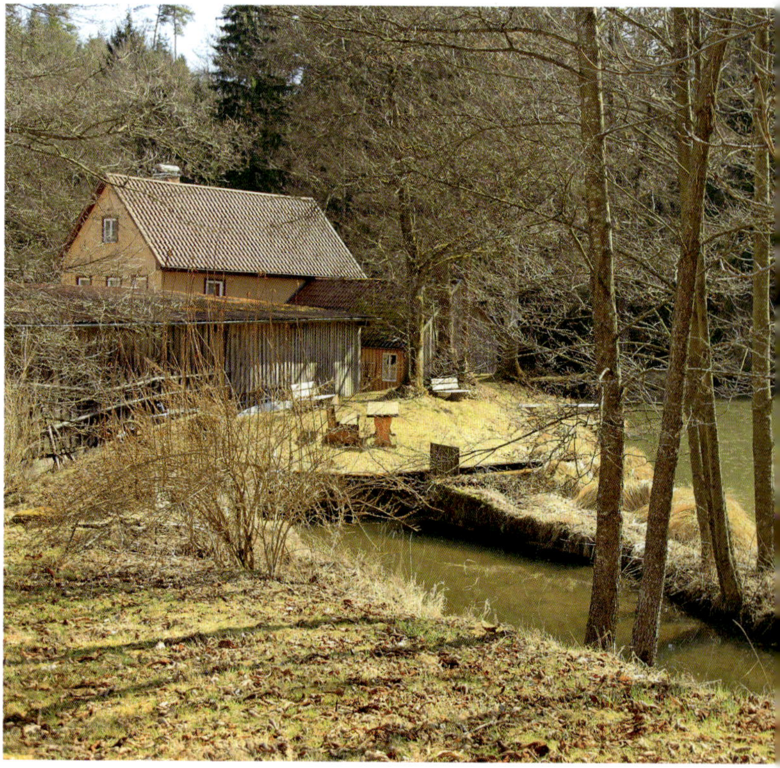

Idylle am Bach

Unterwegs sollten wir ab und zu zurückblicken, denn Bühlerzell bietet von diesem Weg aus einen schönen Anblick.

Hinauf zum Aussichtsturm in Trögelsberg Wir marschieren durch den Weiler hindurch bis vor den Wald, dort biegen wir mit dem Wanderzeichen roter Punkt links ab. Kurz danach fällt der Weg ab in ein Tal. Dort angekommen, gehen wir nach links wieder hinauf. An einem querenden Sträßchen halten wir uns rechts, biegen aber etwas später links ab in Richtung »Hambacher Mühle«. Nun wandern wir im Wald hinab zur **Mühle**, hinter der ein Campingplatz liegt **2**. Wir gehen, vorbei am See, nach rechts durch die Mühle. Im Wald danach biegen wir mit dem Wanderzeichen rechts ab. Wir wandern ein Stück entlang

Interessante Architektur: der Altenbergturm

Der 2007 eröffnete **Altenbergturm** auf der höchsten Erhebung der Region Franken und des Landkreises Schwäbisch Hall ist vom Boden bis zur Aussichtsplattform 36 Meter hoch. Durch seine moderne Form mit der durchbrochenen Außenwand zählt er zu den beeindruckendsten Türmen im Land. Er bietet einen herrlichen Rundblick auf die Kaiserberge der Schwäbischen Alb, die Hohenloher Ebene, die Ellwanger Berge und die Ostalb.

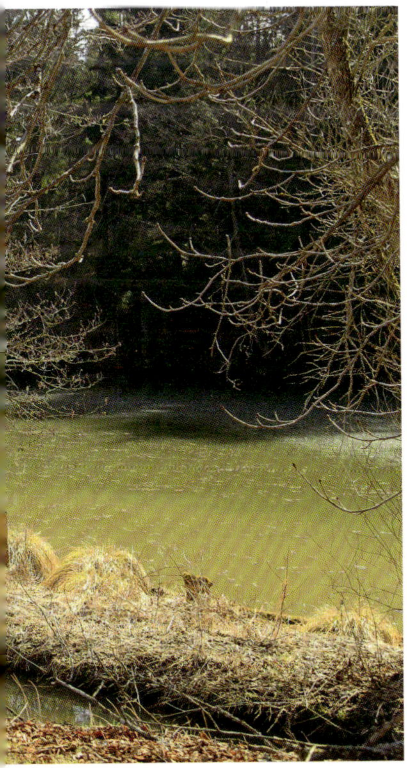

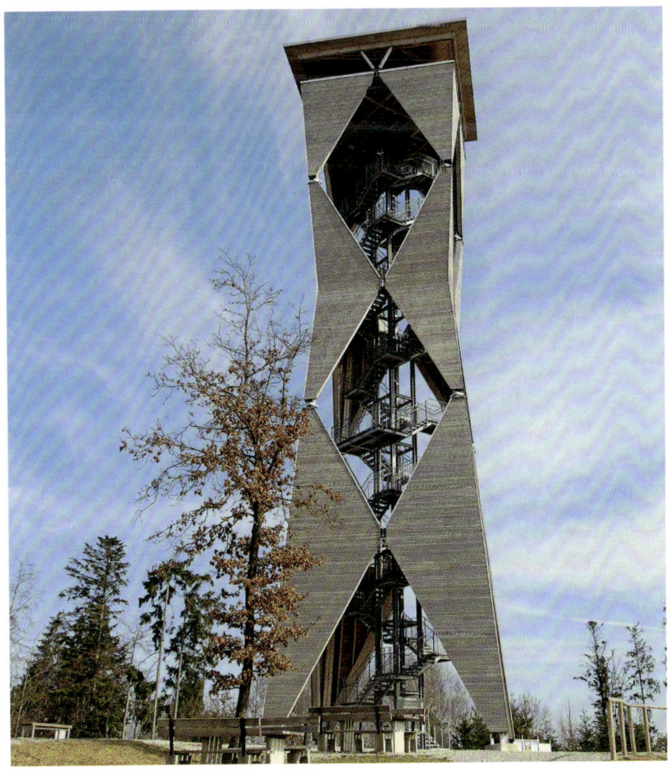

des Weges, danach beschreibt der Weg eine Rechtskurve und zieht daraufhin nach links. Der Weg führt an einer Holzhütte vorbei, beschreibt anschließend einen Links-Rechts-Knick und bringt uns zu einem querenden **Asphaltsträßchen** ❸. Hier biegen wir links ab, danach verlassen wir den Wald. Nun sehen wir rechts bereits den markanten Aussichtsturm. Wir wandern am Hof **Uhlbach** ❹ vorbei, danach zieht das Sträßchen nach rechts und bringt uns hoch zum **Parkplatz** ❺ unterhalb des Aussichtsturmes. Von ihm aus steigen wir den **Aussichtsturm** ❻ hinauf.

Zurück über Gerabronn und Heilberg Anschließend gehen wir wieder hinab zum Parkplatz. Hier nehmen wir von den beiden rechts abgehenden Wegen den linken. An der Verzweigung am Waldrand gehen wir auf dem linken Weg in den Wald bis zu einer weiteren Verzweigung. Dort biegen wir rechts

Hier kehrt man gerne ein.

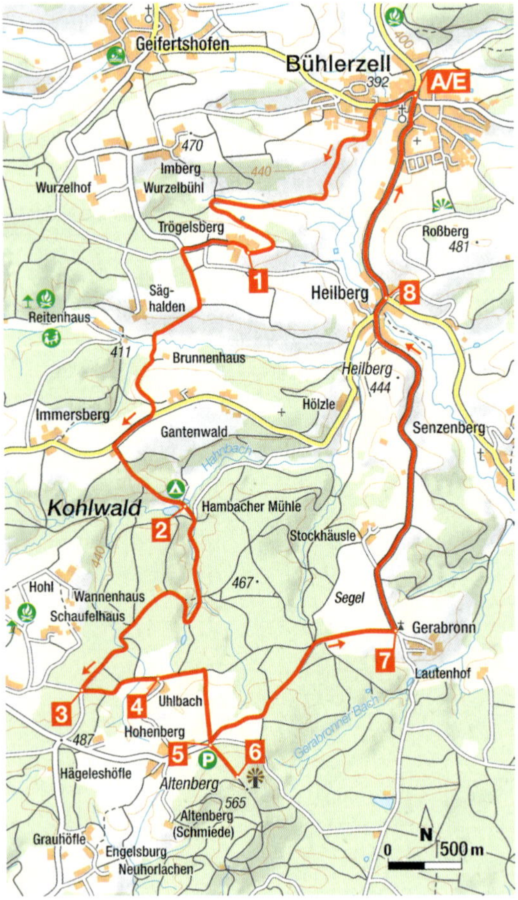

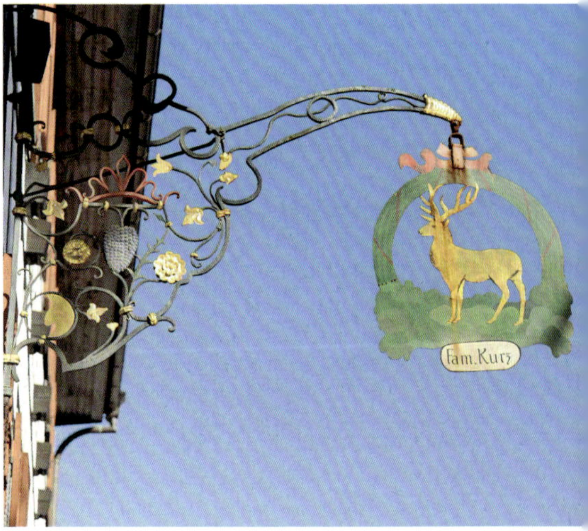

ab, verlassen den Wald und marschieren über die Freifläche bis vor **Gerabronn** ❼. Hier orientieren wir uns nach links. Nun wandern wir auf der Straße hinab bis **Heilberg** ❽ und dann nach rechts zu dem Kirchlein. Dort biegen wir links ab. Nun müssen wir etwa 1,5 Kilometer auf der etwas belebteren Straße zurück nach **Bühlerzell** Ⓔ gehen.

Waldcamping Hüttenhof

Komfortabler Platz an drei Seen

Dass der Campingplatz an drei Badeseen liegt, macht ihn für Jung und Alt verlockend. Bei dem vielfältigen Angebot, das er darüber hinaus zu bieten hat, möchte mancher vielleicht gleich die Koffer packen, um seinen Urlaub dort zu verbringen.

Der von April bis Oktober geöffnete Platz ist vier Hektar groß, liegt in einem flachen und terrassierten Wiesengelände und verfügt über 50 Touristenstandplätze, 145 Dauerstandplätze und fünf befestigte Standplätze für Wohnmobile. Drei Badeseen in Badequalität mit Liegewiesen, davon eine Liegewiese auch für Naturisten, grenzen an den Platz an. Auf der Liegewiese eines Sees sind Hunde erlaubt. Das Angebot und die Ausstattung des Platzes lassen kaum Wünsche offen.

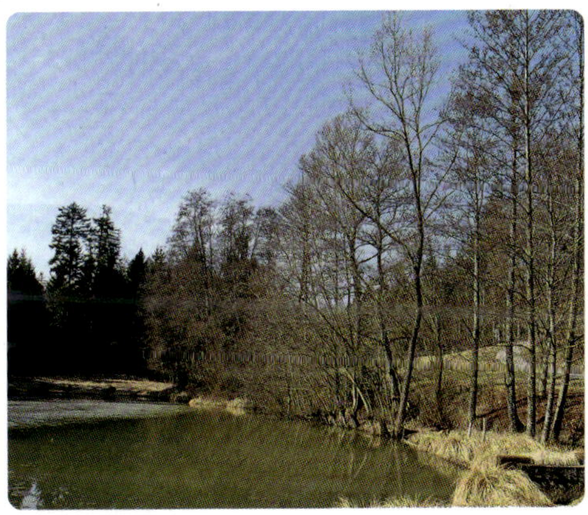

€€€

Geeignet für Wochenende, Urlaub, Familien, Singles, Senioren, Rucksacktouristen, Gruppen und Jugendgruppen

Adresse Waldcamping Hüttenhof, Hüttenhof 2, 73494 Rosenberg, Tel. 07963/203; 0173/6505524, Fax 07963/841715, www.waldcamp.de, huettenhof@web.de

GPS 48.974175, 10.026757

Besonderheiten Einzelwaschkabinen, Kleinkindersanitärraum, Wickelraum, behindertengerechte Sanitärausstattung, Waschmaschine, Trockner, Bügelraum, Wäschebecken, Spülküche, Hundebad, Indoorspielplatz in umgebauter Scheune, Aufenthaltsraum, Jugend- und Gruppenplätze mit Lagerfeuerstellen am See, Übernachtungsmöglichkeit im Scheunendachgeschoss

32 Vom Badesee zum Limestor

Schon den Römern gefiel es hier

mittel | 10,5 km | 150 Hm | 3 Std.

Tourencharakter
Wir wandern auf festen Wegen.

Ausgangs-/Endpunkt
Rainau-Buch, Parkplatz am See

GPS
48.913864, 10.143787

Karte
Wanderkarte W222 Ellwangen (Jagst), 1:25 000, Landesamt für Geoinformation und Landentwicklung Baden-Württemberg (LGL) in Zusammenarbeit mit dem Schwäbischen Albverein e. V.

Anfahrt
Auto: Auf der B290 nach Süden

Einkehr
Am See

Information
www.rainau.de

Auf dieser Wanderung stoßen wir im Limes-Park bei Rainau auf Relikte aus römischer Zeit. Aber nicht nur historisch Interessierten wird die Tour gefallen: Sie beginnt und endet an einem Badesee, wo viele Freizeitangebote die Urlauber erwarten.

Vom See zum Kohortenkastell Vom **Parkplatz westlich des Sees** Ⓐ kommend, überqueren wir die Brücke, wenden uns dahinter nach rechts und folgen dem Seeufer ❶. Bald zieht der Weg unter der Bundesstraße nach rechts, hier haben wir zwei Möglichkeiten: Wir können auf dem Uferweg geradeaus über die Brücke weiterwandern oder wir orientieren uns nach rechts. Dann führt der Weg durch einen naturnahen Bereich bis zu den Eisenbahngleisen, danach geht es auf der anderen Seite der Seezunge wieder zurück. Hier finden wir rechts des Weges die Reste

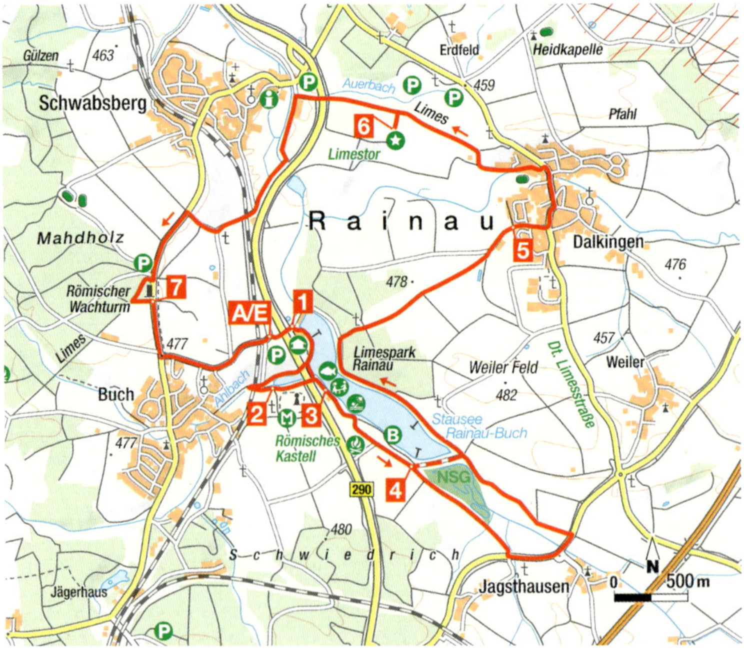

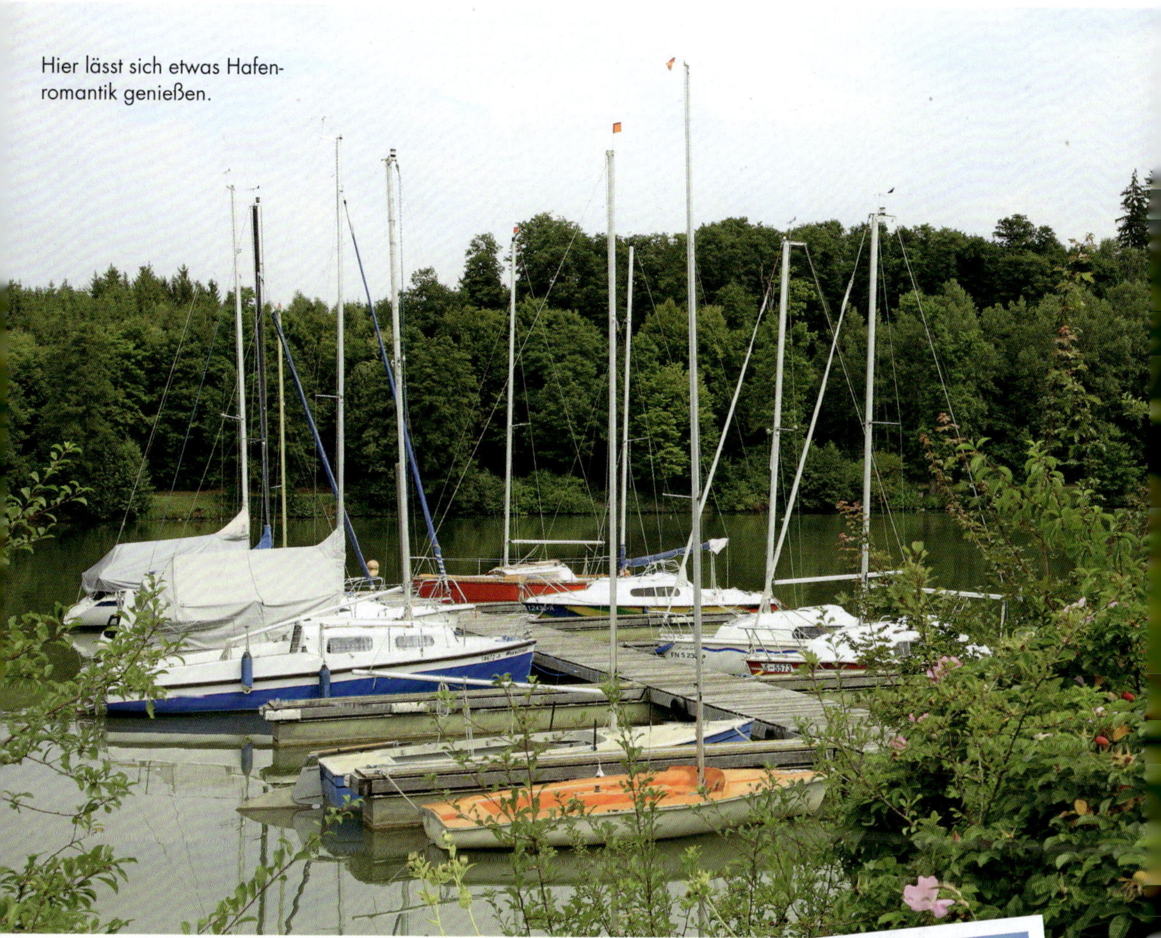

Hier lässt sich etwas Hafenromantik genießen.

eines römischen **Kohortenkastells** 2. Ein ausgeschilderter Rundweg führt um es herum.

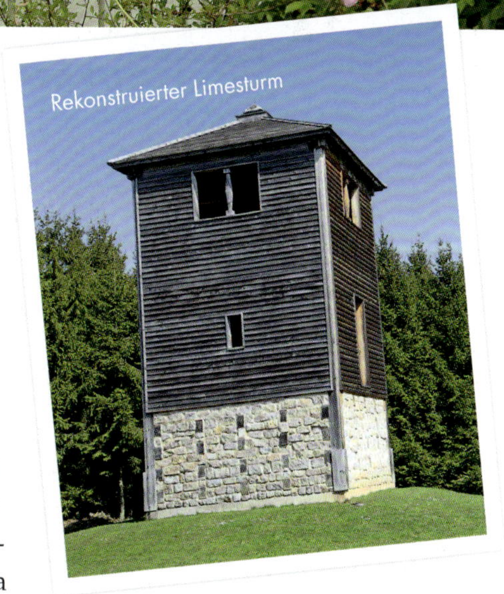

Rekonstruierter Limesturm

Naturschutzgebiet und Limestor Dalkingen Danach halten wir uns an der Seezunge rechts und erreichen wieder den See. Hier geht es nach rechts zu den Resten einer **Badeanlage** 3. Anschließend führt uns der Uferweg zum naturnahen Bereich. Am Damm 4 haben wir wieder zwei Möglichkeiten. Die kürzere besteht darin, dass wir auf dem Damm nach links spazieren und auf der anderen Seeseite zurückgehen. Am Ende des Sees liegt ein **Naturschutzgebiet**, dessen wunderbare Flora und Fauna wir bestaunen können. Etwa eine halbe Stunde und zwei Kilometer länger, aber schöner ist es jedoch, wenn wir diese kurze Wanderung etwas verlängern. Dazu orientieren wir uns zuerst nach rechts, dann nach links und folgen dem Sträßchen bis zu einer Landstraße. Dort biegen wir links ab, überqueren den Bach, der den Auslauf des Sees bildet

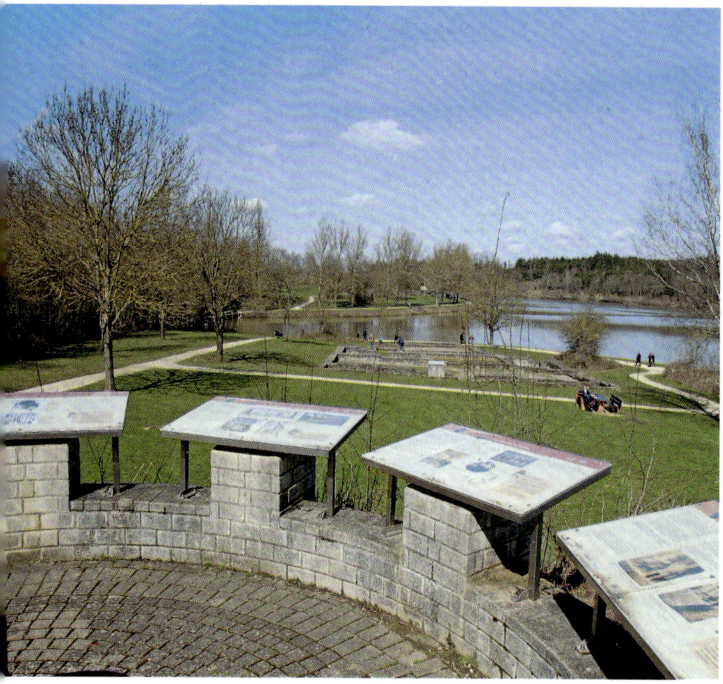

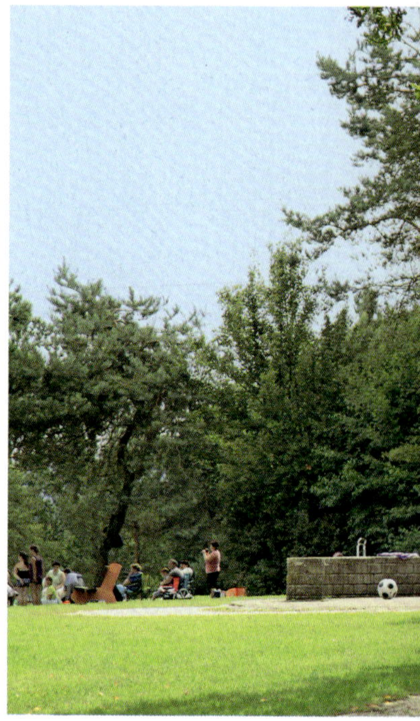

Ausgrabungen am See

Mitte: Grillen macht immer Spaß.

und halten uns danach wieder links. Jetzt geht es wieder zurück zum Damm. Zwischen den beiden Wegen liegt das Naturschutzgebiet Vorbecken Buch.

Nun wandern wir auf der Ostseite des Sees bis kurz vor das Seeende. Dort weist uns ein Schild nach rechts zum Limestor Dalkingen. Nach kurzem Anstieg im Wald spazieren wir relativ eben nach **Dalkingen** 5. Dort wenden wir uns an der vorfahrtsberechtigten Straße nach rechts, dann an der nächsten vorfahrtsberechtigten Straße nach links. Am Ortsende geht es über einen Bach, danach halten wir uns links in den Limesweg. An der nächsten Verzweigung wandern wir nach rechts weiter, und wenden uns etwas nach links und leicht abwärts zum **Limestor** 6. Es ist originell in einem Glaskasten untergebracht, der an ein Gewächshaus erinnert. Diese Anlage sollten wir unbedingt ausgiebig besichtigen.

Zu Limesmauer und Limesturm Danach führt der Weg bergab, wobei die Hecke rechter Hand den einstigen Verlauf des Limes markiert. Wir unterqueren die Bundesstraße, und halten uns links in Richtung Bucher Stausee. Wir treffen bald auf die Bundesstraße und wandern parallel zu ihr nach rechts weiter.

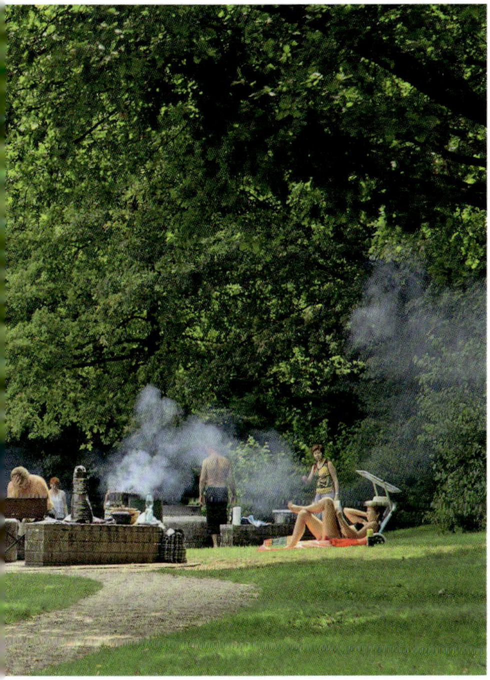

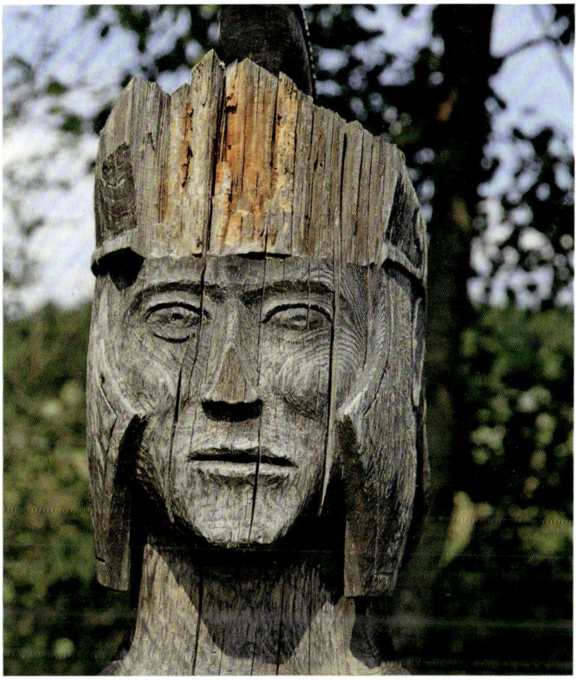

So sahen vielleicht die Römer aus.

Bei der nächsten Verzweigung gibt es die Möglichkeit, die Bundesstraße nach links zu unterqueren. Anschließend gehen wir nach rechts etwas bergab. An der Verzweigung halten wir uns rechts, unterqueren die Bahnlinie und wandern mit dem Zeichen des Limes-Wanderwegs nach rechts hoch zur K3320. Dort überqueren wir den Parkplatz auf der anderen Straßenseite, gleich danach folgen wir der Beschilderung zum Limesturm. Im Wald weist uns das Zeichen nach links zur Teufelsmauer. Hinter diesem rekonstruierten Stück Limesmauer steht der **Limesturm** 7. Nachdem wir ihn besichtigt haben, wandern wir vom Turm zur Landstraße. Dort orientieren wir uns nach rechts und am Ortsanfang schließlich nach links in die Zufahrtsstraße zum **Parkplatz** E. Wer Zeit übrig hat, kann nun noch einmal zum See gehen, um zu baden, sich auf den Liegewiesen auszuruhen oder am Kiosk einkehren.

Der **Limespark Rainau** beherbergt Sehenswürdigkeiten aus der Römerzeit. Hier verlief der Obergermanisch-Raetische Limes, der die Grenze des ehemaligen Römischen Reiches zwischen Rhein und Donau markierte. Seit 2005 gehört er zum UNESCO-Welterbe. 59,4 Kilometer dieses Limes' liegen im Ostalbkreis, und gerade hier im Bereich um Rainau befinden sich bedeutsame Einzeldenkmäler. Sie werden auf großen Informationstafeln ausführlich erklärt.

Der **Bucher Stausee** gehört zu den 15 Seen der Ellwanger Seenplatte und ist mit 27 Hektar das größte Staubecken im Osten Württembergs. Die Seenplatte entstand, als man in den 1950er-Jahren die Jagst und Gewässer in den Seitentälern in einer Reihe von Speicher- und Rückhaltebecken aufstaute. Damit wollte man die Region vor Hochwasser schützen, aber auch Wasserspeicher für trockene Sommer gewinnen. Der See ist bis zu sieben Meter tief und wird bis zu 22 Grad Celsius warm. Er besitzt große Liegewiesen, einen großen Sandstrand, sanitäre Einrichtungen mit Duschen, Umkleidekabinen, Toiletten und Behinderten-WC, Grillstellen, Gastronomie, einen Spielplatz, ein Beachvolleyballfeld und einen Barfußpfad. Ein 1,2 Kilometer langer Erlebnispfad wurde speziell für Ältere und Menschen mit Behinderung eingerichtet und mit attraktiven Bewegungs-, Klang- und Akustikerlebnissen ausgestattet. Zudem findet man am Ostufer einen Wasserlehrpfad mit zwölf Stationen, an denen die Funktionsweise und Aufgabe der Seen und ihre Flora und Fauna erklärt werden.

Das **Kastell** war 140 mal 150 Meter groß und bot Platz für eine 500 Mann starke Kohorte. Wie üblich gehörte auch eine Zivilsiedlung – »vicus« genannt – dazu. In ihr wohnten außer den Familien der Soldaten auch Handwerker und Händler. Heute ist der Umriss des Kastells durch einen Wall mit Gebüsch und einige Mauerreste markiert. In der Mitte des Kastells ist ein Bronzemodell der Anlage aufgestellt, zudem hat man den Stumpf des Südtors sowie Teile der Ummauerung rekonstruiert. Die Mauerreste am Strand des Bucher Stausees gehören zum **Kastellbad** und zu einem Gästehaus mit separatem Badgebäude. Hier hat man zahlreiche Kleinfunde wie Münzen, Glasgefäße, Fingerringe, Haarspangen und Gemmen gemacht.

Der **Limes** war in Deutschland etwa 500 Kilometer lang und verlief von Walldürn bis zum Haghof südlich von Welzheim über 81 Kilometer schnurgerade. Unter Kaiser Domitian, der zwischen 81 und 96 n. Chr. regierte, wurden Holztürme erbaut. Sie standen in Sichtverbindung zueinander, später hat man Steinkastelle errichtet und am Ende des 2. Jahrhunderts hob man hinter den Palisaden Gräben aus. Im Jahr 260 überrannten die Alamannen den Limes. Die Römer gaben den Limes im 3. Jahrhundert auf.

Das **Limestor** wurde zu Ehren des Kaisers Marcus Aurelius Severus Antonius, genannt Caracalla, errichtet. Dieser überschritt bei seinen Feldzügen gegen die Germanen im Jahr 213 nördlich von Aalen den Limes. Zu sehen ist der prunkvolle 13 Meter hohe und 9,5 Meter breite Bogen eines Vorbaus des ehemals 15 mal 15 Meter großen Torbaus. Er ist seiner Art der einzige am Limes. Außerdem fand man die Reste einer überlebensgroßen Bronzestatue von Germanicus Maximus, dem »größten Germanenbezwinger«. Beim rekonstruierten **Limesturm** findet man noch ein in der einstigen Höhe von drei Metern rekonstruiertes Stück Limesmauer, früher Teufelsmauer genannt, außerdem Mauerreste von zwei Limestürmen. Einer davon war abgerissen worden, als man den neuen Turm errichtete.

Natur & City Camping

Stadtnähe und Natur

Wer gerne in der Natur, aber auch nahe einer lebendigen und sehenswerten Stadt campen möchte, hat mit diesem Platz eine gute Wahl getroffen.

Der von April bis Oktober geöffnete Platz liegt auf einer großen Wiese mit altem Baumbestand in idyllischer Lage direkt an dem Fluss Jagst. Er bietet alles, was Urlauber benötigen. In zehn Gehminuten gelangt man aber auch in die Stadt Ellwangen (Jagst), die zu einem netten Bummel oder einem gemütlichen Abend in der Innenstadt einlädt. Weitere sehenswerte Städte sind in kurzer Zeit erreichbar. In der Natur kann man sich an den vielen Seen der Ellwanger Seenplatte, bei Wanderungen oder Radtouren erholen.

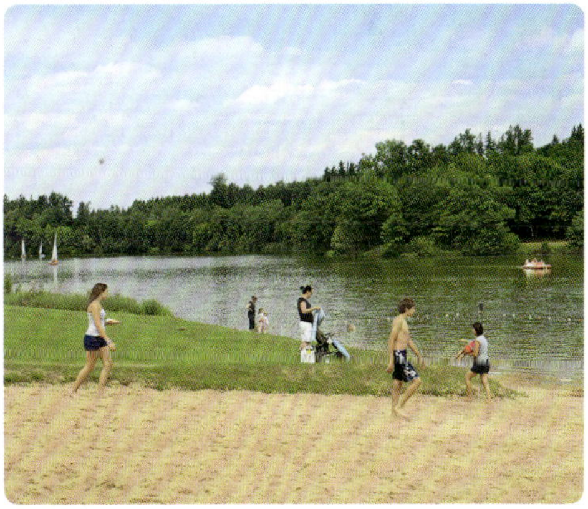

€€€

Geeignet für Wochenende, Urlaub, Familien, Singles, Senioren, Monteure, Studenten

Adresse Natur & City Camping Ellwangen, Rotenbacher Straße 45, 73479 Ellwangen, Tel. 07961/7921, www.nc-camping.de, info@nc-camping.de

GPS 48.959874, 10.120806

Besonderheiten Zeltwiese, Camping-Pods, die neun Wohnmobilstellplätze vor der Schranke können auch außerhalb der Öffnungszeiten gebucht werden, besondere Pauschalangebote sowie Angebote für Monteure und Studenten, Brötchenservice, Behinderten-WC, Wickelraum, Grillstelle, Angelstelle, Boccia, Volleyball, Spielwiese, Hunde erlaubt, Hundewiese

33 Auf Karkstein und Ipf

Den Kelten auf der Spur

mittel | 11,4 km | 280 Hm | 3.15 Std.

Tourencharakter
Während der erste Teil dieser Tour eher eine gemütliche Wanderung auf festen Wegen ist, steigt man im zweiten Teil auf einem Pfad steil hinauf auf den Gipfel des Ipf.

Ausgangs-/Endpunkt
Bopfingen-Oberdorf am Ipf, Parkplatz an der Kreuzung Ellwanger Straße und Altbachweg

GPS
48.866158, 10.343730

Karte
Freizeitkarte F522 Aalen, 1:50 000, Landesamt für Geoinformation und Landentwicklung Baden-Württemberg (LGL)

Anfahrt
Über Pfahlheim und Zöbingen nach Kerkingen, dort rechts ab nach Oberdorf am Ipf

Einkehr
Oberdorf am Ipf

Information
www.bopfingen.de

Einer der merkwürdigsten Berge der Schwäbischen Alb ist der Ipf. Er hat nicht nur eine besondere Gestalt, sondern auch eine bewegte Vergangenheit. So ist diese Wanderung für Naturliebhaber und für Geschichtsinteressierte gleicherweise interessant.

Vorbei am jüdischen Friedhof Wir halten uns am **Parkplatz am Altbachweg** Ⓐ in der Ellwanger Straße etwas nordwärts, folgen aber gleich danach dem Wanderzeichen rote Raute nach links in den Stufenweg. Auf ihm bzw. einer Treppe steigen wir hoch zur Karksteinstraße. Hier orientieren wir uns unterhalb der Kirche nach links, biegen gleich danach an der Verzweigung rechts ab und wandern weiter bergauf zum linker Hand liegenden **jüdischen Friedhof** ①. Man kann ihn zwar nicht betreten, kann jedoch durch das Gitter die interessanten Grabsteine ansehen.

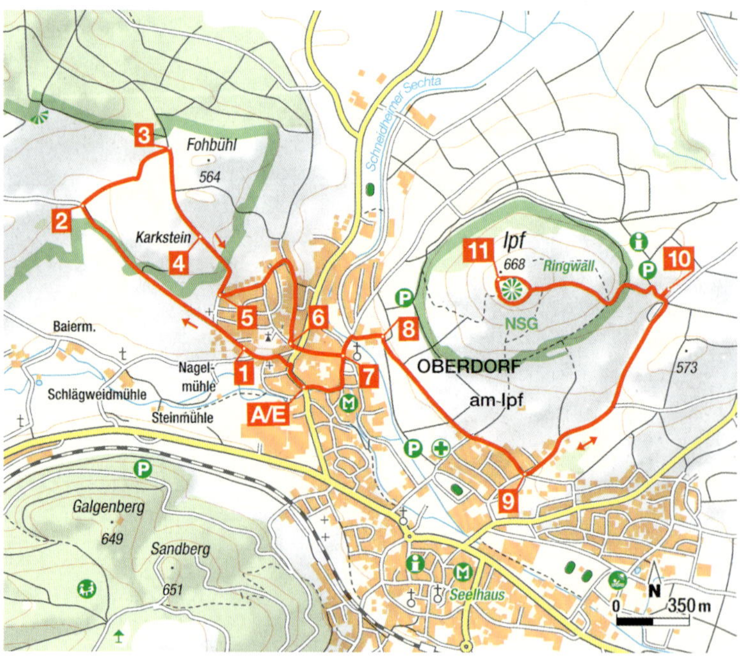

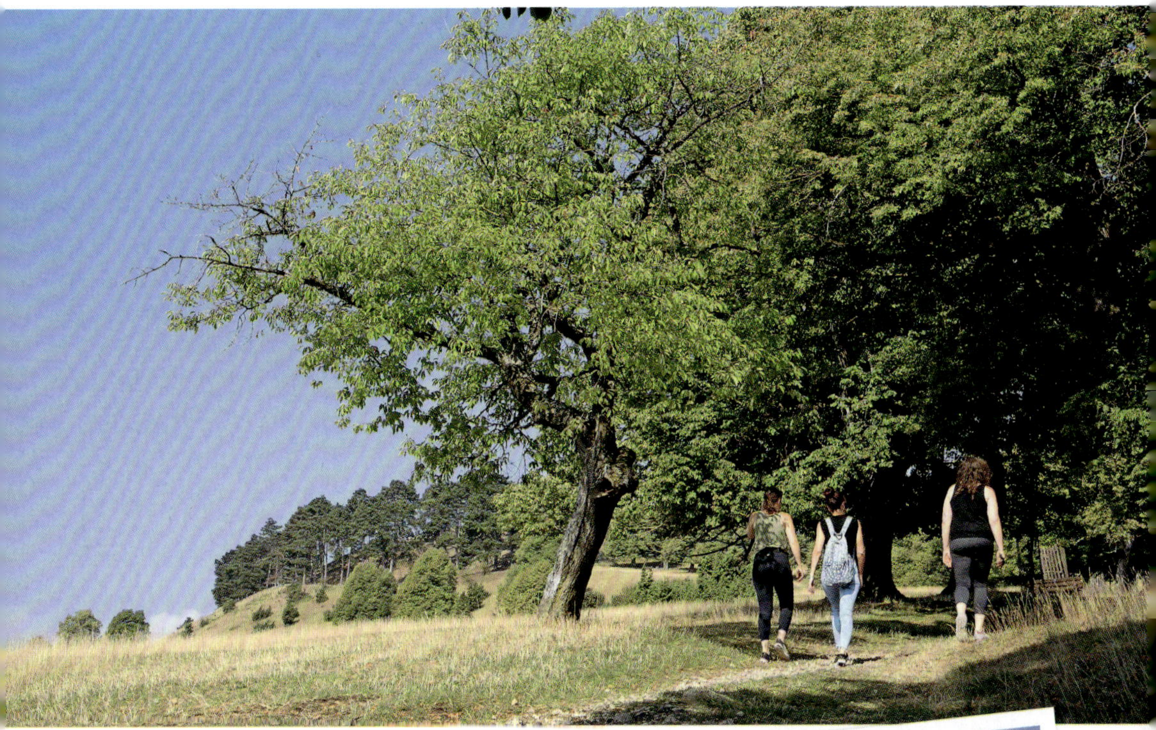

Aussichtsreiche Gipfel Anschließend verlassen wir das Wohngebiet und sehen auf der rechten Seite den mächtigen Karkstein mit seiner Wacholderheide und seinem Felskranz. Unser Weg führt uns aber auf den in der Ferne bereits zu sehenden Käsbühl zu, der links des Weges liegt. Vor ihm zieht die Straße nach links. Hier wandern wir noch etwas geradeaus und steigen zu ihm hinauf. Wer das nicht möchte, hält sich an der **Kreuzung** 2 rechts und wandert bis zu einem querenden Weg 3 auf der Höhe. Dort geht es nach rechts weiter.

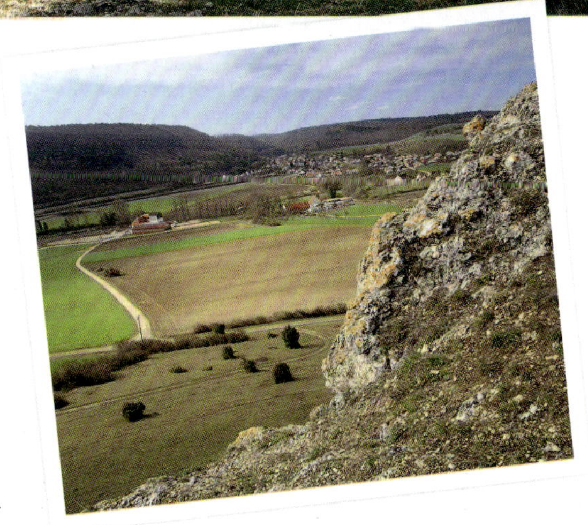

Die Aussicht von oben

Ganz oben: Anstieg zum Ipf

Der Weg verläuft nun zwischen dem links liegenden Fohbühl auf der linken und dem großen Massiv des Karksteins auf der rechten Seite. Bald geht es abwärts. Jetzt führt nach rechts ein unbefestigter Pfad hoch zu der oberen Höhe des **Karksteins** 4. Ganz vorne sollte man aufpassen, denn man steht direkt am Steilabfall.

Wieder nach Oberdorf Nachdem wir die weite Aussicht genossen haben, gehen wir wieder zurück zum Asphaltweg und dann nach rechts weiter bergab. Nach einer Rechtskurve kommen wir wieder ins Wohngebiet, wo wir in die links abgehende Keltenstraße (5) einbiegen. Sie bringt uns zum rechts abzweigenden Vohbühlweg. Zunächst auf ihm, später auf der Kastellstraße gehen wir hinunter zur Ellwanger Straße (6). Wir überqueren sie und spazieren in der Lehstraße zur querenden Ipfstraße (7).

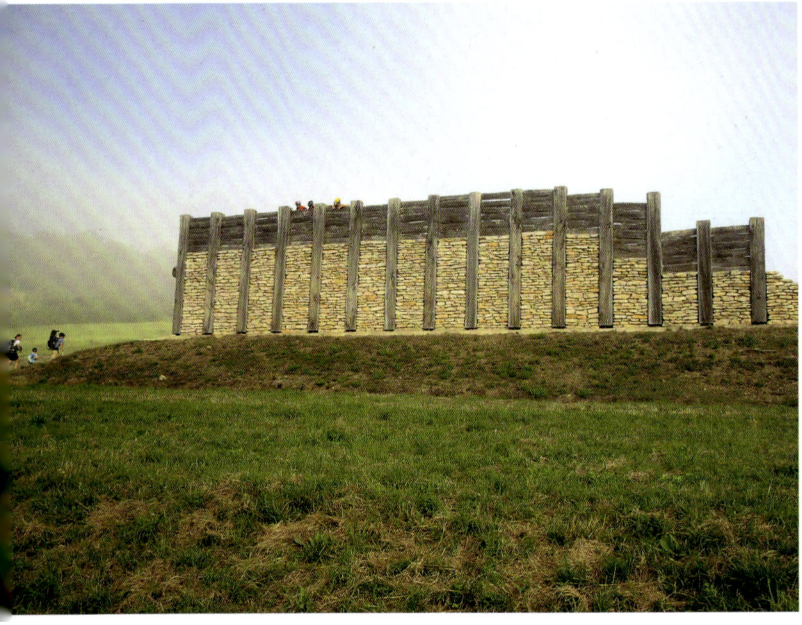

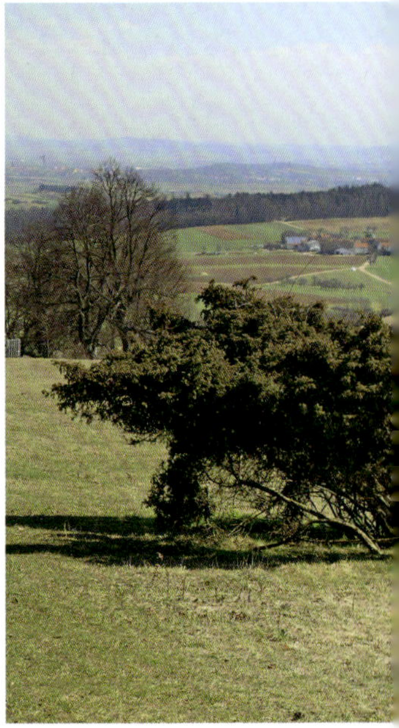

Rekonstruierte keltische Pfostenschlitzmauer

Mitte: Blick vom Gipfel des Ipf

Weiter zum Ipf Nun haben wir zwei Möglichkeiten. Die kürzere besteht darin, gleich zurückzugehen. Dazu spaziert man rechts in der Ipfstraße weiter. Vor dem querenden Altbach führt ein Fußgängerweg zurück zum Ausgangspunkt.

Die längere Variante bringt uns zum Freilichtmuseum am Fuß des Ipf. Wer möchte, geht anschließend hoch zu seinem Gipfel. Dazu halten wir uns links, überqueren den Bach Schneidheimer Sechta und steigen nun nach rechts hinauf zu dem **Gehöft** (8). Wir durchqueren es, dann wandern wir geradeaus weiter, bis wir auf Häuser stoßen. Nun bringt uns der Obere Kreuzheckenweg zur querenden Alten Kirchheimer Straße (9). Wir halten uns links, gleich danach noch einmal links. Jetzt steigt der Weg etwas an und bringt uns zu einem Parkplatz (10). Nach ihm gehen wir nach links. Rechter Hand steht eine kleine **Archäologische Freilichtanlage**. In einem offenen Pavillon vermitteln Tafeln Wissenswertes über die Anlage, außerdem gibt es eine rekonstruierte keltische Pfostenschlitzmauer und ein keltisches Haus. Wer nicht auf den Gipfel steigen will, geht auf demselben Weg

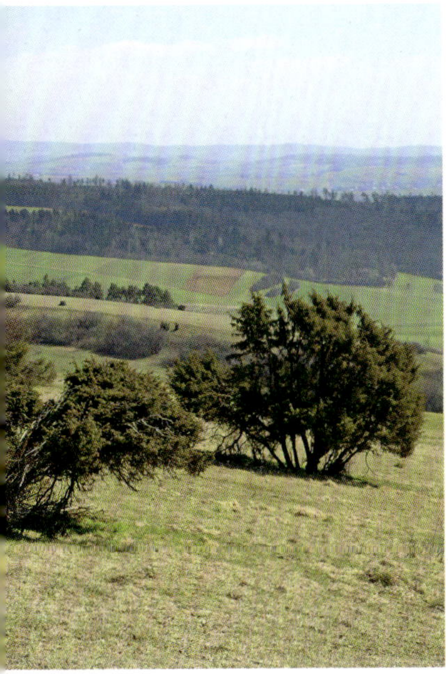

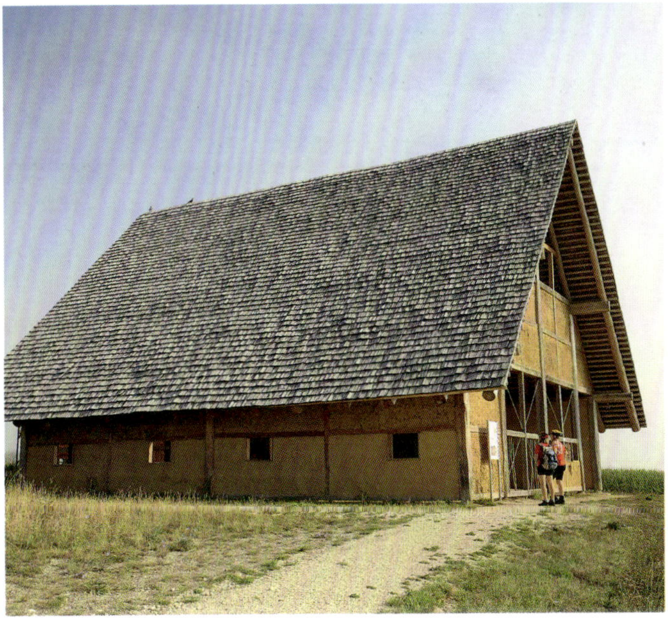

Rekonstruiertes keltisches Haus

wieder zurück zum Abzweig in der Ipfstraße und wie beschrieben zum Parkplatz.

Auf den Gipfel Alle anderen führt der Weg nun zu einer Infotafel mit einer Erklärung zur Aussicht in das Ries. Dort wenden wir uns nach links und steigen auf einem Naturweg teilweise recht steil vorbei an den knorrigen alten Bäumen der Lindenallee hinauf zur Hochfläche auf dem Gipfel des **Ipf** ⓫. Diesen kann man nun umrunden, um die Aussicht in alle Richtungen zu genießen. Der grandiose Blick reicht von Bopfingen über Oberdorf zu den außergewöhnlichen Berggestalten der Gegend wie dem Karkstein oder dem Goldberg und geht weiter zum Schloss Baldern und bis ins Ries mit der Stadt Nördlingen, die man an dem hohen Turm seiner Kirche, dem Daniel, erkennen kann. Danach wandern wir auf demselben Weg zurück zum Abzweig in der Ipfstraße. Von dort gehen wir wie oben beschrieben den Weg zurück zum **Ausgangspunkt E**.

Campingplatz Am Sonnenbach

Direkt am See

Camping und See passen hervorragend zusammen. Schon deshalb ist der, an einem sanften Südhang terrassenförmig angelegte Platz direkt am Sonnenbachsee ein beliebtes Urlaubsziel. Darüber hinaus besitzt er alles, was das Camperherz begehrt.

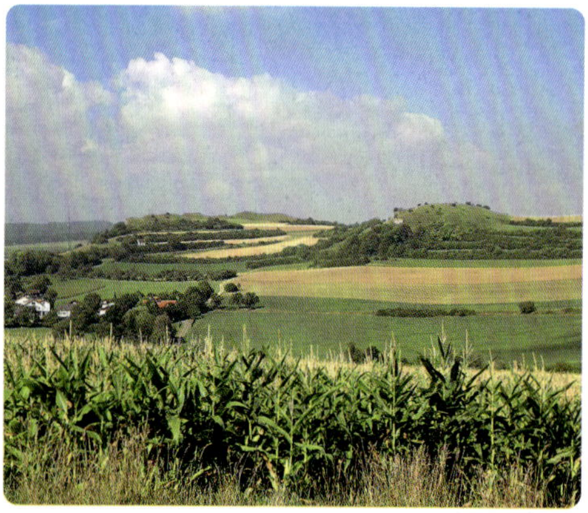

Der von April bis September geöffnete Campingplatz besitzt 130 Stellplätze für Dauer- und Durchgangscamper. Er liegt direkt an einem 800 Meter langen Badesee mit Strand und Liegewiese. Auch für die weitere Unterhaltung von Jung und Alt ist gesorgt – sei es beim Wandern, Radfahren oder bei einem Aufenthalt auf dem Spiel- oder Bolzplatz. Auch auf Menschen mit Behinderung ist der Campingplatz eingestellt.

€€€

Geeignet für Wochenende, Urlaub, Familien, Singles, Senioren, Radfahrer

Adresse Campingplatz »Am Sonnenbach«, Sonnenbach 1, 73479 Ellwangen, Tel. 07964/1232, Fax 07964/300993, www.camping-sonnenbach.de, info@camping-sonnenbach.de

GPS 48.974955, 10.252855

Besonderheiten Mietwohnwagen, Camping Pods, barrierefreie Sanitäranlagen, Kinderbad, Waschmaschinen, Trockner, Spülküche, WLAN, separater Jugendzeltplatz, Badesee mit Strand und Liegewiese, surfen, Boot fahren, Spielplatz, Bolzplatz, Brötchenservice, Haustiere erlaubt

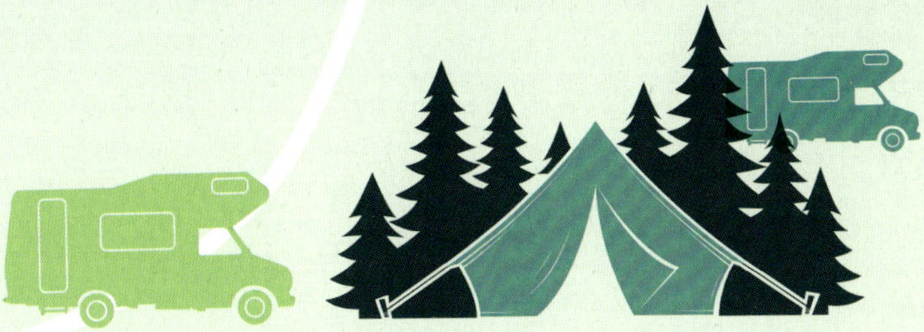

Campingplatz Sonnenhof

Zwischen See und Wald

Der Sonnenhof mit Campingplatz liegt im Ellwanger Seenland abgeschieden, ruhig und idyllisch zwischen Wäldern. Direkt daneben befindet sich der Sonnenbachstausee, an dem man baden, surfen und Boot fahren kann.

Auf dem kinderfreundlichen Familienplatz gibt es 200 zum Teil terrassierte Dauerstellplätze mit einer Größe von mindestens 100 Quadratmetern sowie 20 Durchgangsplätze, die auf einer Wiese direkt am Sonnenbachsee liegen. Urlaub am Wasser wechselt sich hier ab mit wandern, Rad fahren oder Besichtigungstouren zu den sehenswerten Städten der Umgebung.

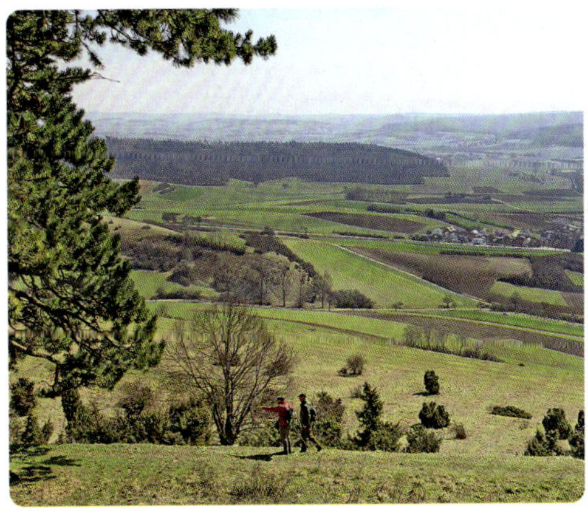

€€€

Geeignet für Wochenende, Urlaub, Familien, Singles, Senioren, Gruppen oder Vereine

Adresse Campingplatz Sonnenhof, Edmund Veile, Sonnenhof 1, 73479 Ellwangen-Pfahlheim, Tel.: 07964/566; 0152/27208529, Fax 07964/3301244, www.camping-sonnenhof.de, info@camping-sonnenhof.de

GPS 48.975002, 10.249733

Besonderheiten Einzelwaschkabinen, Waschmaschine, Spülraum, Aufenthaltsraum, Spielplatz mit Tischtennisplatte, Reitgelegenheit für Kinder, Streichelzoo, Angelmöglichkeit

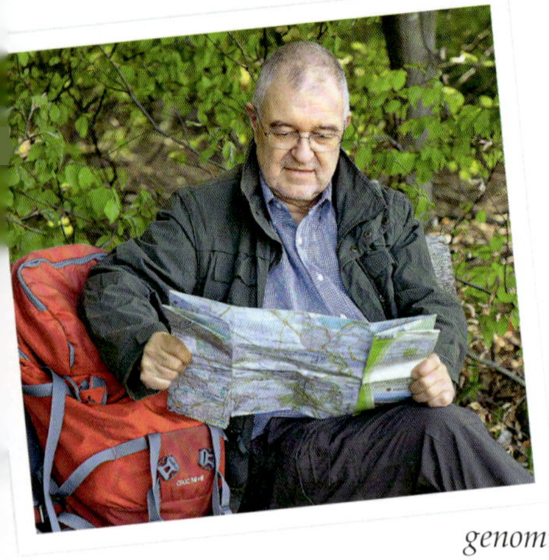

Zugabe

Dieser Wanderführer *über die Schwäbische Alb fügt sich ein in eine Reihe anderer Führer, die ich zu diesem Thema verfasst habe. Als geübter Camper und Wohnmobilist habe ich den Vorschlag des J. Berg Verlages darum sehr gerne angenommen, Touren in meinem persönlichen »Hinterhof« zusammenzustellen. Die Recherche war spannend, waren doch die Fixpunkte vorgegeben – nämlich die Campingplätze.*

Eine wunderschöne Aufgabe *war es für mich, Wanderungen auf der gesamten Fläche des Mittelgebirges zusammenzustellen. Von Ihrem Urlaubsdomizil aus sollten diese möglichst schnell und bequem zu erreichen sein. Und natürlich etwas bieten. So beinhalten die Touren die ganze landschaftliche Schönheit der Schwäbischen Alb – sie führen vorbei an Wasserfällen, schroffen Felsen, Wacholderheiden, Streuobstwiesen, sehenswerten Städtchen und Dörfern. Von allem etwas, und von allem ziemlich das Schönste. Entstanden ist ein buntes Kaleidoskop an Wandermöglichkeiten auf der vielfältigen Schwäbischen Alb.*

Ich empfehle Ihnen, *sich auch die Wandervorschläge der benachbarten Campingplätze oder der örtlichen Tourismusorganisationen anzusehen, wenn Sie die Zeit dazu finden. Richten Sie Ihr Augenmerk vor allem auf die zertifizierten Premiumwanderwege. Denn sie sind top gepflegt, gut beschildert und führen zu einmaligen Sehenswürdigkeiten und Aussichtspunkten. Wandern hat in dieser Region lange Tradition und der Schwäbische Albverein pflegt die Infrastruktur hervorragend. Ob erfahrener Wanderer oder Anfänger – Sie haben Ihr Urlaubsgebiet also gut gewählt.*

Ich wünsche Ihnen *erholsame Tage auf der herrlichen Schwäbischen Alb und schöne Touren bei hoffentlich gutem Wetter!*

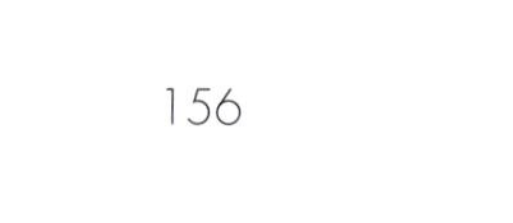

Register

Impressum

Verantwortlich: Sabine Klingan
Lektorat und Redaktion: Claudia Weingartner
Layout Umschlag: Ina Zimmermann, Mathias Frisch
Layout Innenteil: Eva-Maria Klaffenböck
Kartografie: Bruckmann Kartografie, Heidi Schmalfuß
Repro: LUDWIG:media
Herstellung: Bettina Schippel
Printed in Turkey by Elma Basim

★★★★★

Sind Sie mit diesem Titel zufrieden? Dann würden wir uns über Ihre Weiterempfehlung freuen. Erzählen Sie es im Freundeskreis, berichten Sie Ihrem Buchhändler, oder bewerten Sie bei Onlinekauf. Und wenn Sie Kritik, Korrekturen, Aktualisierungen haben, freuen wir uns über Ihre Nachricht an Bruckmann Verlag, Postfach 40 02 09, D-80702 München oder per E-Mail an lektorat@verlagshaus.de.

Unser komplettes Programm finden Sie unter www.j-berg-verlag.de

Alle Angaben dieses Werkes wurden vom Autor sorgfältig recherchiert und auf den neuesten Stand gebracht sowie vom Verlag geprüft. Für die Richtigkeit der Angaben kann jedoch keine Haftung übernommen werden, weshalb die Nutzung auf eigene Gefahr erfolgt. Insbesondere bei GPS-Daten können Abweichungen nicht ausgeschlossen werden. Sollte dieses Werk Links auf Webseiten Dritter enthalten, so machen wir uns die Inhalte nicht zu eigen und übernehmen für die Inhalte keine Haftung.

In diesem Buch wird aus Gründen der besseren Lesbarkeit das generische Maskulinum verwendet. Weibliche und anderweitige Geschlechteridentitäten werden dabei ausdrücklich mitgemeint, soweit es für die Aussage erforderlich ist.

Empfehlung der Redaktion
Sie sind auf der Suche nach weiterführender Literatur? Dann empfehlen wir Ihnen den Titel »Leichte Wanderungen Schwäbische Alb« von Dieter Buck. Oder Sie werfen einen Blick in die Zeitschrift SCHÖNER SÜDWESTEN. Hier werden Sie bestimmt fündig.

Bildnachweis: Alle Bilder im Innenteil stammen vom Autor, mit Ausnahme von: S. 19: Sonnencamping Albstadt; S. 49: AZUR Camping Schwäbische Alb; S. 53: Hofgut Hopfenburg; S. 65: Alb-Camping Westerheim/Ulrich Holl; S. 79: Waldpark Hohenstadt; S. 5: Camping Aichelberg; S. 89: 5 Täler Camping Geislingen; 103: Seencamping Krauchenwies; 107: Camping Wagenburg/Arnulf Schmidt

Umschlagvorder- und Rückseite: Adobe Stock, Kateina (Grafiken)

Die Deutsche Nationalbibliothek verzeichnet diese Publikation in der Deutschen Nationalbibliografie; detaillierte bibliografische Daten sind im Internet über http://dnb.d-nb.de abrufbar.

Infanteriestraße 11a
80797 München

ISBN 978-3-86246-926-0